社外取締役
の教科書

日本取締役協会 ［編］

中央経済社

はしがき

　2020年は新型コロナウイルス禍という予想もしなかった要因により，日本のみならず世界中の人々の生活と経済は大きな制約と痛手を被りました。
　それにより，日本の上場企業の多くは大幅な減収，減益を余儀なくされ，同時に日本企業だけでなく日本という国の意思決定のスピードの遅さやデジタル環境の弱みなども明らかになりました。
　これらは新型コロナウイルスという外的要因によるやむを得ぬ部分もありますが，従来から指摘されてきたビジネスモデルや経営の劣化，解決の先送りなどが問題をより大きくした点も否定できません。
　経営に携わる方々には現在の制約下においても，企業存続のためにこれからのビジネスモデルやイノベーションを考え，実行することが求められます。一方，この環境下で忘れがちな，日本企業の収益性の低さや，その経営陣を監督する仕組みの弱さは依然として根雪のように横たわっています。現在の環境下にあっても経営を執行するにあたり，それを後押しし支える仕組みのひとつとしてコーポレートガバナンスを十分理解し，経営に組み込まなければいけないことは間違いありません。
　コーポレートガバナンスの役割の多くを担う社外取締役に対する市場の要求においても，導入を進め型式を整える段階から，何をするのか，監督とはどのようなことをするのかというような実質的に機能する段階へと変わってきました。
　また，会社法の改正，金融庁や東京証券取引所によるコーポレートガバナンス・コード，スチュワードシップの改訂，経済産業省策定の各種ガイドラインも出され，社外取締役が実質的に機能するための議論も動き出してきました。そのベースとして日本取締役協会の意見書やこの教科書が役

立てられたことは喜ばしいことではありますが，初版以来5年の年月が経過し，投資家や企業自身などのあり方も大きく変化してきています。5年の歳月の変化を踏まえ，また今後の方向性を見つめ直すためにも，今回この改訂版を出すことにいたしました。

5年前も現在も，わが国に求められるコーポレートガバナンスは，社外取締役が執行部を監督・支援することで企業が効率的に利益を上げ，その果実である経済的富によって社会に貢献することであるという基本部分に変わりはありません。

みなさまのご要望もあり，改訂版には新たにモニタリングボードは何をモニタリングするのか，取締役会の議長は誰がやるのがよいのか，何を議題とするのか，取締役会の実効性の評価をどう考えるのか，最近の財務指標の解説などの項目を追加しました。従来からの取締役会，社外取締役，そのための内部統制，財務諸表，など経験に裏打ちされた貴重な内容にも若干手を加えました。

具体的には，『日本企業の取締役会の現状と課題，あるべき姿』を東京大学名誉教授　落合誠一氏に，『社外取締役の義務と責任』を森・濱田松本法律事務所　弁護士　澤口実氏に，『上場会社のガバナンスとコーポレートガバナンス・コード』を西村あさひ法律事務所　弁護士　太田洋氏に，『目的に合った取締役会の運営』を鳥飼総合法律事務所　弁護士　青戸理成氏に，『指名・報酬・監査委員会の目的・役割』を東京大学大学院法学政治学研究科　准教授　飯田秀総氏に，『社外取締役にとっての内部統制』を青山学院大学大学院　会計プロフェッション研究科　教授　町田祥弘氏に，最後に『財務諸表の見方入門』を株式会社良品計画　社外監査役　服部勝氏にご執筆いただきました。

また，構成内容については，社外取締役に就任して実際にすぐ活動できるように，また就任中の方も読んですぐ確認できるように整えました。もちろん本書が，社外取締役の仕事をすべて網羅しているわけではありませ

ん。社外取締役に求められる役割は各社各様であり，おそらく一つとして同じではないと思われ，各社を取り巻く環境も変化します。しかしながら，取締役会，取締役の役割の核心的な部分は変わるものではありません。

　日本企業の取締役会や取締役の役割がグローバル基準と遜色のない機能を果たし，海外市場・投資者からもより理解されることも重要な視点です。本書の内容がすこしでもそうした目的に叶い，みなさまのお役に立つことができるのであれば，この上ない幸せと感じます。

　最後に，本書の出版にあたりまして執筆をお願いしたみなさま，中央経済社の露本敦氏，川副美郷氏，美濃口真衣氏をはじめとする，多くの皆様に指導をいただいたことに深く感謝を申し上げます。

2020年11月

一般社団法人　日本取締役協会

会長　宮内　義彦

目　次

| 第1章 | 日本企業の取締役会の現状と課題，あるべき姿 | 落合　誠一 |

第4章　目的に合った取締役会の運営　　青戸　理成

| 第5章 | 指名・報酬・監査委員会の
目的・役割 | 飯田　秀総 |

第6章　社外取締役にとっての内部統制　　町田　祥弘

第7章 財務諸表の見方入門　　　　　服部　勝

第1章

日本企業の取締役会の現状と課題，あるべき姿

——落合誠一

I 序 論

1 本章の目的

　本書は，そのタイトルが，まさに示すように，社外取締役が果たすべき役割を解明し，社外取締役になろうとする人，あるいは現になっている人に対する具体的かつ明確な指針を提示し，その活躍のための頼りになる羅針盤となることを意図する。

　社外取締役導入の進展は，ハードローである会社法の初めての大改正である平成26年改正が平成27年5月1日に施行され，また6月1日からは，上場企業に対してソフトローであるコーポレートガバナンス・コードの適用が始まったことに起因する。さらに平成30年6月には，投資家（株主）と企業との企業価値向上に向けた建設的対話を促すソフトローとしてのスチュワードシップ・コードも制定された。まさにわが国のコーポレート・ガバナンスは，大きく動いており，それゆえに社外取締役についての関心も大きく高まっている。すなわち，従来の「守りのガバナンス」から「攻めのガバナンス」が強調され，上場企業のガバナンスの中核である取締役会のあり方が問題とならざるを得ないからである。そしてそのことは，監査役会設置会社，監査等委員会設置会社，指名委員会等設置会社のそれぞれにおいて問題となるから，上場企業は，社外取締役問題といかに対峙す

べきかが喫緊の課題となるのである。

　その後のわが国企業における社外取締役の数の増加は著しく，令和２年
２月11日付日経新聞朝刊によれば，社外取締役が全取締役の３分の１を占
める上場企業は40％に達し，未達の企業でもその25％が３分の１以上を目
指している。かかる進展を前提として，ハードローである会社法において
も，令和元年改正法は，上場企業に対して社外取締役を置かなければなら
ないと定めた。

　本章は，このような環境の変化を踏まえたうえで，社外取締役の方々の
みならず，その導入に真摯に取組む上場各社のために，法的側面を中心と
して，社外取締役のあるべき姿を解明するものである。

2　本章の検討の順序

　本章の検討は，次の順序で行われる。まず，独立取締役とは何を意味す
るのか，すなわち，独立取締役の意義を明らかにする（後記Ⅱ）。後述の
通り，独立性と社外性は異なるが，独立性のない社外取締役は，会社のガ
バナンスを考えるうえで存在意義に乏しい。それゆえ本章での社外取締役
とは，原則として独立性のある社外取締役との意味で使用する。本書の対
象である社外取締役の役割と責務を提示するために，まず，社外取締役と
は何かを明確にすることから検討を始める。

　次に，取締役会の果たすべき役割を解明する（後記Ⅲ）。社外取締役は，
取締役会の構成員である以上，その一員として取締役会の果たすべき役割
に対する十分な貢献が期待される。そうだとすると，そもそも取締役会は，
いかなる役割を果たすべきかがまず解明されねばならない。やや結論を先
取り的に言えば，取締役会の役割をめぐっては，大別してアドバイザ
リー・ボード（マネージング・ボードとも言う）かモニタリング・ボード
かの議論がある。そこでそれぞれの意義を明らかにし，社外取締役の活躍
が最も期待されるのは，アドバイザリー・ボードではなく，モニタリン

グ・ボードであることを示す。

　続いて，モニタリング・ボードの役割に関するより詳細で具体的な検討がなされる（後記Ⅳ）。ここでは，社外取締役が実行すべきモニタリングの意味するところを具体的に示す。また期待されるモニタリングを行うのに最もふさわしい社外取締役の人物像にもせまりたい。

　最後に，以上の検討をまとめ，本章のむすびに代える（後記Ⅴ）。

Ⅱ　社外取締役とは何か

1　社外取締役の意義

⑴　公開会社と閉鎖会社のガバナンス

　社外取締役の意義を明らかにするための出発点は何か。それは，株式会社は何を目的とする企業組織かとの問いを発してみるのがよい。と言うのも，コーポレート・ガバナンスは，株式会社がその社会的な存在意義を最大限に発揮できるような企業内組織をいかにして構築するかと言う課題に応えるためにあるからである。そのためには，まずもって株式会社の社会的な存在意義とは何かを考えなければならず，したがって，その解明なくしては，コーポレート・ガバナンスのあり方も，そして社外取締役の意義も，明らかにならないからである。

　言うまでもなく，株主が，一定の出資をして株式会社を設立しようとするのは，何らかのビジネス活動を行うためである。さらに言えば，ビジネス活動によって創出された新たな富を株主に分配するためである（それを法的に言えば「会社の営利性」である）。これが，すなわち株式会社の社会的な存在意義である。新たな富をわれわれの社会にもたらすことがなければ，社会は，発展もせず，窮乏するほかないからである。したがって，株式会社の存在意義とは，慈善目的でも，宗教目的でもなく，まさに営利

目的の企業組織だから，富の創出とその分配の実現以外の何物でもないのである。

それゆえ営利目的の会社に関する法ルールである会社法も，営利の目的達成に資する法ルールの体系でなければならない。つまり会社法ルールとは，会社の基本的な目的である営利目的の実現にあるのであるから，それを阻害しないことはもちろん，積極的にそれをサポートする法ルールでなければならない。無論，誤解のないように付言するが，会社は，どんな方法によってもともかく新たな富を創出すればよいと言うわけではない。会社も社会的存在である以上，われわれが大切にしている法令・社会規範を遵守しなければならないのは当然である。したがって，会社のビジネス活動は，適法であるのみならず，われわれが大切にしている社会規範にも合致することが必要である。このように見てくると，会社の法ルールである会社法は，営利目的を効率的に実現することのみならず，そのビジネス活動が公正に行われることについても十分に配慮するものとなる。

ところで株式会社には，大別して2つのタイプが存在する。第一は，いわゆる閉鎖会社であり，当該会社の株式が取引される市場が存在せず，自由に株主が入れ替わる余地がない会社である。かかる会社のガバナンスは，通常，株主が同時に当該会社の取締役となるから，株主の利益と取締役の利益とは一致し，通常，両者との間に利益相反はない。すなわち，所有と経営は分離することなく一致しており，したがって，株主が経営者である取締役を監視する必要は基本的にないことになる（もっとも多数派株主と少数派株主との利害対立という別の問題が生じるから，それに対する法的対応は必要となる）。

これに対して，当該会社の株式が取引所において取引されているような上場会社（いわゆる公開会社（会社法に言う公開会社（2条5号）とは意味が異なる））の場合には，株主と経営者とは分離する。なぜならば，公開会社の株主は，投資目的のために株主になっているのが一般であるから，

自ら当該会社を経営する意思も，時間も，能力もない。したがって，必然的に株主に代わって会社の日々の経営を行う経営者と言う新たなステークホルダーが必要となる。それがすなわち，所有と経営の分離であり，この分離は，公開会社において必然的かつ合理的な現象と言うべきであるが，まさにそのことにより，株主と経営者の利害対立が生じることになる。

　公開会社の株主は，自ら会社の経営を行うことは不可能であるから，それを経営者に当然委ねることになるが，株主が，経営者の行動を常時監視するのはもとより不可能である。そうすると，経営者は，株主の監視がないことを奇貨として，株主の利益よりも自己の利益を優先させる経営を行う危険性が生じる（これは経営者の会社に対する善管注意義務・忠実義務違反であり，それにより損害が会社に生ずれば，損害賠償責任を負うが，その義務違反が株主に認識されなければ，事実上，現実には責任を免れることになる）。このことが，公開会社のガバナンスにおける最大の問題であり，したがって，上場会社に関する会社法の最大の課題は，経営者によって実行される会社経営をいかにして株主の利益（株主は残余権者であるから，会社の利益は，まず債権者への支払いに充てられ，それがなされた後になお残余がある場合にその残余が株主のものとなる）に合致させるかであるから，株主利益の最大化を図ることは，とりも直さず債権者，従業員等と言った株主以外のステークホルダーの利益も同時に満たすことになるのである。それゆえ，会社法も，株主利益最大化の効果的な実現を目指す法となる（株主以外のステークホルダーの利益も株主と同等に考慮して経営すべきとする見解もあるが，その問題点については，拙著『会社法要説（第2版）』（有斐閣，2016年）54頁参照）。社外取締役の設置・活用も，まさにこの大きな課題に対する一つの挑戦なのである。

(2)　社外取締役の役割

　上場会社のガバナンスの大きなリスクは，前述のとおり，株主と経営者

との利益相反のリスクである。もっとも取締役会のメンバーである取締役は，例えば，代表取締役社長が善管注意義務・忠実義務に違反する行為を行おうとしていることを認識すれば，それを阻止しなければならない。そうでなければ，監視義務違反として会社に対して損害賠償の責任を負わねばならない。

　しかし，もし当該取締役が代表取締役社長（あるいは代表執行役社長）に従属した立場にあるとしたら，社長の違法行為を阻止できるであろうか。例えば，社長が自己の見栄のために必要以上に華美な本社ビルを作りたいと考え，それを取締役会で提案した場合を考えてみよう。社長の提案に賛成することは，株主の利益にはならず，企業価値の向上にもマイナスである。取締役会のメンバーである取締役としては，自己の善管注意義務・忠実義務を果たすためには，社長のかかる提案に反対しなければならない。しかし社長に従属している立場，例えば，有能でもなく，またさしたる業績もない自分を取締役にしてくれたのは，社長の強い配慮であったような場合，当該取締役において社長の意向に反する行動を期待するのはそもそも無理と言うべきであろう。このように，社長による暴走経営が起こるのは，取締役会の構成員が社長の部下ないし従属的な立場にある者によってのみ構成されている場合であり，かかる取締役会は，ワンマン社長の暴走を止めようもないことになるのである。

　それではどうしたらよいか。ここで直ちに容易に思い浮かぶ直截的な対応策は，取締役会の構成員が実質的に上下関係にあるメンバーからのみで構成されないようにすることである。換言すれば，経営者に従属しない立場の者をそのメンバーに入れることである。そうすれば，当該取締役は，社長の経営的・社会的に是認できない提案・行動があれば，直ちに直言して，その妥当性のないことを指摘し，是正しようとするからである。これが，すなわち，社外取締役の任用と言うアイデアである。したがって，社外取締役の独立性とは，経営者からの独立性を意味することになる。

　次に考えなければならないのは，社外取締役を任用するとして，その数は，1人でよいか，複数か，あるいは過半数かの問題である。取締役会の決議は，その過半数の賛成で成立することを考慮すれば，社外取締役の数をその過半数にすることがもっとも強力であることに疑いはない。したがって，社外取締役を最大限に活用することを考えれば，取締役会の構成員の過半数以上を社外取締役とするのが適切である。そうすれば，社外取締役が，その独立性を発揮するならば，絶対的に株主利益は守られることになる。

　もっとも社外取締役が，たとえ1人であっても，その人物次第によっては，株主利益を害するような経営を阻止することができるかもしれない。しかしそのような場合は，稀有な事例であろうから，一般的には，社外取締役の数は，多ければ多いほど，より強力なものとなるであろう。

　以上をまとめると，社外取締役における独立性とは，経営者からの独立性を意味するのであり，経営者利益が株主利益よりも優先される事態を防止するためには，社外取締役の数は，多ければ多いほどがよいことになる。

(3)　独立性と社外性

　ところで取締役の独立性と社外性とは，ぴったり重なるものではなく，それ自体は，異なる概念と言える。なぜならば，社外性は，現在および過去（過去をどれだけ遡れば経営者の影響を受けなくなるかは議論余地があるが）において会社内部の人間（役員・従業員）ではないことを意味するから，本来，経営者からの独立性の有無とは必ずしも関係がない概念である。

　しかし実際上は，社外性を有することは，独立性を有することと密接な関係がある。

　第一に，会社内部の者は，会社内部の論理（いわゆる「ムラの論理」であり，企業内部者の感覚・思考が世間の常識と異なることがある）に強く

縛られ，その結果，世間の常識と異なる行動を選択してしまうリスク（心理学で言うグループ思考の弊害）があるから，社外性を有することは，その弊害を受けない点において効用が認められ，このことは，経営者からの独立性に繋がることになる。

　第二に，会社内部の者は，その組織のトップである経営者に対して従属する意識が生じやすい。一般に組織は，その指導者の命令・指示に従うヒエラルヒーを構成するからである。他方，社外性のある者は，会社組織の外部の人間であるから，会社内の従属関係の影響を受けないと言える。

　このように見てくると，社外取締役を観念する場合は，一般に社外性をその前提とすると考えてよいであろう。もっとも社外性があれば独立性があるとは言えないから，社外取締役とは，社外性だけでなく，経営者からの独立性も有している者を意味すると考えなければならない。したがって，くり返しとはなるが，本章における社外取締役とは，以下，この意味で用いることに留意されたい。

2　法ルールにおける社外取締役の意義

(1)　会社法の定め

　ハードローとしての会社法には，社外取締役に関する規定（その定義規定は，2条15号にある）がある。しかしその社外性の要件は，経営者からの独立性の要素も勘案した定めとなっている。

　第一に，現在，その会社または子会社の業務執行取締役・執行役・使用人ではなく，かつ，その就任前10年間その会社または子会社の業務執行取締役・執行役・使用人であったことがないこと，第二に，その就任前10年内のいずれかの時にその会社または子会社の取締役・会計参与・監査役であったことがある者については，当該職への就任の前10年間その会社または子会社の業務執行取締役・執行役・使用人であったことがないこと，第三に，その会社の自然人である親会社等（2条4号の2）または当該親会

社等の取締役・執行役・使用人でないこと，第四に，その会社の姉妹法人の業務執行取締役・執行役・使用人でないこと，第五に，その会社の取締役・執行役・重要な使用人または自然人である親会社等の配偶者または2親等内の親族でないこと，のすべての要件を満たす場合に，社外取締役とされる。

　このように会社法の定める社外性の要件は，形式的な定めとなっており，社外性の要件を満たす者が，本当に独立性があるのかと言うその実質面を問題とするものとはなっていない。実質的な独立性を問題とするならば，会社法の社外性の要件を満たす者であっても，独立性のない者があり得るし，またその要件を満たさない者であっても，独立性がある者はあり得る。しかし実質的な独立性を問題にすると，その要件および該当性の判断は複雑になり，そのルールの現実の運用も，相当に困難となる。それゆえ会社法ルールは，形式的な基準でもって当該人物の社外性を判定するものとなっており，その運用は容易となる。したがって，まず，会社としては，会社法の要件を用いてその社外性を満たす人物を選び出し，次いで，その中から，会社自らの判断でもってその人物の独立性を見極めること（この見極めは，無論容易なことではない。実質的な判断をすることなしに独立性があるかのような外観を備える人物をとにかくそろえようとする会社にあっては，この見極めをしないままに候補者を選任するから，当該会社のガバナンスは，当然ながら問題があるものとなる）により，具体的な人選を進めることになる。

　ところで会社法は，そもそも監査役会設置会社の社外取締役の選任に対して推奨的なスタンスなのか，それとも消極的なのだろうか。平成26年会社法改正では，金融商品取引法の適用会社である監査役会設置会社は，その事業年度の末日において社外取締役を置いていない場合には，取締役は，定時株主総会において，社外取締役を置くことが相当でない理由を説明する義務を負うと規定しており（327条の2），またその場合には，その理由

を事業報告の内容に含めることを義務付ける（会社則124条2項・3項）等の定めを置いた。しかしこれらの諸規定は，あくまでも推奨に止まり，監査役会設置会社に対してその義務付けを強制するものではなかった。この定めは，社外取締役の設置に推奨的ではあり，社外取締役の存置の有用性を肯定しつつも，結局のところ企業の自主性に委ねる姿勢であったと言える。しかし有用であるにもかかわらず，その採用が進まないのであれば，強制してしかるべきではないか。その意味で令和元年会社法改正が，上場企業に対して1名以上の社外取締役の設置を強制したのは，当然のことと言わねばならない（複数さらには3分の1あるいは過半数の強制とならなかった点は，物足らないが……）。

(2) 上場規則の定め

　ソフトローであるコーポレートガバナンス・コードは，金融商品取引所の上場規則をもって，上場企業に対して"Comply or Explain"を求めている。そして会社法とは異なり，まずその原則4-8において，社外取締役についての一定の事項につき明示の遵守が要求されており，会社が，それに従わない場合には，その理由をコーポレート・ガバナンス報告書に記載しなければならないことになる。

　すなわち，原則4-8は，その前段において「独立社外取締役は会社の持続的な成長と中長期的な企業価値の向上に寄与するように役割・責務を果たすべきであり，上場会社はそのような資質を十分に備えた独立社外取締役を少なくとも2名以上選任すべきである。」とする。この定めにおいて特徴的なのは，第一に，上場企業に対しては，少なくとも独立性のある社外取締役の2名以上の選任を要請していることであり，先に見たハードローである平成26年改正時の会社法ルールとは大きく異なるものとなっている（もっとも説明（Explain）すれば，これに従わないことも可能であり，その点においてソフトロー性が発現する）。

　また第二の特徴は，少なくとも2名以上の選任が求められる独立性のある社外取締役は，いったい何をすべきなのかについても明らかにしており，その役割・責務は，「会社の持続的な成長と中長期的な企業価値の向上の寄与」にあると定めている。この点も会社法ルールとは大きく異なっている。

　そしてその後段は，「また，業種・規模・事業特性・機関設計・会社をとりまく環境等を総合的に勘案して，自主的な判断により，少なくとも3分の1以上の独立社外取締役を選任することが必要であると考える上場会社は，上記にかかわらず，そのための取組み方針を開示すべきである。」とし，業種・規模・事業特性・機関設計・会社をとりまく環境等を総合的に勘案して，独立性のある社外取締役の設置が2名では足らず，少なくとも3分の1以上必要であると判断する企業は，少なくとも3分の1以上の設置に向けての取組み方針を開示して積極的にその実現に取り組むべきことを求めている。すなわち，上場企業のすべてが，2名の任用のみで満足してよいのではなく，少なくとも3分の1以上を目指すべき企業があり，そうした企業については，それを実現するロードマップを示すことを求めている。

　さらにコーポレートガバナンス・コードは，その原則4-9において，独立性のある社外取締役のその独立性の意義について，「取締役会は，金融商品取引所が定める独立性基準を踏まえ，独立社外取締役となる者の独立性をその実質面において担保することに主眼を置いた独立性判断基準を策定・開示すべきである。また，取締役会は，取締役会における率直・活発で建設的な検討への貢献が期待できる人物を独立社外取締役の候補者として選定するよう努めるべきである。」とし，それへの対応についても"Comply or Explain"が求められる。

　すなわち，第一に，その前段においては，独立性のある社外取締役の独立性の判定基準は，取引所が定めている基準（上場管理等に関するガイド

ラインの定める独立性基準）に従うことは当然であるが，それに形式的に
合致しているのでは足らず，企業自らが，独立性をその実質面において担
保することに主眼を置いた独立性判断基準を策定・開示すべきことを求め
ている。これは，取引所の基準は，最低限の基準であるから，それを上回
るものを目指すべきであるとし，また独立性は，形式的ではなく，実質的
な独立性が重要であることを示す。そして企業がその実質的な独立性の有
無を恣意的に判定することがないように，その判定基準を策定・開示させ
ることにより，その判断の透明性・適切性を確保させようとしている。

　第二に，その後段においては，当該人物が，いかに実質的な独立性基準
に合致していたとしても，自己に課せられた前述の役割・責務を取締役会
において適切に発揮することがないようであっては，社外取締役に選任し
てもその意味がないから，取締役会における率直・活発で建設的な検討へ
の貢献が期待できる人物をその候補者とすることを求めている。これは，
所有と経営が分離された上場会社の社外取締役は，経営者の利益ではなく，
株主の利益を代表する立場にあるから，株主利益が害されるおそれがあれ
ば，たとえ経営者の意に反するものであっても，自己の考えを率直・活発
に示さねばならない。そしてかかる発言をすべきことの目的は，あくまで
も株主全体の長期的な利益を確保する経営がなされることにあるから，い
たずらに自己の意見のみに固執するものであってはならず，他人の意見に
も十分耳を傾け，妥当な経営を実現するための建設的なものである必要が
ある。いわば社外取締役も会社と言う同じ船に乗っているのであるから，
社外取締役も取締役会においては，船の適切な進路を定めてそれに向けて
航行すると言う共通の目標の実現のために議論をしていることを忘れては
ならないのである。

　以上の通り，コーポレートガバナンス・コードの独立性のある社外取締
役についての上記の原則は，補充原則よりも高次である原則としての位置
付けがなされており，しかもハードローである会社法の定めを大きく超え

る実質的なものとなっている。これは，当時の多数の上場企業の意識からすれば，相当に先進的であり（残念ながら，国際的なスタンダードからすれば，なお後進的と評さざるを得ないが），独立性のある社外取締役の役割・員数につき大きく踏み込んでおり，わが国の現状をもう一歩前進させようとする点において高く評価できるものと言える。

　もっとも，会社法の定めを大きく超える事項につき "Comply or Explain" を企業に求めることの正当性は，どこにあるかが問題となる。それは，コーポレートガバナンス・コードは，日本企業の元気を取り戻し，日本を再興させるためのものであるから，現状を打破する革新性が必要であり，しかも上場企業に対して一律の遵守を義務付けるものではなく，従わない場合にはその理由の説明を求めるに止まる自主規制であるからであろう。"Comply or Explain" の下では，各企業は自己に適した選択が可能であり，企業の自主性が尊重されているからである。もっとも企業は，その自主性尊重に甘えてはならないのであって，極力 "Comply" していくべきことは当然である。

III　取締役会の役割

1　取締役会のあり方

　会社法は，同法上の公開会社（2条5号。これに対して非公開会社は，譲渡制限株式しか発行しない会社である）について取締役会の設置を義務付ける（327条1項）。会社法上の公開会社は，上場会社とは同義ではないが，上場会社は，公開会社であり，したがって，取締役会が設置される。

　取締役会が設置されると，株主総会の権限は，会社法または定款で総会決議事項と定められた範囲に制限される（329条1項等）。株主総会は，取締役会が設置されていない場合の万能最高の機関ではなくなり，株主総会

の権限とされた事項以外の重要な経営事項の決定は，取締役会の権限とな
る（362条2項・4項）。所有と経営が分離された会社においては，株主の
経営関与には限界があり，したがって，株主の関与は，基本的に会社法に
定められた一定の重要事項の賛否につき株主総会での議決権を行使するこ
とに制限されるのである。

　このように上場会社においては，取締役会は，会社の経営の意思決定に
ついて大きな権限を有する一方で，取締役会の活動に対する株主による監
督は，株主総会における議決権行使以外には一般に働かなくなるから，取
締役会そしてその構成員である取締役が，自己の利益を株主の利益に優先
させる行動をとる危険性は著しく増大する。

　この問題点を克服するため，会社法は，監査役制度，監査等委員会，監
査委員会の設置さらには会計監査人等の制度を設けている。しかし監査役
制度の最大のウイークポイントは，監査役には取締役会での議決権がない
から，発言はできても取締役会の決定に参画できないことである。

　また監査等委員会設置会社の取締役である監査等委員は，取締役会での
議決権はあるが，最低2名の社外取締役の存置では，株主利益を害する取
締役会の決定を阻止することはできない。この点につき指名委員会等設置
会社の指名委員会および報酬委員会は，その所管事項につき決定権を有す
るから，たとえ社外取締役が取締役会の構成において少数であっても，委
員会の決定を貫徹できる点において問題が少ない。とりわけ指名委員会お
よび報酬委員会の決定権の存在は，監査委員会の活動とも相互に連携して
大きな影響を及ぼすから，3委員会における社外取締役の存在意義の発揮
は，最も強力である。したがって，指名委員会等設置会社が他のガバナン
ス類型の場合と比較してその監督力は最も優れていると言える。

　もっとも，より直截的かつ効果的な経営者のコントロールを可能にする
方策は，取締役会の構成員に株主利益を代表する取締役，すなわち，社外
取締役の数を取締役会におけるメンバーの過半数以上とすることである。

　しかし，わが国の会社法においては，指名委員会等設置会社においても，この点は法の要請とはなっておらず，3委員会において社外取締役が過半数との要件のみに止まる（取締役会での社外取締役を過半数とするのがむずかしいから，委員会レベルで過半数としてその決定を取締役会がくつがえすことは不可とした）。

　この点につき前述のコーポレートガバナンス・コードは，ソフトローとして上場会社の取締役会に独立性のある社外取締役の少なくとも2名以上，場合によっては，3分の1以上の設置を要請するが，取締役会の過半数以上は要求していない。確かにコーポレートガバナンス・コードは，ハードローである会社法よりも取締役会における独立性のある社外取締役の重要性をより認識しているとは言えるが，その要請水準は，世界の標準からすると残念ながら依然低いと言わざるを得ない。経営者が自己の個人的な利益を株主利益に優先させることを防止し，中長期的な企業価値を向上させる経営を確実に実行させるためには，取締役会のさらなる改革に向けて，ハードローは言うまでもなく，ソフトローにおいても，関係者の今後より一層の積極的な取組みが求められるのである。

2　アドバイザリー・ボードとモニタリング・ボード

　取締役会のあり方としては，大別して2つのタイプがある。すなわち，アドバイザリー・ボード（マネージング・ボード）とモニタリング・ボードである。

　アドバイザリー・ボードにおいては，経営者が経営を行うにあたって，社外取締役（アドバイザリー・ボードの社外取締役は必ずしも独立性は要求されない）は，経営者に対してアドバイスを必要に応じて行うことが主たる任務となる。このタイプでは，株主は経営者に経営を委ねているから，経営を実行し，またそのパフォーマンスの評価をするのは，経営者自身の責任であるとの考えによる。したがって，社外取締役の任務は，あくまで

も助言者として，経営の指揮者であり，責任者である経営者のために適切なアドバイスをすることであり，株主のために経営者を監督し，場合によっては，経営者を交代させること等はそもそも任務の中に入っていないのである。このように社外取締役は，経営を監督するのではなく，経営に資するためのアドバイスが任務であるから，経営者からの独立性は必ずしも必要としない。比喩的に言えば，軍司令官は，あくまでも経営者であり，社外取締役はその幕僚ないし参謀として位置付けられるのである。

　これに対してモニタリング・ボードにおける社外取締役は，経営者利益ではなく，株主利益を確保・増進するために経営者の経営を監督することがその基本的な任務となる（その意義の詳細は後記Ⅳにて再説する）。したがって，社外性の要件だけでは不十分で，経営者からの独立性を有する人物でなければならず，その数の面においても，最も理想的なのは，前記1で見た通り，取締役会の過半数以上が社外取締役であるボードとなる。

　もちろんこのボードにおける社外取締役は，アドバイスをおよそしないと言うわけではなく，株主の利益の確保・増進の観点から見て有益なアドバイスは，当然しなければならないし，することにもなる。しかしその基本的な任務は，単なる経営者の助言者に止まるのではなく，経営者の経営が，果たして中長期的な株主利益の確保・増進の観点から見て適切に行われているかを厳正に評価し，もしそれが期待される水準に達しないときには，場合によっては経営者を交代させること（解任）までも求められるのである。これが，まさにモニタリング・ボードの意味するところなのである。

　そうすると，すぐ出てくると思われる疑問は，社外の人間に有効な経営の監督ができるのだろうかである。確かに社外の人間は，社内の人間に比べれば当然当該会社についての情報はより乏しいであろう。しかし，ここで求められているモニタリングの中核は，個々の重要な業務執行の決定の監督（この場合には，当該業務執行，例えば，新工場の建設是否であれば，

当該工場建設計画についての詳細な情報がないと，なかなか妥当性の判定は難しい）ではなく，中長期的な株主利益の確保・増進の観点から見た場合の当該経営者による経営のパフォーマンスの全体的な評価である。具体的には，当初の事業計画の目標が期末においてどのくらい達成されたかであり，またその達成について経営者がどのくらい最善を尽くしたかである（評価対象は，当該事業年度単位と言うよりも，むしろ中長期の事業計画である）。中長期の事業計画の目標は，取締役会において社外取締役の積極的関与の下に策定され，経営者のコミットメントとして具体的で明確なものが示されているのであるから，その達成度を測るのは社外の者であっても容易である。そしてその達成度を確かめるためにより情報が必要であれば，社外取締役が経営者等にその提供を求めればよい。そして社外取締役のモニタリングを経営に活用しようと考える経営者であれば，むしろ積極的に協力するはずである（そもそも社外取締役を活用しようとの考えのない経営者であれば，情報の提供も含めて非協力的であろう。いわば聞く耳をそもそも持たないのであるから，かかる会社に社外取締役がいることは無意味以外の何ものでもない）。

　なお，現在のアメリカの上場会社における取締役会は，社外取締役がその過半数以上を占めるモニタリング・ボードとなっている。しかし40年位前には，アドバイザリー・ボードが主流であったのであり，企業の不祥事が発生するたびに取締役会の改革が進められ，現在のモニタリング・ボードとなった経緯がある。わが国は，一般にアメリカよりも相当年数をずらしてそれを後追いする傾向が強いから，近い将来には，わが国においてもアメリカのようなモニタリング・ボードが標準となることを期待したい（もっとも，「百年河清を俟つ」では，手遅れとなってしまうが）。

3 会社法のガバナンス類型

(1) 監査役会設置会社

　監査役会設置会社は，会社法が認めるガバナンス類型の中で，モニタリング・ボードに近づけるのが最も難しい類型である。第一に，令和元年会社法改正で上場会社は，少なくとも１名の社外取締役の設置が必要となった。しかし社外取締役１人では十分な力とはなり得ないし，監査役会は，適法性の監査が中心であり，妥当性の監査は，義務ではないし，監査役が業務執行に属する事柄の当否につき積極的に発言するのは法律上の要請するところではない。監査役は，業務執行に関与しないからこそ自己監査から免れるにもかかわらず，業務執行に深く踏み込むとなると，自己監査の弊害が生じるからである。したがって，監査役は，業務執行の妥当性については触れなくとも善管注意義務違反にならないのである。そしてまさに，経営者のパフォーマンスの評価は，妥当性の最たる事項であるから，そもそも監査役が活躍すべき場面ではないのである。

　第二に，取締役会は，取締役の監督（モニタリング）もその任務としてはいる（362条２項２号）が，社長を頂点とする社内のヒエラルヒーが取締役会の構成員間にもちこまれる場合が多く，その結果，社内取締役が多数を占める取締役会による経営者の監督能力は相当に低いと一般に言われている。すなわち，取締役会に独立性のある取締役がいないか，いたとしても極めて少数である場合には取締役会の監督能力は低いと考えられるのである。確かに経営者の経営の違法性については，監査役の役割発揮が期待できる。しかし経営の妥当性の監督は，監査役ではなく取締役会の任務であるが，社内取締役が多数で社外取締役が少数では，取締役会による監督はあまり機能しない可能性が高い。

　第三に，取締役会は，重要な業務執行の決定は，代表取締役に委任せずに，自らの決議をもって定めねばならない（362条４項）から，どうして

も取締役会で決めなければならない事項が多くなる。その結果，社外取締役を取締役会に入れたとしても，社外取締役は，個々の経営の意思決定への関与に追われ，経営者の監督に割くべき時間が大幅に減少せざるを得ない。

　第四に，社外取締役は，業務執行はしないけれども，重要な業務執行の決定の決議には参加しなければならないから，その限りで個々の経営決定に関与することになり，その結果，例えば，自己の賛成した経営決定がその後に会社に損害を発生させる結果となったような場合（例えば，取締役会において膨大なコストを要する新工場の建設の決議に賛成したが，後日，その開設によって製造した大量の商品が全く売れなかったような場合）には，当該社外取締役は，果たして経営者の経営のパフォーマンスを厳正に評価できるかとの問題（一種の自己監査的な事態）が生じる。

　しかし，そうであるにもかかわらず，わが国の上場会社の極めて多くは，監査役会設置会社である。こうした現状を考えると，監査役会設置会社を少しでもモニタリング・ボードに近づけることは，株主の利益の観点から極めて重要である。株主利益の観点からの経営者のモニタリングの重要性を考えると，監査役会設置会社のガバナンスは，改善できるところは，速やかに改善していかねばならない。そしてそのためには取締役会に社外取締役を入れる方策が不可欠であり，それゆえにコーポレートガバナンス・コードは，ソフトローとして上場会社の取締役会に独立性のある取締役の少なくとも2名以上，場合によっては3分の1以上の設置を要請しているのである。したがって，監査役会設置会社が少しでもモニタリング・ボードに近づくためには，各社ともコードの要請を積極的に遵守することが強く期待される。

(2)　監査等委員会設置会社

　監査等委員会設置会社は，経営者が指名委員会等設置会社の導入に積極

的でない現状を踏まえ，少しでもモニタリング・ボードに近づけるために平成26年改正によって設けられたガバナンス類型である。それは，指名委員会および報酬委員会の設置を法令上，不要とする点に表れており，指名委員会等設置会社から指名委員会および報酬委員会を除いた残りの監査委員会の設置のみの義務付けに近いものとなっている（監査役の設置はなくなる）。それゆえ監査等委員会のモニタリングは，指名委員会等設置会社の監査委員会と同様に内部統制システムを利用する形で行われ，常勤の監査等委員の設置は義務とはされない。そして監査等委員会が取締役で構成される以上，経営の適法性はもとより，下記の通り，妥当性のモニタリングも当然なされることになる。

　第一に，監査等委員会設置会社の取締役の過半数が，社外取締役である場合あるいは定款において取締役会の決議によって重要な業務執行の決定の全部または一部を取締役に委任することができる旨を定款で定めた場合には（399条の13第5項・6項），取締役会の決議によって，指名委員会等設置会社の場合と同様に，重要な業務執行の決定の多くを取締役に委任できる。それゆえ大幅な委任をすれば，取締役会の決議事項は，大幅に減少し，取締役会が経営者のモニタリングに十分な時間を割けるようになる。

　第二に，重要な業務執行の決定を大幅に代表取締役等に委任すれば，社外取締役の経営の決定への関与が大幅に減少するから，監査役会設置会社において問題となる社外取締役の自己監査的な事態も大幅に回避できる。

　しかし本来，経営者のモニタリングは，人事の問題と報酬の問題と不可分一体の関係にあり，それゆえに指名委員会等設置会社が設けられたのである。すなわち，監査と人事と報酬が，それぞれ有機的に結び付けられるからこそ取締役会による十全なモニタリングが可能となる。この点につき監査等委員会設置会社においては，指名委員会および報酬委員会の設置が法令上，義務付けられていない。そうなると，果たして監査等委員会のみの設置でしっかりしたモニタリングがなされるのか，と言う疑問が生じ得

る。

　会社法は，この点を意識し，監査等委員会に対して監査等委員以外の取締役の選任・報酬等についての意見の決定を義務付けたうえで（399条の2第3項3号），監査等委員会が選定する監査等委員が株主総会において，それらについての意見を述べる権限を付与している（342条の2第4項，361条6項。監査等委員会の「等」は，この権限を表すものである）。しかしながら指名委員会等設置会社のように，法律上，指名委員会および報酬委員会が設置され，しかも人事と報酬の決定権限も認められるのと比較して，監査等委員会が，指名委員会および報酬委員会のそれぞれの審議の過程を経ることもなく，また人事と報酬の決定権限もないままに行われる人事・報酬についての意見の決定・表明は，その内容の妥当性につきどの程度の信頼が置けるものなのであろうか。とりわけ監査等委員会の意見決定・表明が中途半端な検討，あるいは一方的な思い込み，さらには会社内の対立抗争のその一方の側への加担の意図等に基づくことも十分あり得ること等を考えると，株主総会がその意見表明の結果，大いに混乱する等のリスクがあるのではあるまいか。そうだとすると，監査等委員会へのかかる権限付与は，過大なものであったのではないかが危惧されないでもない。

　こうしたリスクを防止するためには，次の対応が考えられる。すなわち，コーポレートガバナンス・コードの原則3-1(iii)・(iv)の「取締役会が経営陣幹部・取締役の報酬を決定するに当たっての方針と手続」および「取締役会が経営陣幹部の選任と取締役・監査役候補の指名を行うに当たっての方針と手続」の開示要請を遵守するとともに，補充原則4-10①が要求する通り，任意の社外取締役中心の人事・報酬に関する諮問委員会を設置することが考えられる。そうすることによって万全ではないにしても，ある程度かかるリスクの顕在化に対処できるであろう。もっとも，これらの要請に従うか否かは当該会社次第であるから，依然としてソフトローとしての限界は残る。

(3) 指名委員会等設置会社

　指名委員会等設置会社は，下記のような理由により，会社法が認めるガバナンス類型においては最もモニタリング・ボードに近づけることが可能なものと言える。

　第一に，人事と報酬の問題は，指名委員会，報酬委員会にそれぞれ決定権限があるから，その過半数を占める社外取締役の意向により決まることになるからである（404条1項・3項）。また監査委員会においてもその過半数は，社外取締役である（404条3項）から，社外取締役が監査委員会による監査をコントロールできる。

　第二に，取締役会は，重要な業務執行の決定の多くを執行役に委任できる（416条4項）から，その委任を実際に行えば，経営と監督の分離が実現でき，取締役会は，経営者の監督に十分な時間が割けることになる。

　しかし，それでもアメリカの会社におけるモニタリング・ボードとは大きく異なる点がある。アメリカでは，取締役会の過半数以上が社外取締役であるのが通常であるが，わが国の会社法では，取締役会のレベルではなく，3委員会のレベルにおいてのみ過半数以上の社外取締役の義務付けが要求される。したがって，わが国においては，指名委員会等設置会社であっても，その取締役会においては，社外取締役が少数であることが生じ得るのである。社外取締役が少数の取締役会においては，社外取締役は，結局のところ取締役会のヘゲモニーをとることはできなくなるが，会社法は，そのような取締役会の存在を容認しているのである。

　この大きな相違が生じたのは，会社法が取締役会レベルでの社外取締役の過半数の義務付けをそもそも断念しているからである。令和元年会社法改正によっても社外取締役1名の義務付けに止まることからも分かるように，社外取締役の過半数の義務付けは，わが国の実情からしてそもそもあきらめざるを得なかったのである。わが国のこうした現状を前提とすれば，指名委員会等設置会社についても，社外取締役の義務付けは，取締役会レ

ベルではなく，委員会レベルでの社外取締役の過半数の義務付けがやっと
のことであったのである。そして委員会での決定が社外取締役が少数であ
る取締役会において覆されるおそれがあるがゆえに，それを防止するため，
指名委員会および報酬委員会の決定は，取締役会といえども覆せないもの
としたのである。しかしこれは，社外取締役の過半数を義務付けできない
現状に対する苦肉の策と言うほかない。他方，アメリカの取締役会におい
ては，委員会は，取締役会の権限委任の下に設置されるから，委員会の決
定は，上位機関である取締役会において当然，変更可能となる。しかしわ
が国では，取締役会の過半数を社外取締役とすることの義務付けができな
いがゆえに，委員会レベルに決定権限を付与せざるを得なかったのである
（もっとも，実情をどこまで考慮した立法をすべきかとの問題はある）。

　わが国のモニタリング・ボードが，指名委員会等設置会社の場合におい
てすらもこのように変則的であるのは，取締役会レベルでの社外取締役の
過半数の義務付けが実現できなかったことが主因である。こうした本来の
あるべき姿からすれば，極めて特殊かつ日本的で変則的な状況は，今後変
わっていくのであろうか。確かに，もしコーポレートガバナンス・コード
の遵守が徹底していけば，取締役会における社外取締役の数も，着実に増
加していくことが見込まれる。それが過半数に近づくことになれば，世界
標準とも言うべきアメリカのモニタリング・ボードも視野に入ってくる。
しかし，それは果たしていつのことになるだろうか。強い焦燥感に駆られ
るのは筆者だけなのだろうか。

Ⅳ　モニタリングの意義

1　総　　論

(1)　ガバナンスとモニタリング

すでにⅡ-1-(1)で述べた通り，株式会社の存在意義は，法令等の社会規範を遵守しつつ，われわれの社会に新たな富をもたらすこと（企業価値の創出・実現）である。そのためには，会社は，そのビジネス活動のために人的・物的資源を最大限に活用して新たな富の創造とその分配をしなければならない。これは，すなわち効率性の問題に対処しつつ，それと同時に法令等の社会規範の遵守の確保の問題（公正性の問題）にも対応することである。そしてこの効率性と公正性の両面に的確に対処する企業内組織をいかにして確立し，維持するかが，コーポレート・ガバナンスの要諦である。

　ところで，効率性と公正性をともに満たす経営の実現は，取締役会および経営者の責務である。しかし，所有と経営が分離された上場会社においては，株主は，経営者に経営の実行を任せねばならないが，経営者が効率的でかつ公正な経営を実行しているかを十分にモニタリング（会社法は「監督」と言う）できないとの問題が生じる。このモニタリングを実行する一つの重要な制度的対応が，社外取締役であるから，社外取締役の果たすべき任務は，株主の利益の確保・増進のために経営者の経営が効率性と公正性の両面において十分実行されているかについてのモニタリングとなる。

　社外取締役は，取締役会の構成員であり，代表取締役・業務執行取締役，執行役とは異なり，会社の業務執行を原則的に行わない非業務執行取締役である。それゆえに経営者の視点ではなく，株主全体の利益の視点からの

モニタリングが可能となる。

(2)　ガバナンス類型に応じたモニタリング

　まず，監査役会設置会社においては，社外取締役は，取締役会の構成員
として，業務執行の決定，取締役の職務の執行の監督，代表取締役の選
定・解職等につき適法性のみならず，妥当性についても意見を述べ，議決
権を行使することになる。取締役会は，代表取締役・業務執行取締役の業
務執行を監督するとともに，他の取締役の職務執行についても監視義務を
負う。監査役会設置会社の社外取締役は，監査等委員会設置会社・指名委
員会等設置会社とは異なり，法律的には独自の調査権限等は有しないから，
取締役会の協力を得つつ必要に応じて監査役・会計監査人とも連携してそ
のモニタリングの任務を果たすこととなる。

　次に，監査等委員会設置会社の場合には，社外取締役は，監査等委員会
の構成員である場合とそうでない場合がある。監査等委員である社外取締
役は，その独立性の確保につき強い保護がある。すなわち，株主総会で他
の取締役とは別に選任され，監査等委員の選任議案の提出につき監査等委
員会は，議案の同意権・提案権があり，また任期も２年となる。監査等委
員会は，経営者（代表取締役・業務執行取締役等）のモニタリングにおい
て中心的な役割を果たす。そのために調査権限・是正権限・差止請求権・
報告権限等を有する。

　最後に，指名委員会等設置会社は，指名委員会，報酬委員会および監査
委員会の有機的な連携を図りつつ経営者（代表執行役・執行役）のモニタ
リングを実行するから，そのモニタリングは最も強力なものとなる。一般
に社外取締役は，取締役会の構成員であると同時に，各委員会の全部また
は一部の委員になる。また監査等委員会設置会社の監査等委員と同様の権
限も持つ。もっとも，監査等委員と比較すると，任期の点でその身分保障
はやや弱いと言える。しかし監査，報酬，指名の各委員会の連携により，

全体として強力なモニタリングが可能となるその強い権限があることを考慮し，社外取締役も毎年株主の信認を受けるべきであるとされた。

2　効率性のモニタリング

　会社経営の基本は，既述の通り，ビジネス活動により新たな富の創出とその分配によって企業価値を向上させることにある。そのためには，資本効率（ROE）等の指標も重視しつつ，中長期の事業計画を策定したうえで，当該事業年度の計画を立てて，それを効率的かつ公正に実行して，所期の成果を達成し，企業価値を向上させる必要がある。したがって，社外取締役は，中長期の事業計画の策定，当該事業年度の計画の策定，各計画の効率的な実行，所期の成果の達成度の各段階それぞれにおいて適切な関与を行うとともに経営者のモニタリングを実行しなければならない。

　ところで経営は，経営者の責任において，経営者が決定し，実行すべきものである。したがって，中長期の事業計画の策定，当該事業年度の計画の策定，各計画の効率的な実行は，社外取締役が関与・アドバイスをするが，その決定を具体化し，実行することは，経営者の責任である。そして社外取締役が最も活躍すべきは，経営計画と実際の成果とを比較してその達成度を厳正に評価することにあり，所期の成果が得られなかった場合には，その原因が経営者の努力不足にあるのか，あるいは止むを得ない経済環境等の変化によるもの等を慎重に見極めて適正に評価しなければならない。

　当然，その評価にあたっては，経営者との対話も必要であり，それらを経たうえで，社外取締役としての経営者の成績評価をすることになる。その際，社外取締役が複数以上いれば，いわゆるエグゼクティブ・セッション，すなわち，経営サイドを入れることなく互いに議論する場を設けて，慎重な検討を行う等して，モニタリングの結果としての経営者についての評価が，より客観的で納得感・説得力のあるものになるよう最大限努めな

ければならない。そして社外取締役は，取締役会による効率性・公平性評価のPDCAサイクルを確実に展開させていくことにより，経営者による経営が効率的で公正なものとなるよう後押しする必要がある。効率性と公正性の両輪は，その一方が欠けてもよくないのは，もちろんであるが，とりわけ効率性を的確に前進させて中長期的な株主利益＝企業価値を向上させることこそは，「攻めの経営」における，社外取締役が果たすべき最大の任務なのである。

3　公正性のモニタリング

　会社経営の公正性の確保・維持についても，取締役会および経営者がやはり第一次的な責任を負う。すなわち，取締役会および経営者は，その業務の執行において公正性を確保・維持するための企業内組織（内部統制組織）（企業グループを形成している場合は，グループガバナンスとしての内部統制も問題となる）を構築し，維持しなければならない。他方，社外取締役は，内部統制組織の構築が適切になされているか，また適切に維持されているかを，モニタリングしなければならない。

　この公正性のモニタリングにおいては，社外取締役は，企業内の個々の不正等を積極的に探知する義務（社外取締役は，会社の警察官ないし検事の役割を有するものではない）はなく，経営者の責任である内部統制システムが的確に構築されているか，また適切に機能しているかをチェックすることが任務となる。具体的には，内部統制システムを担当する役員・職員から内部監査の状況の報告を受け，必要があれば，調査・検討を指示することが中心となる。

　社外取締役が，何らかの事情でたまたま社内に不祥事があるらしいとの情報を得たような場合は，社長ないし関係役員に連絡等して直ちにその真否を確認するとともに，存在すると確信した場合は，社長ないし関係役員に対して必要な対応をとることを促すようにしなければならない。その際，

事の重大性に応じては，取締役会の開催を求めることも必要となる。

4　ふさわしい人物像

　社外取締役が果たすべきモニタリングは，これまで述べたところが基本となる。まず，効率性のモニタリングについては，その任務の内容・性質からして，それを的確に行える人物である必要がある。したがって，ビジネスセンスがあることは必須であるから，経営の経験者，ビジネス法，経営学，経済学あるいは会計学等の専門家等が一般的にはふさわしいものと思われる。他方，公正性のモニタリングにおいては，弁護士等の法曹，会計士，法律研究者等が，一般的には適当である。

　しかしそうした専門性も重要ではあるが，当然のことながら，それで十分と言うことにはならない。人間的に誠実性・協調性があり，公平性の感覚もあり，思考の柔軟性等も求められる。その点でコーポレートガバナンス・コードの原則4-9後段が要請する「取締役会は，取締役会における率直・活発で建設的な検討への貢献が期待できる人物を独立社外取締役の候補者として選定するよう努めるべきである。」とするのは，重要なポイントである。自説への合理性のない固執や議論のための議論をすることは，あってはならないし，また自己の主張の欠点を認識した場合には，それを率直に認める勇気も必要である。

　以上，要するに専門性に加えて理性的かつリーズナブルな人物が求められるのである。

Ⅴ　むすび

　会社経営における効率性と公正性を確保し，それを維持し続けることは容易なことではない。大きな利益をあげ，名声と評判を得た企業であっても，それが一転して奈落に落ちることも決して少なくはない。急速に変化

する経済・社会環境にうまく適合しつつ，中長期的な企業価値の増加を長期にわたって実現し続ける経営は，たとえ名経営者であっても至難の業である。

　コーポレート・ガバナンスは，この至難の業を経営者の個人芸に任せるのではなく，制度的な対応として極力実現しようとする試みである。もちろん現実の世界においては，完全にフェールセーフな制度の構築は困難である。しかし，可能な限りそれに近づけようとする努力は不可欠であり，そのための制度的な対応がまさにコーポレート・ガバナンスに他ならない。会社内にフェールセーフな制度を構築する際においてとりわけ難しいのは，制度を担い動かしていく人の問題である。したがって，コーポレート・ガバナンスは，制度とそれを動かす人の両面がそれぞれ相俟って初めてうまくいくのである。古人が言うように，仏を作っても魂を入れなければ駄目なのであり，また魂だけがあっても，仏を作らねば，魂は生きない。両方が等しくそろうことによって，それは初めて真に機能するのである。

　社外取締役の導入も，制度の問題ではあるが，同時に人の問題でもある。それゆえ社外取締役を実際に有効に機能させるためには，制度的に導入したのみでは無論足らず，経営者も，社外取締役も，社外取締役の役割を十分に理解するとともに，その実践に向けての不断の努力が求められる。今後，社外取締役制度が，その本来の効用を発揮し，わが国の上場企業のガバナンスのレベルが，さらに一段と向上することを心から期待したい。

第2章

社外取締役の義務と責任

——澤口　実

I　社外取締役の義務

1　一筋縄でいかない社外取締役の義務

　社外取締役は会社に対して善管注意義務・忠実義務を負っている。問題はその義務の具体的な内容である。同じことを裏からいえば，社外取締役に求める役割・責務は何かということである。

　この点は，基本的なことでありながら，一筋縄ではいかない問題である。社外取締役については，いまだ活発な議論がなされており，その意義，またはその役割についての評価が1つに収斂したとはいえない状況だからである。しかも，かなり異なる考えが，いまだ有力に主張されつづけており，実務における帰趨が決まったともいえない状況である。

　そもそも，社外取締役の役割を含むコーポレートガバナンスの論議はわかりやすいとはいえない。企業経営に関係する多様な立場から，多様な主張がなされている。経営者自身はもとより，株主・投資家，政府，法学者，法律・会計の専門家，コンサルタント，経営や投資を支える専門会社，各種団体など，論議に参戦する関係者は枚挙にいとまがない。一方，経営を専門領域とする研究分野からはアカデミックな指摘が少なく，それもあってか，いわば「百家争鳴」ともいうべき様相を呈している。中には意見の相違の範疇を超えて，首を傾げたくなるような主張も散見され，ますます

議論を錯綜させている。

　そこで，このような混乱した状況の中で，社外取締役の義務を理解するため，まずは，取締役会などの株式会社の統治（ガバナンス）機関がどのような変遷を経て，現在のような形になったのか，経緯を説明したい。

　その上で，現在の取締役会のスタイルについて，2つの異なる考え，具体的にはモニタリング・モデルとマネージメント・ボードについて，それぞれの意義や差異を把握していただきたい。

　そして，近年重視されているコーポレートガバナンス・コードで，社外取締役の役割をどのように整理しているのか確認する。

　最後に，社外取締役の役割についてのよくある誤解についてふれてみたい。

2　ガバナンスの制度設計の変遷から考える

　わが国の上場企業の会社形式である「株式会社」の機関，つまりガバナンスの制度設計が，どのような経緯で現在のものとなっているのか，概観する。

　資料1は戦前のわが国の株式会社の機関設計である。最高かつ万能の機関である株主総会が，業務執行をする，つまりビジネスをする取締役を選ぶけれども，日常的に監督ができないことから，監査役を選んで取締役を監督させる。監査役は今でいう業務監査も会計監査も行う存在であった。この制度は,ドイツ法の影響を強く受けて作られたものである。

　戦前の制度が大きく変わったのは昭

資料1

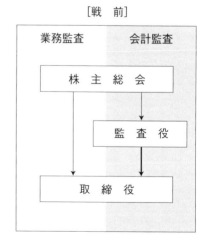

［戦　前］

和25年の商法改正である（資料２）。
戦争に負けて米国の制度を取り入れた
のである。米国の株式会社制度といえ
ば，ボード（取締役会）とCPA（公
認会計士）である。取締役会が業務監
査を，公認会計士が会計監査をという
ことになるはずであったが，日本の公
認会計士制度は誕生間もなかったこと
から，白羽の矢が立ったのが監査役で
あった。したがって，改正法案が国会
に提出された段階では，監査役ではな
く「会計監査役」とされていた。業務

資料２

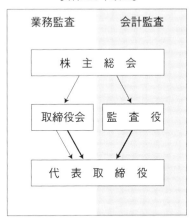

執行をする者に代表取締役という名前をつけたのは誤解を招いたかもしれ
ない。この代表というのは取締役の代表ではなく，会社の代表，つまり包
括的代理権のことである。取締役の上下の関係はなかったし，今でもない。

　次に大きく変わったのが，昭和49年
の商法改正である（資料３）。これは
当時社会問題となった，経営者が関与
する大型粉飾決算事件の多発を踏まえ
た改正である。改正作業の途中で法制
審議会から改正の方向性について，A
案とB案が示され，今でいうところの
パブリックコメントに付された。これ
が非常に興味深い。

　A案は，問題の発生の原因を取締役
会とみた。米国の制度にならって取締
役会制度を導入してみたものの，ふた

資料３

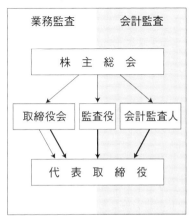

を開けると日本企業の取締役会は全員が社内取締役で社長の部下ばかり
だった。これが問題と考え，かなり革新的な提案をしている。例えば，
「社長，副社長その他の業務担当役員及び使用人は，取締役となることが
できないものとすべき」，つまり，取締役会と経営者を人的に完全に分離
する提案である。それ以外にも，会計監査人を設置する会社は監査役を廃
止するとか，取締役会議長と代表取締役との分離などを提案している。こ
れに対してB案は，職業的専門家による会計監査人の導入後も，監査役制
度を維持し，業務監査も担当させようという提案である。パブコメの結果
はA案に対する拒絶反応が強く，B案の方向で進むことになった。これが，
現在も上場会社の過半を占める監査役設置会社である。それからしばらく
の間，不祥事などが原因で法律が変わる度に，監査役の権限や地位が強化
されていった。

　この流れと大きく異なる改正がなさ
れたのが，平成14年の商法改正である
（資料4）。正確にいえば，異なる選択
肢として，委員会等設置会社（現在の
指名委員会等設置会社）が誕生した。
委員会等設置会社では，少ない社外取
締役が大きな影響力をもてるように，
取締役会に小規模な委員会をつくり，
そこに取締役会の重要な権限を大胆に
委譲していった。小規模な委員会では
少ない社外取締役でも過半数を占める
ことが可能である。業務執行をする者

資料4

[平成14年改正（指名委員会等設置会社）]

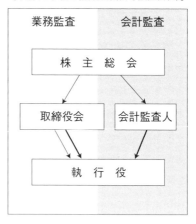

は，取締役概念と区別して執行役と呼ぶこととした。これは，その図式か
らも明らかなように，昭和25年改正，つまり米国流の機関設計の流れを汲
んだものである。

　そして，平成26年に改正された会社
法に基づき，平成27年から誕生したの
が監査等委員会設置会社である（資
料5）。指名委員会等設置会社の数が
一向に増えないことから，指名委員会
と報酬委員会の設置を義務づけないこ
ととし，その代わり，監査等委員は他
の取締役と区別して株主総会で選任さ
れるなどしてその独立性を強化した。
　このような経緯を経て生まれたのが
監査等委員会設置会社の制度である。

資料5

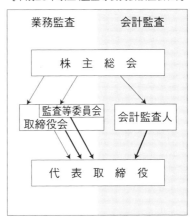

［平成26年改正（監査等委員会設置会社）］

　以上の変遷を経て，現在の上場会社が選択している，監査役会設置会社，
指名委員会等設置会社，監査等委員会設置会社の各制度が誕生している。
興味深いのは，昭和49年改正が大きなターニングポイントとなったこと，
その検討過程では改正とは大きく異なる考えが存したこと，そして，現在
の上場会社の圧倒的多数を占める監査役会設置会社は，この昭和49年改正
により誕生した制度設計によるという点である。

3　モニタリング・モデルとマネージメント・ボードの対比から考える

(1)　モニタリング・モデルとは

　コーポレートガバナンスの要は取締役会である。コーポレートガバナン
ス・コードでも最も多くの原則が定められているのは取締役会である。そ
の取締役会のスタイルとして，海外の投資家になじみ深く，逆に日本の経
営者が正確に認識していないのが，モニタリング・モデルである。
　モニタリング・モデルとは，1970年代に米国で提唱された取締役会の姿

である。

　これを提唱する論者は，取締役会は，時間的制約，情報収集能力および分析能力の欠如等のため，経営の意思決定・業務執行機能をほとんど果たしていないと分析した上で，取締役会に期待できる法的役割は，役員の選任・解任を基礎とする業務執行の監督と，これに付随する助言や基本的な経営計画の承認等であるとして，このような監督機能に重点を置いた取締役会をモニタリング・モデルと称した。経営目的を達成するための計画の立案および日常業務の執行を役員に，これに対する監視・監督を取締役会にそれぞれ委ねることで，経営の執行機関と監視機関の分離を促した[1]。

　このスタイルは，米国ではほとんどの上場企業に広がっている。米国以外の主要国にも拡大しており，現時点では，いわばグローバルスタンダードといってよい状況にある。

　このようなモニタリング・モデルの考え方について，わが国への導入を目指して，日本の経営者側の視点も加えて整理したものとして，日本取締役協会の提言がある 。

　経営者向けに作成された提言であり，簡明な整理がなされているので，以下で紹介する。

　まず，取締役会の役割とされる「監督」の意味が，論者により全く異なることから，その意義について，グローバルな意味でのモニタリングに引きつけて定義している。

---

1. 社外取締役・取締役会の主たる職務は，経営（業務執行）の意思決定ではなく，経営者（業務執行者）の「監督」である。

1　モニタリング・モデル全般について，Melvin A. Eisenberg, *The Structure of Corporate Law*（1976），川口幸美『社外取締役とコーポレート・ガバナンス』（弘文堂，2004）参照。

2．「監督」の中核は，経営者が策定した経営戦略・計画に照らして，その成果が妥当であったかを検証し，最終的には現在の経営者に経営を委ねることの是非について判断することである。

3．具体的には，

(i)　経営者に対して経営戦略・計画について説明を求め，

(ii)　経営戦略・計画が株主の立場から是認できないものでないかを検討する。

(iii)　そして経営の成果について，経営者から説明を求める。

(iv)　前記から，経営者を評価し，最終的には現在の経営者に経営を委ねることの是非について判断する。

　以上を経営者の責務の観点から言い換えれば，経営者は，経営戦略・計画が合理的であり，また，その成果が妥当であることを，社外取締役を含む取締役会に説明し，納得させる責任を負う。

　もちろん，社外取締役や取締役会には，前記の意味での監督以外にいくつか関連した職務があることから，これについては次のとおり整理している。

4．前記に加え，経営者の評価や投資家の投資判断の前提となる財務情報の重要性に鑑み，その信頼性を高める観点，経営者の報酬を成果に応じた合理的なものとする観点，経営者の利益相反行為の抑止，更には適切なリスク管理体制の構築などの観点からも，社外取締役による経営者の監督が期待されている。

　その上で，社外取締役や取締役会による役割として誤解されている事項，期待すべきでない役割について，次のとおり明確に述べる。

5．社外取締役・取締役会による経営者の「監督」とは，経営そのものではない。会社法上求められる取締役会における重要な業務執行の決定についても，社外取締役は，経営者の提案が株主の立場から是認できるのか否かという観点で判断すべきであり，その意味で「監督」に近い性格を有するものである。そもそも，外部者である社外取締役は，経営者と比較すると，業務執行に関する専門的知識や情報が不足しており，個別の業務執行の決定ではなく，経営者や経営全体に関する評価が，その特性を活かし，企業価値を高める職務である。

6．取締役会では，社外取締役による「監督」に適合した事項について，十分な審議を行うべきであり，一方，個別の業務執行の決定は，経営者と会社との利益相反が生ずる場合を除き，法令で許される範囲で経営者に委譲するべきである。

7．社外取締役・取締役会による経営者の「監督」とは，自ら動いて隠された不祥事を発見することではない。社外取締役は，不祥事の発生を防止するリスク管理体制の構築を「監督」し，「監督」の過程で不正行為の端緒を把握した場合は適切な調査を行うべきであるが，隠された個別の不祥事の発見自体は社外取締役による経営者の「監督」の直接的な目的ではない。

　そして，監督の意味が前記のとおりであることから，論理的な帰着として，取締役，特に社外取締役に求められる資質について，次のとおり整理する。

8．経営者の「監督」の機能を果たすために，社外取締役には独立性が求められる。社外取締役による経営者の「監督」の中核的部分が，経営者の評価にあることからすれば，経営者からの社外取締役の独立性は不可欠である。ここにいう経営者からの独立性とは，経営者との間で利害関

係を有しないことを意味する。

9．経営者の「監督」の機能を高めるためには，取締役会における社外取締役の数を増やし，その比率を高める必要がある。また，少数の社外取締役に重要な役割や権限を与えるよりも，多数の社外取締役に委ねる方が，「監督」の質が高まり，またその安定にも資する。

10．多数選任された社外取締役に多様性が存することは望ましいが，「監督」の中核的な部分が経営者の評価にあることから，まずは，これに適した者，例えば他社の経営者やその経験者など，経営一般についての知見を有する者を社外取締役として確保することが合理的である。

そして，最後に，「モニタリング・モデル」の意味や，提言の考えが「モニタリング・モデル」に依拠すること，これが経営者と敵対するものでないと整理している。

11．本提言の考えの多くは，「モニタリング・モデル」と共通なものである。「モニタリング・モデル」は，社外取締役を含む取締役会に期待できる基本的な役割が，業務執行の決定ではなく，役員の選解任を中心とした業務執行の監督とする取締役会の仕組みである。1970年代に米国で誕生して以降，米国の上場企業の多くで採用され，米国以外にも広く浸透しつつある。「モニタリング・モデル」は，多くの誠実な経営者にとっては，決して経営に敵対的な仕組みではなく，社外取締役を通じて経営への株主からの支持を得る仕組みとなりえ，結果として，経営に正統性を与え，経営者を後押しする効果がある。

12．社外取締役の職務や取締役会の在り方には，多様な選択がありえ，また，会社によっても異なる。「モニタリング・モデル」といっても「監督」の主眼をどこに置くのかには差異がありえるし，そもそも取締役会の在り方は「モニタリング・モデル」だけには限られない。

> しかし，いずれの選択をした場合も，「モニタリング・モデル」とし
> ての特徴や，「モニタリング・モデル」との差異を説明することが，自
> 社のコーポレートガバナンスに対する株主や投資家の理解を深めるため
> に重要である。

　この提言の趣旨は，日本取締役協会のHPに掲載している解説編に詳し
い。一度，ご覧いただきたい。

⑵　マネージメント・ボードとは

　一方，マネージメント・ボードとは，モニタリング・モデルと対比され
る取締役会のスタイルであり，取締役会の機能のうち，重要な業務執行の
決定に係る部分をより重視する考え方といえる。別の言い方でいえば，取
締役会の監督機能の強化は，モニタリング・モデルのような経営トップの
選解任ではなく，重要な業務執行を適正に決定させることにより図ろうと
いう考え方ともいえる。

　昭和56年商法改正においては，それまで，取締役会の法定決議事項の範
囲が必ずしも明確でなかったため，本来取締役会で決すべき事項が常務会
等に委ねられてしまい，取締役会の機能が低下しているという問題意識か
ら，取締役会の専決事項を追加された。マネージメント・ボードは，この
改正に代表される日本企業の伝統的なガバナンス構造やその傾向と親和性
が高い。

　また，社外取締役による助言に大きな意味を見いだす立場は，当該助言
に基づき，社外取締役の関与のもとに，取締役会にて重要な業務執行が最
終決定されることを重視する傾向があり，結果として，マネージメント・
ボードとしての取締役会の意義を否定しない。

　このような立場は，モニタリング・モデルがグローバルスタンダードと
いいうる状況になっている今日でも，わが国では，いまだに多数意見とも

いいえる状況である。

(3)　ハイブリッド型

以上のモニタリング・モデルとマネージメント・ボードの中間的なスタイルも存する。

実は，純粋なモニタリング・モデルの仕組みが可能な指名委員会等設置会社でも，多くの会社が，重要な業務執行の判断の全てを経営者に委ねているわけではなく，一定以上重要な業務執行は取締役会に付議しているのが実情である。

社外取締役による経営者の監督といったモニタリング・モデルの要素も必要と考えると同時に，特に重要な業務執行は，やはり取締役会に付議して，社外取締役からも助言を受けたいという考えである。

このような取締役会のことを，「ハイブリッド型」と呼ぶこともある。

4　コーポレートガバナンス・コードから考える

コーポレートガバナンス・コードの原則 4-7 は，独立社外取締役の役割・責務として次のとおり定める。

> 上場会社は，独立社外取締役には，特に以下の役割・責務を果たすことが期待されることに留意しつつ，その有効な活用を図るべきである。
> (i)　経営の方針や経営改善について，自らの知見に基づき，会社の持続的な成長を促し中長期的な企業価値の向上を図る，との観点からの助言を行うこと
> (ii)　経営陣幹部の選解任その他の取締役会の重要な意思決定を通じ，経営の監督を行うこと
> (iii)　会社と経営陣・支配株主等との間の利益相反を監督すること
> (iv)　経営陣・支配株主から独立した立場で，少数株主をはじめとするス

┌───┐
　　テークホルダーの意見を取締役会に適切に反映させること
└───┘

　コードの各原則において定められる取締役会の役割・責務は，軽重の差異はあっても，モニタリング・モデルやマネージメント・ボードのいずれの取締役会のスタイルにおいても妥当し得る内容である。

　確かに，各原則の中には，モニタリング・モデルになじみやすいと考えられるものも見受けられる。例えば，基本原則４およびこれを受けた原則４-３は，経営陣・取締役に対する実効性の高い監督を求めており，「取締役会による独立かつ客観的な経営の監督の実効性」の確保に言及する原則４-６や，独立社外取締役の有効な活用等を求める原則４-８～原則４-10も，モニタリング・モデルになじみやすいものといえる。

　しかし，マネージメント・ボードの考え方の下でも，取締役会の監督機能の重要性が否定されるわけではなく，監督機能に言及するコードの各原則の考え方は，必ずしもマネージメント・ボードの考え方と相反するものではない。また，コードの原則の中には，必ずしもモニタリング・モデルから直接導かれるものではないと考えられる原則もある。例えば，前記の原則４-７(i)は，独立社外取締役の役割・責務として，最初に経営の方針や経営改善についての助言を掲げているところ[2]，このような助言は，モニタリング・モデルでも否定はされないが，少なくとも，モニタリング・モデルが念頭に置く社外取締役の役割の中で最初に記載されるべきものではない。

　加えて，コードは，取締役会のあり方と密接に関連する会社法上の機関設計[3]についても，そのいずれかを慫慂するものではないとされ（コード原案[4]序文14項），また，取締役会の役割・責務も，機関設計を問わず等し

　2　油布志行＝渡邉浩司＝髙田洋輔＝浜田宰「『コーポレートガバナンス・コード原案』の解説〔Ⅳ・完〕」商事法務2065号47頁（2015）では，助言が最初に記載されていることに意義がある旨の指摘がなされている。

く適切に果たされるべきものとしている（基本原則4）。

　以上からすれば，コードは，必ずしもモニタリング・モデルを含む特定の取締役会のあり方を推奨しているとはいえないと考えられる。

　コーポレートガバナンス・コードは，全ての上場会社を対象としたソフトローであり，わが国において見解が大きく分かれる取締役会のスタイルについて，特定の立場に立った整理は困難であったともいえる。

　ただし，モニタリング・モデルとマネージメント・ボードは，取締役会のあり方に大きな相違があり，結果として，社外取締役に求める役割にも大きな差異がある。その両者にともにあてはまる役割の整理，あるいは当該整理が求められる役割の網羅性には，自ずと限界があると考えるべきであろう。

　コーポレートガバナンス・コードはプリンシプルベース（原則主義）と呼ばれる規制のあり方を採用している。ルールベース・アプローチ（細則主義）と異なり，詳細なルール（細則）を設定するのではなく，重要な原則を示した上で，これらの原則の遵守を求めることにより，各社の自主的な取組みを促すというものである。また，コンプライ・オア・エクスプレインと呼ばれる考えで作成されており，コードの各原則をすべて実施（コンプライ）することが求められるわけではなく，実施せず説明（エクスプレイン）するという対応も許容される。したがって，各社において取締役会のあり方と併せて社外取締役に期待する役割を改めて整理した上で，コーポレートガバナンス・コードの趣旨を具体的に解釈し，場合によっては自らの考えをエクスプレインすることが求められよう。

3　たとえば，指名委員会等設置会社および監査等委員会設置会社は，監査役会設置会社に比べ，モニタリング・モデルを指向する機関設計と位置づけられている（坂本三郎編著『一問一答　平成26年改正会社法』（商事法務，2014）60頁，江頭憲治郎『株式会社法〔第7版〕』（有斐閣，2017）555頁）。
4　平成27年3月5日付コーポレートガバナンス・コードの策定に関する有識者会議「コーポレートガバナンス・コード原案〜会社の持続的な成長と中長期的な企業価値の向上のために〜」。

5　社外取締役とコンプライアンス

　社外取締役の役割には誤解が多い。

　昔から，社外取締役の活躍の紹介として次のような論調の意見を目にすることが多い。

　　　「この子会社向けの融資はちゃんと回収できるのか」「部門ごとに予算の進捗を詳しく説明してほしい」。社外取締役の1人が突っ込みを入れた。いま社外取締役は，会社と利害関係がない独立社外取締役を含めて3人体制。3年前にこう指摘されたのをきっかけに，子会社融資ではそれまで以上に綿密な返済計画を作らせるようになった。合理性を再検討するため決定を先送りした投資案件も多い。……誰にでも分かる徹底的な説明責任が求められ，「身内の論理」に甘えることも許されない 。

　このような論調については，少なくとも，モニタリング・モデルの観点からは違和感が残る。

　モニタリング・モデルは，その出発点自体が，社外取締役は，時間的制約，情報収集能力および分析能力の欠如等のため，経営の意思決定・業務執行機能をほとんど果たせないという現状認識であり，したがって，経営者は将来の収益予想に基づいて経営戦略・方針を策定し，業務執行を行うが，取締役会はあくまでその成果が当初の方針に照らして妥当であったかを検討するのであり，経営者の個別的な意思決定や業務執行を審査することを想定しているわけではない 。

　日本取締役協会の提言でも，「社外取締役・取締役会による経営者の「監督」とは，経営そのものではない。」「外部者である社外取締役は，経営者と比較すると，業務執行に関する専門的知識や情報が不足しており，個別の業務執行の決定ではなく，経営者や経営全体に関する評価が，その

特性を活かし，企業価値を高める職務である。」「取締役会では，社外取締役による「監督」に適合した事項について，十分な審議を行うべきであり，一方，個別の業務執行の決定は，経営者と会社との利益相反が生ずる場合を除き，法令で許される範囲で経営者に委譲するべきである。」と述べる。

　たしかに，社内の論理で不合理な業務執行が取締役会まであがってきたときに，社外取締役の意見によって中止したこともあるかもしれない。しかし，一方で，リスクをとるインセンティブの少ない社外取締役により，迅速に行うべき投資案件にブレーキが掛かっているかもしれない。

　実はこの点は，社外取締役の登用に積極的なモニタリング・モデルの考え方と，わが国における社外取締役の登用に懐疑的な従来からの意見が，同じ評価をしている点である。

　ある大手製造業の上場会社は，社外取締役を登用する前，コーポレートガバナンス報告書において，社外取締役を登用しない理由については，次のように説明していた。

　　　役員体制については，当社の強みである「モノづくり」へのこだわり，現場重視，現地現物の精神を理解し実践できる人材を中心とすることが重要だと考えています。

　これは結局のところ，業務執行に関する専門的知見等がないことから，社外取締役が経営の意思決定や業務執行機能は期待できないということであり，この点は，実はモニタリング・モデルの考え方と矛盾しない。

　また，企業不祥事が発生する度に，社外取締役がいないから発生したとか，社外取締役がいても独立性が低いから防げなかったなどといった意見を目にすることが多くなる。

　この点，東京大学の藤田友敬教授は次のように述べている。

　　　たとえば企業の不祥事防止のためのガバナンス強化策として，社外

取締役の設置義務づけが提案されることがある。逆に，社内の事情に
精通していない社外取締役では，不祥事の防止・発見の役に立たない
といった批判がなされることもある。社外取締役が置かれている上場
会社において不祥事が起きたことが社外取締役の機能しない証拠とし
て言及されたり，社外取締役の独立性が低かったことがその原因であ
ると再反論されたりすることもある。いずれも不幸にして不毛な議論
の応酬である。企業内部で密かに行われる不正の摘発といった役割は，
そもそも社外取締役に期待すべきではない役割・機能の最たるものな
のであり，そのようなこと期待して社外取締役の導入を勧めたり，そ
のような機能が果たせるか否かをもって社外取締役の意義を評価した
りする筋合いではないからである。

（「『社外取締役・取締役会に期待される役割―日本取締役協会の提言』を読ん
で」商事法務2038号4頁）。

コーポレートガバナンス・コードにおいても，わざわざ原則で，次によ
うに定めている。

> コンプライアンスや財務報告に係る内部統制や先を見越したリスク管理体
> 制の整備は，適切なリスクテイクの裏付けとなり得るものであるが，取締
> 役会は，これらの体制の適切な構築や，その運用が有効に行われているか
> 否かの監督に重点を置くべきであり，個別の業務執行に係るコンプライア
> ンスの審査に終始すべきではない。（補充原則4-3②）

企業経営におけるコンプライアンスの重要性には多言を要しないし，社
外取締役を含む取締役会も，コンプライアンスを含むリスク管理体制の構
築については，一定の役割が期待されているが，社外取締役の特性を踏ま
えた役割を期待すべきであり，誤った役割の期待は，社外取締役の導入に
かえってブレーキとなりかねない。

II　社外取締役の責任

1　取締役一般の任務懈怠責任の状況

　社外取締役の責任についてみる前に，まずは取締役一般の責任について俯瞰しておく必要がある。

　なお，「責任」とは多義的な概念であるが，その責任の中でも最も重要なものが，会社に対する任務懈怠責任といえる。取締役の会社に対する責任の基本であり，また，中核である。現に，いわゆる株主代表訴訟で訴訟物となる責任の多くが任務懈怠責任である。

　以下では，この任務懈怠責任について，詳しくふれることとする。

(1)　類　型　化

　取締役の任務懈怠責任は，それを責任原因からいくつかの類型に区分すると，争点や裁判例の傾向などが理解しやすい。以下では，具体的な法令違反か，善管注意義務や忠実義務といった規範内容が抽象的な法令違反かに区分した上で，後者を自らの行為の是非が問題となる経営判断類型，他の役職員の違法行為等の防止が問題となる監視・監督義務違反類型，内部統制システム構築義務違反の責任に区分して整理をしている。これを図示すると次のとおりとなる。

48

　平成5年商法改正を契機として，株主代表訴訟および役員の対会社責任に関心が集まり，結果として，株主代表訴訟などの任務懈怠責任に関する裁判例も急増した。もちろん，それ以前にも少なからず裁判例が存したが，上場会社の役員の対会社責任を追及する例はごく少なく，一方中小企業の事例では先例的価値が低いものも多いことから，大規模会社における役員の会社に対する責任，特に取締役の会社法423条の任務懈怠責任については，十分な裁判例が存したとはいえない状況にあった。

　したがって，当時は裁判例の傾向を論じることは現実的でなかったが，平成5年商法改正から25年余が経過し，多様な類型に関する裁判例が少なからず集積した結果，事案の類型ごとに，かなり鮮明な傾向が存することがわかってきた。

　すなわち，前述の類型に従って整理すると次のとおりとなる。

(1)　具体的法令違反の類型では，上場・非上場を問わずほとんどの事案で役員の責任が認められている。

(2)　経営判断の類型では，破綻していない上場企業の役員の責任が認められた例は例外的である。つまり，上場会社の株主代表訴訟のうち経営判断類型では役員は勝訴する傾向が顕著である。ただし，同じ経営判断の類型でも，非上場会社や破綻金融機関の場合は役員の責任が認められた例が少なからず存する。

(3)　監視・監督義務違反の類型では，役職員の違法行為等について認識していた場合や認識し得た場合に責任が認められている。

(4)　内部統制システム構築義務違反の類型については，いまだ裁判例が限られている上に，内部統制をめぐる環境の変化も激しいことから，司法判断の予測可能性は高くない。

(2)　類型ごとの司法判断傾向

　まず，具体的法令違反の類型であるが，役員自身が関与する業務執行に具体的法令違反が認められる場合，裁判例の傾向は特に明確であり，そのほとんどの事案において役員の責任を肯定している。この傾向には，経営判断類型とは異なり，上場会社と非上場会社で相違がない。

　裁判例の中には，具体的法令違反を認めながら，役員の過失を否定して結局責任を否定したものがある。ただし，ごく少数に留まっており，最近のわが国におけるコンプライアンス重視の傾向からみて，具体的法令違反について役員の過失が否定される事案は今後も少数に留まると予想される。

　一方，公刊物に明らかにされている限り，破綻金融機関を除く上場企業の役員の経営判断類型に関する責任が最終的に認められた事例（裁判例）は，ごく限定的である。平成5年の商法改正以降，相当数の事例が裁判となっていることを考えれば，結果として，破綻金融機関を除く上場会社については，経営判断類型に属する行為，つまり具体的法令違反行為が取締役自身にも他の役職員にも介在しない事案では，裁判所は経営者の判断を「尊重」する傾向が顕著といえよう。

　ただし，破綻金融機関の役員責任事例のほとんどが，融資に関する善管注意義務違反を理由としたものであり，その意味で経営判断類型に関する事例であるが，上場企業であった破綻金融機関を含め，その多くにおいて役員が敗訴している。また，非上場会社の役員の経営判断類型の責任を認める裁判例は少なからず存在する。経営判断類型だからといって，一般的に経営者の判断が尊重されると理解するのは早計である。

　監視・監督義務違反の類型では，役職員の義務違反，多くの場合は後述のとおり具体的法令違反行為であるが，それを知っていた場合や知り得た場合に監視・監督義務違反が認定されている。

　裁判例上，取締役が負う監視・監督義務の対象は，役職員の具体的法令違反の場合もあれば，役員の善管注意義務違反や従業員の誠実義務違反と

いった抽象的法令違反の場合もある。ただし，具体的法令の場合は，役職員の違反行為を認識した取締役にこれを阻止・中止させるべき作為義務がほぼ例外なく観念しうるのに対し，抽象的法令の場合は，そもそも違反の認識自体に価値評価が介在し，容易とは必ずしもいえず，これを阻止・中止させるべき作為義務がただちに観念されるわけではない。破綻していない上場企業において経営判断類型の敗訴事例がほとんどないことも，抽象的法令違反行為についての監視義務違反の認定を躊躇させると予想される。したがって，役職員の善管注意義務違反行為についての監視・監督義務が問題とされるのは，当該善管注意義務違反が顕著な場合に限られるとも考えられ，現に裁判例でこれを認めた事案はいずれも善管注意義務違反ないし誠実義務違反が顕著な事例である。

　そして，役職員の具体的法令違反行為や著しい善管注意義務違反行為を知り得たとはいえない場合，例えば，末端の従業員の行為により会社に損害が生じた場合に問題となるのが，内部統制システム構築義務違反の類型である。

　裁判例の中では，監視義務の一内容として組織管理体制について言及するものがあったが，内部統制システム構築義務といった用語が使用されたのは，大和銀行事件判決（大阪地判平成12年9月20日判例時報1721号3頁）が最初と思われる。

　同判決は，「健全な会社経営を行うためには，目的とする事業の種類，性質等に応じて生じる各種のリスク，例えば，信用リスク，市場リスク，流動性リスク，事務リスク，システムリスク等の状況を正確に把握し，適切に制御すること，すなわちリスク管理が欠かせず，会社が営む事業の規模，特性等に応じたリスク管理体制（いわゆる内部統制システム）を整備することを要する。」としている。その後の判例・裁判例においても，取締役がリスク管理体制の構築義務を負うことを前提としている。

　これらの内部統制システム構築義務を，役員のうち誰が負担するのかに

ついても，明示的に言及する裁判例は大和銀行事件判決が最初である。

　同判決は，「会社経営の根幹に係わるリスク管理体制の大綱については，取締役会で決定することを要し，業務執行を担当する代表取締役及び業務担当取締役は，大綱を踏まえ，担当する部門におけるリスク管理体制を具体的に決定するべき職務を負う。」「この意味において，取締役は，取締役会の構成員として，また，代表取締役又は業務担当取締役として，リスク管理体制を構築すべき義務を負い，さらに，代表取締役及び業務担当取締役がリスク管理体制を構築すべき義務を履行しているか否かを監視する義務を負うのであり，これもまた，取締役としての善管注意義務及び忠実義務の内容をなすものと言うべきである。監査役は，商法特例法22条1項の適用を受ける小会社を除き，業務監査の職責を担っているから，取締役がリスク管理体制の整備を行っているか否かを監査すべき職務を負うのであり，これもまた，監査役としての善管注意義務の内容をなすものと言うべきである。」とする。その後も，下級審裁判例において同様の理解が示されている。

　したがって，これらの裁判例からは，内部統制システムを構築する義務自体は，大綱の決定という点において取締役会が，その具体的な構築は業務執行者である代表取締役や業務担当取締役がその担当する部門において義務を負うこととされ，当該義務に不履行がないかについて，取締役会の構成員としての取締役は監視義務を，監査役は監査義務を負うものとされている。この分担を指名委員会等設置会社に置き換えれば，業務執行を担当する代表取締役および業務担当取締役は執行役と置き換えられる。この役員間の分担については，異論は少ないだろう。

　内部統制システム構築義務違反の類型については，上記の判断枠組みについては概ね異論がないものの，構築すべき具体的な内部統制システムについては，もとより一般論で特定することには限界もあり，必ずしも明確になっていない。前記の大和銀行事件判決が内部統制システム構築義務違

反を認めて以降は，同義務違反が争点となった裁判のほとんどで義務違反は認定されていない。以上からは，裁判所は後知恵で内部統制システム構築義務やその義務違反を認めることに慎重とも思える。一方で，内部統制システム構築義務については，不祥事案が発生する都度，内部統制については見直しが図られることから，常に進化を続け，義務の水準が徐々に高まりつつある分野といえる。したがって，この分野に関する司法判断については予測可能性が高いとはいえない。

2　社外取締役の責任

　では，以上の取締役一般の任務懈怠責任に関する司法判断，特に上場企業の役員の任務懈怠責任に関する判例・裁判例の状況を踏まえて，社外取締役の任務懈怠責任について，特別に留意をすべき点はあるのか。

(1)　社外取締役が注意すべき類型

　まず，任務懈怠責任の中にも，業務執行者としての責任と監督者としての責任の2種類に区分できる点に留意が必要である。

　前記1のとおり，指名委員会等設置会社以外の株式会社の取締役の職務には，取締役会構成員としての職務と，業務執行に携わる者，すなわち業務執行取締役としての職務の2種類がある。社外取締役も取締役会における業務執行の決定には関与するが，その関与は，業務執行取締役のそれとは質的に差異があり，業務執行取締役が提案する内容を承認するという間接的な関与であり，その意味では「監督」の一種ともいえる。

　以上のような観点で，取締役の任務懈怠責任の前記した類型が，主として業務執行者の責任で問題とされるのか，監督者の責任で問題とされるのかを整理すれば次のようになろう。

　すなわち，経営判断の類型は，経営判断，つまり業務執行の判断の是非が争われるものであり，主として業務執行者の責任が問題とされる。もち

ろん，取締役会で決定された内容が具体的法令違反に該当したり，その内容が著しく不合理であれば，経営判断の類型といっても社外取締役も責任を免れないが，今日の上場企業において取締役会決議自体が具体的法令違反や著しく不合理といったケースは極めて例外的である。具体的法令違反の責任も，業務執行に係る具体的な法令違反が問題とされるものであり，やはり主として業務執行者の責任といえる。これに対して，監視・監督義務違反の類型は，業務執行者の義務違反について知り，また知ることができた取締役のその抑止の義務が問題とされるものであるから，こちらの方はまさに監督者の責任といえる。内部統制システム構築義務違反の類型については細分化が必要であり，取締役会が大綱＝基本方針を決定したり，業務執行取締役が具体的な内部統制システムの構築に関する義務を履行しているのかを監督するのは，取締役会の構成員としての立場に基づくものであり，監督者の責任といえるのに対して，会社の各部門の具体的な内部統制システムの構築は，業務執行者の責任といえよう。

　そうすると，社外取締役の責任が主として問題となる類型は，監視・監督義務違反の類型と，内部統制システム構築義務に関する基本方針の決定と各業務執行取締役による義務履行の監督に関する類型ということとなる。

　そして，内部統制システム構築義務違反の類型のうち，基本方針の決定に関する部分は，基本方針の誤りが具体的に損害につながる場合や，発生した損害が基本方針の内容と相当因果関係のある場合はごく例外的と推測される。

　以上から，現在までの司法判断を参考とする限り，社外取締役の任務懈怠責任のうち，社外取締役にとって悩ましく，また，具体的責任が発生するリスクが否定できない類型は，主として，監視・監督義務違反の類型と，内部統制システム構築義務違反の類型のうち，各業務執行取締役による義務履行の監督に関する類型となろう。

(2) 司法判断の状況

では，実際に，社外取締役の任務懈怠責任について，日本の裁判所はどう考えているのか。

この点はまだ必ずしもはっきりしないが，安易には社外取締役の責任を認めない傾向が浮かび上がりつつある。

上場企業の社外役員の任務懈怠責任について言及する裁判例，特に責任を肯定した裁判例が少なく，また，それらの数少ない裁判例をどこまで一般化して理解すべきか疑問があり，日本の裁判所でどのような場合に上場企業の社外役員，特に社外取締役の責任を肯定するのか，根拠をもって説明することは困難である。

しかし，その少ない裁判例の多くが，社外取締役の責任を否定していることや，その判示の内容からは，安易に社外取締役の責任を肯定しない裁判所の姿勢が浮かび上がりつつあるように思われる。裁判例を見てみよう。

まず，社外取締役の責任を否定した裁判例であるが，社内取締役とともに，特に社外性に着眼した言及もなくその責任を否定した裁判例は多数存するが，社内取締役の一部の責任が肯定されつつも，社外取締役の責任は否定された事例としては，以下のものがある。

大阪高判平成10年1月20日判例タイムズ981号238頁（ネオ・ダイキョー自動車学院事件）は，代表取締役による利益相反行為に当たる関連会社との不当な高額での土地取引により会社に損害が生じた事案において，当該行為に関する決議がなされた取締役会で議長を務め，議決に際しては中立的な立場をとり賛成も反対もしなかった社外取締役の責任について，議長としての権限は最小限の司会者としての権限しかないこと，取引の真の目的や会社に損害をもたらすことを知らず，取引の詳細については取締役会の席上で初めて知らされたこと，不動産鑑定士による鑑定書が存在したこと等からすれば，取締役としての監視義務を怠ったとはいえないと判示した。

　名古屋地判平成23年11月24日金融・商事判例1418号54頁（佐藤食品工業事件）は，後に経営破綻した企業の発行に係る社債およびコマーシャルペーパー（CP）の引受けに関する取締役の責任が問われた事案において，社外取締役でない取締役の責任を肯定する一方，社債およびCPの引受けを決議した各取締役会において反対しなかった社外取締役の責任については，一定の資料を収集した上で，決議の必要性，相当性等を検討しており，検討過程にも看過し難い過誤などがあったとは認められないとして，その責任を否定した。

　大阪高判平成27年10月29日判例時報2285号117頁（シャルレ事件）では，頓挫したMBO に係る費用に関して，買付者側である取締役のみならず，買付者側でない社外取締役の責任も問題とされたが，裁判所は，買付者側でない社外取締役は買付者側である取締役による公開買付価格に対する不当な介入行為を知り得たとはいえないとして，善管注意義務違反を否定した。

　なお，著名なオリンパス事件（東京地判平成29年4月27日資料版商事法務400号119頁，東京高判令和元年5月16日資料版商事法務425号31頁）では，粉飾を指摘した外国人の社長を解職したことについて社外取締役の責任をも追及されたが，裁判所は，その他の事情を知らない社内取締役も含めて，違法行為の疑いが強まっていたとはいえない等として任務懈怠責任を否定している。

　一方で，社外取締役の責任を肯定した裁判例はほとんど見当たらない。社外監査役の事例ではあるが，例外的に責任も肯定した裁判例として，大阪高判平成16年12月22日判例時報1892号108頁（ダスキン事件）がある。この事例では，法令で禁止されている添加物の食品への混入に関して，混入の事実を公表しないという判断について社外監査役を含む取締役・監査役の善管注意義務違反が認められた。しかし，原審では社外監査役の責任は否定されており，また，社外者か否かは公正の判断で考慮された痕跡が

なく，また，ダスキンは事件当時は非上場企業であったことからも，この裁判例をどこまで一般化可能かは分からない。

　社外監査役については，大阪地判平成25年12月26日判例時報2220号109頁（セイクレスト事件）でも責任が肯定された。ただしこの事案は，上場廃止となった新興市場上場会社をめぐる刑事事件であり，一般化できない。

　以上から，現時点で断定できる状況にはないものの，社外取締役の責任を安易には認めない司法判断傾向が浮かび上がりつつある状況にあるといえそうである。その意味で，社外取締役の責任を過大視するのは適切ではない。

第3章

上場会社のガバナンスと
コーポレートガバナンス・コード

—— 太田　洋

I　はじめに

　わが国の上場会社のガバナンス（企業統治）は，基本的にはハード・ロー（法令）である会社法によって規律されているが，企業内容の開示及び財務報告に係る内部統制については同じくハード・ローである金融商品取引法によっても規律されており，さらに，近時では，ソフト・ローによる規律，中でも，平成27年5月13日に東京証券取引所（以下「東証」という）によって制定され，同6月1日から適用されている「コーポレートガバナンス・コード〜会社の持続的な成長と中長期的な企業価値の向上のために〜」（以下「コード」という。平成30年6月1日から改訂版が施行されている）を始めとする東証その他の金融商品取引所の上場規則による規律が重要性を増しつつある。

　そこで，本章では，これらのハード・ロー及びソフト・ローによってわが国上場会社のガバナンスはどのように規律されているのかにつき，主として，ａ）上場会社の経営機構，ｂ）独立社外取締役の役割，ｃ）内部統制システムの位置付け，並びにｄ）コードによる規律とその意味，という

　※　本稿の執筆に際しては，西村あさひ法律事務所の同僚である杉山惟弁護士及び（台湾法の部分につき）孫櫻倩外国法事務弁護士から資料の収集その他につき多大な協力を得た。ここに特に記して謝意を表したい。もとより，本稿に関する責任はすべて筆者一人に帰すべきものである。なお，本稿のうち意見にわたる部分は筆者の個人的見解に過ぎず，筆者の所属する法律事務所その他いかなる組織の見解を代表するものではないことを，念のため付言しておく。

4つの視点から概観してみることとしたい。

Ⅱ　上場会社の経営機構（企業統治形態）について

1　総　　論

(1)　並列型（アドバイザリー）モデルとモニタリング・モデル

　先進国における上場会社の経営機構（企業統治形態）のモデルには，大別して，並列型（アドバイザリー）モデルとモニタリング・モデルとがある。前者の並列型（アドバイザリー）モデルとは，業務執行者による業務執行のモニタリングを，いわゆる監督権限（人事権及び報酬決定権）を持たない機関が実施するというモデルであって，わが国における監査役会設置会社はこの類型に属する。他方，後者のモニタリング・モデルとは，業務執行者による業務執行のモニタリングを，監督権限（人事権及び報酬決定権）を有する監督機関が実施するというモデルであって，監督機関が一層構造を成しているか二層構造を成しているかによって，さらに，アメリカ，イギリス，ベルギーなどが採用している一層制モニタリング・モデル（監督機関は取締役会のみ）とドイツ，オランダなどが採用している二層制モニタリング・モデル（監督機関は上位の機関である監査役会とその監督下に置かれる取締役会との二層構造）とに分かれている。わが国の指名委員会等設置会社及び（平成26年改正会社法で創設された）監査等委員会設置会社は，一層制モニタリング・モデルの類型に属する。

　現在，グローバルには，上場会社の企業統治形態のモデルとしては，モニタリング・モデルが圧倒的に主流であり，並列型（アドバイザリー）モデルが広く用いられているのは，日本，台湾[1]，インドネシア[2]など，少数の国に過ぎない[3,4]。なお，わが国会社法の前身である旧商法は，かつてのドイツ商法を母法としているが，現在のドイツの上場会社は，前述のとお

り，並列型（アドバイザリー）モデルではなく，二層制モニタリング・モデルを採用している。因みに，ドイツが採用している二層制モニタリング・モデルにおいては，取締役会の上に監査役会が置かれているが，ドイツの監査役会は，取締役会メンバーの選解任権も有しているなど，「スーパー取締役会」とでもいうべき強大な権限を有しており，わが国の監査役会とは全く異なる機関である点には注意が必要である。

　モニタリング・モデルのうち，現在，グローバルな上場会社の多くが採

　1　台湾では，会社法がわが国の旧商法を母法としていたこともあって，監査役設置会社が上場会社等の企業統治形態として定着していたが，2006年1月11日の証券取引法の改正により，上場会社等につき社外取締役及び監査委員会制度が導入され，現在，同法14条の4第1項本文により，株式公開発行会社（台湾における株式公開発行会社とは，一般的には，①台湾証券取引所における上場会社，又は②店頭取引センターにおける（a）店頭登録会社若しくは（b）新興市場上場会社を指すが，必ずしもこれらには限定されない。なお，台湾証券取引法の適用対象は，株式公開発行会社に限られる）は，監査委員会又は監査役のいずれかを選択して設置することができると定められている。そして，同法14条の4第1項但書及び金融監督管理委員会の最新の通達によれば，現在，台湾証券取引所又は店頭取引センターにおいて株式を上場又は店頭登録している，払込済資本金額が100億台湾ドル以上の会社及び金融持株会社等については，監査役の代わりに監査委員会を設置しなければならないものとされている（孫櫻倩「台湾の株式公開発行会社におけるコーポレート・ガバナンス～求められる機関設計について～」西村あさひ法律事務所アジアニューズレター2014年3月号5～6頁等も参照）。なお，上述した現行の基準で「払込済資本金額が100億台湾ドル以上の会社」とされている部分は，従前は「500億台湾ドル以上の会社」とされていたところであり，これが近時「100億台湾ドル以上の会社」にまで引き下げられ，さらに2017年1月1日以降については，「20億台湾ドル以上の会社」にまで引き下げられることが，既に上記通達により予定されている。このように，台湾では，監査委員会の設置を強制される上場会社等の範囲が近時拡大されつつある。

　2　インドネシアの会社法は，かつてのドイツ商法の影響を強く受けたオランダ商法の系譜を引いているため，インドネシアの株式会社には，コミサリス会というわが国の監査役会に類似した機関が存在する。コミサリス会とは，取締役会による会社の経営を監督し，取締役会に対して助言を行う機関とされている。もっとも，コミサリス会は，会社の経営の監督及び取締役会への助言を行うために，その下位機関として，1名又は複数のコミサリスから構成される監査委員会，報酬委員会，役員指名委員会などの委員会を設置することができるものとされており，その場合，それらの委員会は，対象となる事項についての調査，検討を行い，その結果をコミサリス会に提案して，コミサリス会における決議を行うこととなるため，わが国の監査役会とは相当に趣が異なる。以上につき，福井信雄「インドネシア会社法に関する報告書」（《http://www.moj.go.jp/content/000111051.pdf》にて閲覧可能）6頁，60～66頁参照。

用していると思われる一層制モニタリング・モデルについて，その典型である アメリカの上場会社の企業統治の仕組みを例にとって簡単に説明する。

　アメリカの上場会社の企業統治形態を図示したものが【図表3-1】である。図の下の方に破線が入っているが，アメリカの上場会社では，その破線の下に書かれているCEO及びCFOを中心とするオフィサーが業務執行を行っており，その上に監督機関としての取締役会が置かれていて，オフィサーが行う業務執行を監督し，その選解任や報酬決定等を行っている。

3　なお，韓国では，商法がわが国の旧商法を母法としていたこともあって，監査役会 設置会社が上場会社の企業統治形態として定着していたが，アジア通貨危機に端を発 した経済危機の影響で，1997年12月3日にIMF（国際通貨基金）の管理体制下に置か れたことをきっかけとして，コーポレートガバナンスに関する抜本的改革が進められ， その一環として，2000年1月21日に成立し，同年4月1日に施行された改正証券取引 法（その後，2007年8月3日に制定され，2009年2月4日に施行された，「資本市場 と金融投資業に関する法律」により，これらの上場法人の支配関連の特例に関する規 定は，商法に新たに設けられた上場会社に関する節に移管された）によって，一定規 摸以上の上場会社並びに証券会社及び銀行法上の金融機関（以下「銀行等」という） に（米国流の）独立社外取締役がその構成員の3分の2以上を占める監査委員会の設 置が強制されるなど，大規摸公開会社の支配構造を大幅に改革するための各種措置が 講じられた。この結果，韓国では，現在，株式会社は，定款を以て，監査役設置会社 と監査委員会設置会社のいずれかの企業統治形態を選択できることとされる（商法 415条の2，393条の2）一方，資産総額2兆ウォン以上の上場会社並びに証券会社及 び銀行等は，監査委員会の設置を強制され（上場会社については，商法542条の11第 1項），同委員会の設置が強制される上場会社については，韓国証券取引所において， 同委員会の設置如何は株券の上場審査要件および上場廃止基準とされている（以上の 詳細につき，西村高等法務研究所責任編集・落合誠一＝太田洋編『会社法制見直しの 論点』（商事法務，2011）135-137頁〔太田洋〕参照）。

4　なお，中国でも，株式会社については，基本的にわが国の監査役会に相当する監事 会の設置が強制されているが，監事会はわが国の監査役会と異なって監督機関である とされている。もっとも，この監事会設置会社のシステムは，一層制モニタリング・ モデルとも二層制モニタリング・モデルとも異なる独特のシステムであるといわれて おり，監事会がわが国の取締役会に相当する董事会と並列的機関とされている点は， わが国の監査役会設置会社の制度に似ているともいわれている（方新「中国における 監査制度の概要」ICD NEWS45号（2010）17頁ほか参照）。また，中国証券監督管理 委員会が制定した「上場会社統治準則」により，上場会社の董事会は，株主総会の決 議により，全て董事から構成される経営戦略，監査，指名，報酬・評価委員会などの 専門委員会を設けることができ，このうち，監査，指名，報酬・評価委員会において は独立董事が多数を占めるべきものとされている。なお，上記の監査委員会は監事会 と並列して設置される。

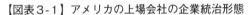
【図表3-1】アメリカの上場会社の企業統治形態

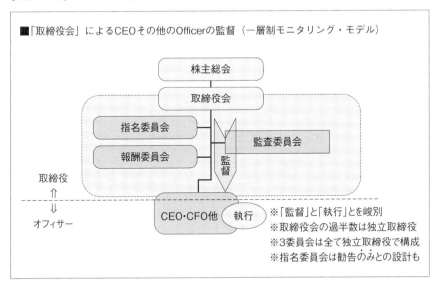

監督機能の中で最も重要な指名，報酬及び監査の各機能については，取締役会の中にそれらを担当する委員会が設けられており，ニューヨーク証券取引所（以下「NYSE」という）及びNASDAQの各上場規則上，この3つの委員会は，全て独立社外取締役で構成されるべきものとされている。このように，アメリカの上場会社では，監督と執行とが峻別されているほか，NYSE及びNASDAQの各上場規則上，取締役会の過半数も独立社外取締役でなければならないとされているので，取締役の役割は，主として業務執行者の監督にあることが明確となっている。

　もっとも，アメリカの上場会社の取締役会も，始めからこのように独立社外取締役を中心とした業務執行者の監督に重きを置いた機関であったわけではない。アメリカでは，既に1965年に，NYSEが，その上場会社に対して最低2名の社外取締役を置くことを義務付ける上場規則を制定していたが，監査委員会の設置が義務付けられたのは，1977年に，米国連邦証券取引委員会（以下「SEC」という）とNYSEが全てのNYSE上場会社に対

して1978年6月30日までに「経営陣から独立した取締役」のみからなる監査委員会の設置を義務付ける規則を制定してからである。その後，エンロン事件等の不祥事を経て，2002年に制定されたサーベンス・オクスリー法（以下「SOX法」という）によって上場会社が監査委員会を設置すべきことが初めて法律上の義務となり，また，SOX法の制定に伴うNYSE及びNASDAQの各上場規則改正によって初めてNYSE及びNASDAQ上場会社に対して（全員が独立社外取締役から成る）報酬委員会及び指名委員会を設置すべきことが義務付けられた。さらに，2010年に制定されたドッド・フランク法（金融規制改革法。正式名称はDodd-Frank Wall Street Reform and Consumer Protection Act）により，報酬委員会についても，法律によってその設置が上場会社に義務付けられるに至った（現在でも指名委員会の設置は法律上は義務付けられていない）。

このように，アメリカの上場会社に関しても，監査委員会，報酬委員会及び指名委員会の設置義務付けは，段階的に進められてきたことは留意されてよい。

(2) わが国上場会社の企業統治形態の要点

わが国では，上場会社が選択できる経営機構の形態（企業統治形態）として，監査役会設置会社，指名委員会等設置会社，及び（平成26年改正会社法で創設された）監査等委員会設置会社という3種類のものが用意されている。

このように，上場会社がどのような経営機構の形態を採用するかを任意に選択できる仕組みを「選択制」というが，わが国は，主要国の中では，フランスと並んで，選択制を採っている代表的な国である（フランスでは，上場会社は，取締役会と監督役会とを分離した二層制モニタリング・モデルと取締役会のみを業務執行者の監督機関とする一層制モニタリング・モデルのいずれかを選択できるものとされている。他方，アメリカ，イギリ

【図表3-2】わが国上場会社の企業統治形態

■監査役会設置会社
→　並列型（アドバイザリー／マネジメント）モデル
→　かつてのドイツ商法に由来（現在のドイツ会社法は二層制モニタリング・モデル）
→　業務執行に関する意思決定は取締役会／業務執行は業務執行取締役（場合により，その委任を受けた執行役員）
→　取締役会は，①業務執行の監督機関という側面，②業務執行の意思決定機関という側面，及び③業務執行者の集団という側面を併有
→　その中で執行と監督との分離をできるだけ図っていこうとして導入されたのが執行役員制度（取締役会が持つ上記③の性格を薄めようとした）
→　監査役会は，基本的に監督権限を持たないモニタリング機関
■指名委員会等設置会社
→　（一層制）モニタリング・モデル
→　業務執行は執行役。取締役会はその監督が主たる任務
■監査等委員会設置会社
→　準（一層制）モニタリング・モデル
→　業務執行は業務執行取締役。執行と監督とは未分離

ス，ドイツでは選択制は採用されていない）。

　以上のとおり，わが国では，上場会社は，その企業統治形態として，監査役会設置会社，指名委員会等設置会社，及び監査等委員会設置会社のいずれを採るかを（定款で定めることによって）任意に選択できるものとされているが，この3つの形態には，以下のとおりそれぞれ特徴がある。

①　監査役会設置会社の特徴

　まず，監査役会設置会社であるが，これは，ガバナンスの形態としては，前述した並列型（アドバイザリー）モデルと呼ばれる類型に属しており，業務執行者である（業務執行）取締役による業務執行を，監督権限を持たない監査役会がモニタリング（監査）するという構造となっている。つまり，監査役会は，取締役会の上に立つ監督機関として取締役役による業務執行のモニタリングを行うのではなく，取締役会の横からモニタリングをす

るものとされている。

　監査役会設置会社の企業統治形態としての特徴は，業務執行に関する意思決定は取締役会が行い，業務執行それ自体は，業務執行取締役又はその委任を受けた執行役員が行うという点にある。執行役員というのは，最近多くの会社が導入しているが，これは会社法上の制度ではなく，法的な位置付けとしては，あくまで使用人の一種であり，代表取締役その他の業務執行取締役の委任を受けて，その指揮の下に業務執行を行うという存在である。

　監査役会設置会社の場合には，取締役会は，ａ）業務執行の監督を行う監督機関としての側面，ｂ）業務執行の意思決定を行う意思決定機関としての側面，そして，ｃ）業務執行者の集団という側面の３つの側面を有している。この点，後述する（純粋な）一層制モニタリング・モデルの場合には，取締役会の機能が監督機関としての役割に特化されていて，業務執行の意思決定や業務執行を行うこと自体は取締役（会）の機能から切り離されているが，監査役会設置会社における取締役会は，上記ａ）からｃ）までの３つの側面を全て有しているわけである。その結果，ゴーイング・コンサーンとしての会社を経営していく上ではやはりｂ）の業務執行の意思決定という機能が非常に重要であるので，この側面がどうしても取締役会の役割の中心を占めることにならざるを得ないという点が特徴的である。

　他方，業務執行者の業務執行に対しては実効的な監督が必要となるところ，監査役会設置会社においては，取締役会が，ａ）の業務執行の監督を行う監督機関としての側面とｃ）の業務執行者の集団という側面とを併有しているので，どのように業務執行を適切に監督していくかが課題となる。このような問題意識を踏まえて，ソニーが，監査役会設置会社の枠組みの中で監督と執行とを可能な限り分離するために，1997年６月にわが国で初めて導入したのが執行役員制度である（その後，ソニーは平成14年商法改正による委員会等設置会社制度の導入直後に委員会等設置会社に移行）。

この制度は，監査役会設置会社における取締役会が有する上述した a ）か
ら c ）までの 3 つの側面のうち，c ）の業務執行者の集団という側面を可
能な限り薄め，他方で a ）の業務執行の監督機関としての側面を可能な限
り強化すべく，任意の制度として導入されたものであり，現在では，監査
役会設置会社の形態を採るわが国上場会社の間で広く普及している。

②　指名委員会等設置会社の特徴

　これに対し，平成14年商法改正で導入された委員会等設置会社（平成17
年商法改正による会社法の制定により委員会設置会社と改称され，さらに，
平成26年改正会社法で指名委員会等設置会社に改称された。以下「指名委
員会等設置会社」という）は，業務執行者である執行役（取締役を兼務し
ない限り取締役会のメンバーとはならない）による業務執行を，監督権限
を持ついわゆる必置 3 委員会（指名委員会，報酬委員会及び監査委員会）
を中核とする取締役会がモニタリングするという構造を有しており，前述
したとおり，アメリカやイギリス，ベルギーの上場会社が採用している一
層制モニタリング・モデルの類型に属する企業統治形態である。

　このように，指名委員会等設置会社における取締役会は，監査役会設置
会社におけるそれが有していた，a ）業務執行の監督を行う監督機関とし
ての側面，b ）業務執行の意思決定を行う意思決定機関としての側面，及
び c ）業務執行者の集団という側面の 3 つの側面のうち，c ）の側面を切
り離したものといえる（もっとも，わが国で指名委員会等設置会社の形態
を採用している会社では，取締役を兼務している執行役がかなり多いのが
現状であり，その限度で，監督と執行との分離は必ずしも貫徹されていな
いのが実情ではある）が，b ）の業務執行の意思決定についても，かなり
の部分が執行役に委ねることができるものとされており（会社法416条 4
項），取締役会は，経営の基本方針や内部統制システムの基本方針など，
ごく基本的な部分の決定だけを行う（同条 1 項 1 号）ものとされている。

③ 監査役等委員会設置会社の特徴

　最後に，平成26年会社法改正で創設された監査等委員会設置会社は，後で詳しく説明するとおり，基本的な性格としては，一層制モニタリング・モデルに近い企業統治形態である。もっとも，監督と執行とは分離しておらず，業務執行者は取締役会の構成メンバーたる業務執行取締役とされている。

　その業務執行取締役が行う業務執行について，監査等委員会を中核とする取締役会全体で（「監査」ではなく）「監督」を行うものとされているため，監査等委員会設置会社は，並列型（アドバイザリー）モデルではなく，一層制モニタリング・モデルに近い形態ということはできるが，上記のとおり，執行と監督とは分離しておらず，他方で，後述するとおり，社外取締役が取締役会の過半を占めているか又は定款に授権規定を置けば，取締役会決議によって，指名委員会等設置会社と同じレベルまで，業務執行の意思決定を，特定の業務執行取締役に委任することができる（会議体としての経営会議等への委任も可能である）ものとされている。

　したがって，監査等委員会設置会社における取締役会は，監査役会設置会社におけるそれが有していた，ａ）業務執行の監督を行う監督機関としての側面，ｂ）業務執行の意思決定を行う意思決定機関としての側面，及びｃ）業務執行者の集団という側面の３つの側面のうち，ｂ）の側面を弱める一方で，ａ）の側面を強化した企業統治形態であるということができる。

④ 小　括

　以上から明らかなとおり，わが国の監査役会設置会社における取締役会は，かなり過重な役割を背負わされており，とりわけ，昭和56年商法改正によって取締役会の業務執行の意思決定機関としての側面が強化されたため，構造上，どうしても業務執行の意思決定の役割に重きを置かざるを得

ないという問題を抱えている。それ故，特に事業領域が広汎な上場会社や大規模な上場会社においては，報告事項及び決議事項として非常に多くの事項が取締役会に付議されることにならざるを得ず，経営の基本方針や新規事業への進出，既存事業からの撤退，大規模なM&Aなど，取締役会における徹底的な審議が必要な事項についての審議時間が，かえって十分に確保できない状態に陥っているとも指摘されている。

　このような，監査役会設置会社における取締役会の問題点を解消し，取締役会での審議事項を真に徹底的な審議が必要な事項に絞り込むためには，会社の規模次第ではあるものの，指名委員会等設置会社又は監査等委員会設置会社に移行して，取締役会の役割の軸足を業務執行の監督に移すことも必要になるのではないかと考えられる。

2　わが国上場会社の経営機構について

　前記1(2)で述べた要点を踏まえて，わが国上場会社が利用できる企業統治形態である監査役会設置会社，指名委員会等設置会社及び監査等委員会設置会社それぞれの具体的な制度内容について，以下，平成26年会社法改正によって創設された監査等委員会設置会社を中心に，もう少し詳しく見ていくこととしたい。

(1)　監査役会設置会社

　まず，監査役会設置会社であるが，周知のとおり，この企業統治形態は，わが国の株式会社において最も一般的であって，わが国上場会社の大多数はこの形態を採用している。前述のとおり，この形態は並列型（アドバイザリー）モデルの系譜に属しており，業務執行者による業務執行のモニタリング機関である監査役会は，【図表3-3】に図示されているとおり，それらの者に対する「監督」は行わず，横から「監査」（基本的には適法性監査のみ。例外的に，取締役に善管注意義務違反があるか否かという観点

からのみ妥当性監査を行うものとされる）という形でモニタリングを行う
ものとされている。

【図表3-3】監査役会設置会社の模式図

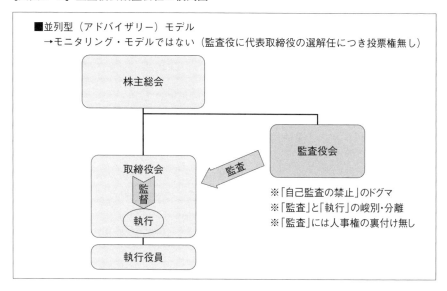

なお，会社法上，「監査」の語（会社法381条1項前段，396条1項前段
及び404条2項1号）と「監督」の語（同法362条2項2号及び416条1項
2号）とは区別されて用いられているが，両者は，会社法において定義さ
れた概念ではなく，その区別は必ずしも明確ではない。しかしながら，一
般に，「監査」とは，「監査される人（業務執行者）と監査する人を厳格に
分離し，監査者は被監査者のルール（法令・会計基準）からの逸脱の有無
を審査して，意見を表明すること」をいうと解されており[5]，「監督」とは
「監督する人が監督される人（業務執行者）の業績を評価することにより，

---

5 大杉謙一「取締役会の監督機能の強化―社外取締役・監査役制度など」落合誠一
＝太田洋＝柴田寛子編『会社法制見直しの視点』（商事法務，2012）7頁。

経営の効率性を確保すること」をいう（但し，監督においては，被監督者と監督者とは一応分離されるが，両者が共同で意思決定を行うこともあるという意味では分離は厳格ではない）ものと解されている[6]。つまり，監査役会が「監督」を行わないということの本質は，監査役会が業務執行者に関する人事権と報酬決定権を持たず，それらの事項についての決定に参画する権能（議案についての投票権）も持たないという点にある。

　もっとも，このことは必ずしも監査役会設置会社の制度が企業統治に関する後進的な考え方に基づいて設計されているということを意味しない。監査役会設置会社制度は「自己監査の禁止」という考え方に基づいて設計されており，それ自体，論理的には十分合理的な設計原理である。「自己監査の禁止」というのは，要は，自らその決定や執行に関与した事項については，中立的で公正な観点からのモニタリングが期待し難い以上，モニタリングを行うべきでない（したがって，監査者はモニタリングの対象となる事項の決定や執行にはタッチすべきではない），という考え方である。この考え方を貫徹すると，監査者は，業務執行に関する意思決定や業務執行そのものには関与してはならず，それらと密接に関係する代表者の選解任や取締役の間における報酬の分配に係る決定にも極力関与しない方が望ましいということになる。わが国の監査役会設置会社は正にこのような考え方に基づいて設計されており，監査役（会）は，代表取締役の選解任や株主総会決議で定められた上限の枠内における取締役の間における報酬の分配を含め，あらゆる取締役会決議事項に関して，議案についての投票権を有しないものとされている。

　このように，監査役会設置会社は，指名委員会等設置会社や監査等委員会設置会社と比較して，相対的に「劣った」ないし「後進的な」企業統治形態というわけではなく，「自己監査の禁止」という，論理的には十分に

6　大杉・前掲（注5）7頁。

合理的で首尾一貫した考え方に基づくガバナンス体制であるということができる。

　要は，モニタリング・モデルに基づく企業統治形態の場合と異なり，監査役会設置会社においては，「監督」と「執行」とが分離されているのではなく，「監査」と「執行」及び「執行に係る意思決定」とが分離されているのである。

(2)　指名委員会等設置会社

　次に指名委員会等設置会社であるが，これは，前述したアメリカの上場会社の企業統治形態と非常に近似した企業統治形態であって，【図表3-4】で図示されているとおり，過半数が社外取締役で占められる必置3委員会（指名，報酬及び監査の3委員会）を中核とする取締役会が，執行役の行う業務執行を監督するという構造となっている。

　この形態は，平成14年商法改正によって導入されたが，残念ながらその利用は進んでおらず，これを採用する上場企業は，令和2年8月3日現在で77社しか存在[7]せず，全上場企業の中で指名委員会等設置会社（調査当時の委員会設置会社）の占める割合は約2.1％に過ぎない[8]。もっとも，コードの策定以降，2015年6月の三菱UFJフィナンシャル・グループの移行を始めとして，メガバンク各社が全て指名委員会等設置会社に移行するなど，大手金融機関の多くが指名委員会等設置会社に移行し，さらに，事業会社でも，2015年6月の三菱ケミカルホールディングスの移行を始めとして，荏原製作所，メニコン，ブリヂストン，三菱地所，クラリオン，J.フロントリテイリング，ヤマハ，オリンパス，三菱マテリアル，NTN，日産自動車，三菱自動車，三越伊勢丹ホールディングス，関西電力など，徐々に

7　日本取締役協会の令和2年8月3日付け「指名委員会等設置会社リスト（上場企業）」参照。

8　東証の令和元年8月1日付け「東証上場会社における独立社外取締役の選任状況及び指名委員会・報酬委員会の設置状況」15頁参照。

【図表3-4】 指名委員会等設置会社の模式図

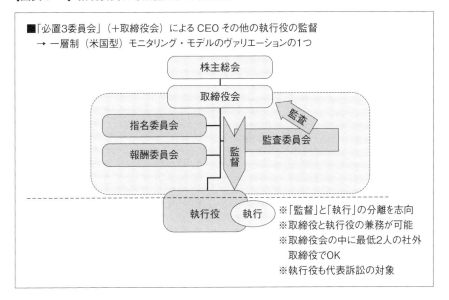

指名委員会等設置会社に移行する動きが顕在化しているところである。

　指名委員会等設置会社の形態を採用する会社が少数にとどまっている理由としては，かねてから，この形態を採用すると，指名委員会（株主総会に提出する取締役の選解任議案に関する決定権限を有する委員会）及び報酬委員会（取締役・執行役が受ける個人別の報酬等に関する決定権限を有する委員会）の設置が強制され，経営陣の人事及び報酬が，会社の外部者である社外取締役によって最終的に決定されることへの抵抗感があると指摘されている。特に，わが国では，指名委員会等設置会社における指名委員会の決定は，取締役会全体を以てする決議によっても覆せないものとされており（会社法404条１項参照），社外取締役が過半を占める指名委員会が「暴走」するリスクを恐れて指名委員会等設置会社への移行に躊躇する上場会社は潜在的にかなり多いのではないかと推測される。逆に，指名委員会さえ代表執行役社長の「お友達」で固めてしまえば，たとえ取締役会

の多数が社長を交替させるべきであると判断していたとしても，指名委員会が動かなければ社長を交替させる術はなく，この点からも，わが国の指名委員会等設置会社の仕組みにはやや硬直的な部分が存するところである。実際，麻生政権時代，鳩山邦夫総務相がいわゆる「かんぽの宿」問題などと絡めて国が株式の100％を保有していた日本郵政の当時の社長であった西川善文氏を更迭しようとした際，同社の指名委員会の抵抗によってなかなか更迭できないというような事態も生じていたところである。

　これに対して，アメリカでは，前述のとおり，2003年にNYSE等の証券取引所によりガバナンス・ルールの強化が行われた際に，NYSEの上場規則によって，NYSE上場会社に対しては指名委員会の設置が義務付けられた[9]（もっとも，法律による設置義務付けは現時点においても行われていない[10]）が，NYSEの上場規則で要求されている指名委員会の権能は，①次期年次株主総会における取締役候補者の選定又は推薦，②コーポレートガバナンス・ガイドラインの設定又は取締役会への推奨，③取締役会及び経営陣の評価に関する監督などであって，指名委員会の権限を，取締役候補者の「推薦」に限定し，最終的な選定（具体的には，株主総会に対する会社提案に係る取締役選任議案の内容の決定）は取締役会全体の権限として留保することも可能とされている。実際，マイクロソフト，AT&T，JPモルガン・チェースなど，相当数の大手上場会社においては，指名委員会は推薦ないし勧告しか行わないものとされている。したがって，アメリカの上場会社においては，指名委員会の権能はわが国の指名委員会等設置会社における指名委員会のそれよりも弱いといえる。

9　他方，NASDAQは，取締役候補者を独立取締役のみが参加する会合における過半数の投票により決定又は推薦する場合には，指名委員会を設置しないことを許容している（NASDAQ Equity Rules 5605(e)）。

10　ただし，SECの規則は，指名委員会を設置していない会社に対し，年次報告書等の開示書類において，当該委員会を設置しないことが適切である根拠を開示し，取締役候補者の検討に関与する取締役を特定することを要求している（レギュレーションS-K Item 407(c)(1)）。

　また，アメリカでは，2003年にNYSE等の証券取引所によりガバナンス・ルールの強化が行われた際に，NYSE・NASDAQの各上場規則によって，NYSE・NASDAQ上場会社に対しては報酬委員会の設置が義務付けられたが，NYSEの上場規則でも，CEO，COO，CFOなどのいわゆるexecutive officerの中で報酬のレベルまで報酬委員会が決定するとされているのはCEOのみで，その他のexecutive officerへの報酬については報酬委員会の勧告に基づき取締役会で決定することでも構わないものとされている[11]。

(3)　監査等委員会設置会社

【図表3-5】監査等委員会設置会社の模式図

■定款で実質的な「準」指名委員会等設置会社にすることも可能に
　→定款で指名諮問委員会，報酬諮問委員会，社外取締役推薦委員会などを任意設置することも可能
　→取締役会の過半数が社外又は定款で規定すれば，アメリカ型委員会設置会社と大筋で同様の結果を実現可能（但し，監査等委員会は必置）
　→即ち，指名委員会等設置会社の執行役に委任可能な事項と同様の事項を，特定の取締役（代表取締役等）に委任可能

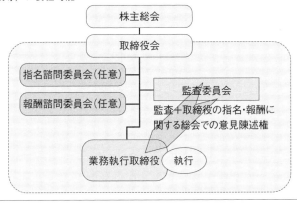

① 監査等委員会設置会社創設の背景

　最後に，平成26年会社法改正で新しく導入された監査等委員会設置会社について述べる。そもそも，上場会社の企業統治形態について，わが国のように完全な選択制を採用している国は，前述のとおり，余り多くない。これは，多くの国では，上場会社の企業統治形態には理想の形態というものがあるはずであって，そうである以上，上場会社はそのような「理想の形態」を採用すべきであると考えられていることによる。

　これに対して，わが国の場合には，歴史的に監査役会設置会社が実務に定着してきているため，商法平成14年改正で委員会等設置会社制度が導入されたときから上場会社が選択することのできる企業統治形態を複数用意するという選択制が採用されているわけであるが，同様の選択制を採用している国の中でも，選択肢を2つではなく3つ用意している例は余り見られない。この点を捉えて，平成26年会社法改正で監査等委員会設置会社制度が導入される際にも，制度がいたずらに複雑になって投資家を混乱させかねないのではないかとの反対論が一部で唱えられていた。にも拘らず，上場会社にとっての「第3の途」として敢えて監査等委員会設置会社制度が導入された背景には，海外機関投資家を中心に，監査役会設置会社はガバナンスの実効性に欠ける点があると厳しく批判されていたことと，他方において，指名委員会及び報酬委員会の設置に経営者側の抵抗感が強いため，委員会等設置会社制度（現在の指名委員会等設置会社制度）が導入されてから10年以上が経過しても指名委員会等設置会社制度を採用する上場会社の数が伸び悩んでいたことがある。

　海外機関投資家が，なぜそれほどまでに監査役会設置会社に批判的であるかというと，そもそもグローバルには上場会社の企業統治形態としてはモニタリング・モデルの類型に属するものが主流であるため，海外機関投資家の間では，業務執行者のモニタリング機関には業務執行者の人事及び報酬を決定する又はそれに関与する権能があることが当然視されていると

ころ，監査役会設置会社におけるモニタリング機関である監査役会には（「自己監査の禁止」の貫徹という基本的な設計思想の下で）上記権能が存在しないため，監査役会設置会社はモニタリングの実効性に欠ける部分があるのではないかとの認識が（必ずしも当該認識は正鵠を得ていないにも拘らず）広く共有されてしまっているからではないかと考えられる。したがって，大枠としてモニタリング・モデルの類型に属する一方で，従来の委員会設置会社よりもより移行に際してのハードルが低い企業統治形態として，新たに，監査等委員会設置会社の形態が導入されるに至ったわけである。そのため，監査等委員会設置会社の仕組みは，大雑把にいえば，監査役会設置会社の監査役に，代表取締役の選解任や取締役間における報酬分配を始めとする取締役会の決議事項に関する投票権を付与したものであるといってよい（実際，法制審議会会社法制部会の審議の過程では，神田秀樹教授により，監査役会設置会社の監査役に，「監査役」としての資格を持たせたまま，代表取締役の選解任や取締役間における報酬分配等の決定に関する投票権を付与してはどうかとの提案もなされていたところである）。

　そして，そのための方策として，監査等委員会設置会社では，監査役会設置会社における「監査役会」を「監査等委員会」に改組して，監査役に相当する会社の機関は（監査等委員という）特別の取締役に置き換えられている。その結果，監査役会設置会社における「社外監査役」は（監査等委員という）特別の「社外取締役」に置き換えられるものとされているため，従来，海外機関投資家及び議決権行使助言会社（ISS，グラスルイス等）から見て「社外取締役」にカウントされなかった者（社外監査役）が「社外取締役」としてカウントされることになり，監査等委員会は3名以上で社外取締役をその過半数としなければならないとされた（会社法331条6項）ことと相俟って，監査等委員会設置会社に移行した会社は，自動的に「社外取締役」を複数選任した会社であると認識される形となってい

る。

②　監査役会設置会社との類似点及び相違点

　監査等委員会設置会社は以上のような背景から導入されるに至った企業統治形態であるため，その基本的な設計には監査役会設置会社と類似する点が非常に多い。例えば，監査等委員となり得るためには，監査役ではなく取締役でなければならないとされている（会社法399条の２第２項）が，監査等委員たる取締役は，監査役と同様，他の一般の取締役とは区別して株主総会で直接選任されるものとされている（会社法329条２項）。具体的には，株主総会においては，監査等委員たる取締役の選任と一般の取締役の選任とは別個の議題とされることになる。その他，監査等委員である取締役の経営陣（代表取締役及び業務執行取締役）からの独立性を確保するため，その選解任及び辞任並びに報酬について，監査役会設置会社における監査役と同様の保障措置が講じられている。

　例えば，ａ）監査等委員会設置会社においては，監査等委員たる取締役の選任に関する議案を株主総会に提出するには，監査等委員会の同意を得なければならないものとされている（会社法344条の２第１項）ほか，ｂ）監査等委員会は，取締役に対し，監査等委員たる取締役の選任を株主総会の目的とすること又は監査等委員たる取締役の選任に関する議案を株主総会に提出することを請求することができるものとされている[12]（会社法344条の２第２項。なお，会社法施行規則74条の３第１項４号参照）。さらに，ｃ）監査等委員たる取締役の解任は，株主総会の特別決議によるものとされ（会社法344条の２第３項及び309条２項７号），一般の取締役の解任要件が，定款で加重されない限り，株主総会の通常決議で足りるものとされ

---

[12]　令和２年６月の定時株主総会シーズンにおいて，東証１部上場会社の天馬の監査等委員会が（恐らく上場会社としては初めて）この請求権を行使したことで，同社は新任の監査等委員たる取締役１名の選任議案を会社提案として付議するに至り（総会で同議案は可決），注目を集めた。

ていること（会社法341条）とは異なった取扱いがなされている。また，ｄ）監査等委員たる取締役の選解任や辞任についても，監査等委員たる取締役には，監査役の場合と同様，株主総会における意見陳述権が与えられており（会社法342条の２第１項。会社法施行規則74条の３第１項５号，78条の２第３号も参照），ｅ）監査等委員たる取締役を辞任した者は，辞任後最初に招集される株主総会に出席して，辞任した旨及びその理由を述べることができるものとされている（会社法342条の２第２項）。加えて，ｆ）監査等委員たる取締役の報酬等は，それ以外の一般の取締役の報酬等とは区別して，定款又は株主総会の決議によって定めるものとされており（会社法361条２項），ｇ）監査等委員たる取締役の個人別の報酬等について定款の定め又は株主総会の決議がないときは，当該報酬等は，定款又は株主総会の決議によって定められた監査等委員たる取締役の報酬等の総額の範囲内において，監査等委員たる取締役の協議によって定めるものとされている（会社法361条３項）。さらに，ｈ）それぞれの監査等委員たる取締役は，株主総会において，監査等委員たる取締役の報酬等について意見を述べることができるものとされている（会社法361条５項。なお，会社法施行規則82条の２第１項５号参照）。

　監査役会設置会社と若干異なるところは，監査役会設置会社であれば，監査役会の半数以上が社外監査役であればよいところ（会社法335条３項），監査等委員会では過半数が社外取締役でなければならないということになっている点（会社法331条６項）と，監査役会設置会社の場合には，監査役の任期は４年である（会社法336条１項）ところ，監査等委員たる取締役については，任期は２年とされており（会社法332条４項・１項），監査等委員でない一般の取締役の任期もその半分の１年とされている点（同条３項・１項）などである。

　なお，監査等委員会設置会社には，定款の変更により移行することができる（会社法326条２項）。また，監査等委員たる取締役については，社外

取締役でない者も，その会社又はその子会社の業務執行取締役や使用人等を兼務することが禁じられている（会社法331条3項，333条3項1号）。

③　なぜ監査「等」委員会設置会社という名称なのか

なお，監査等委員会設置会社の名称において，なぜ「等」の語が入っているのか（監査等委員会は，なぜ，アメリカのように「監査委員会」という名称でないのか）ということであるが，監査等委員会設置会社における監査等委員会には，監査機能の他に，その決定に基づき，監査等委員会が選定する監査等委員を通じて，株主総会において，監査等委員たる取締役以外の一般の取締役の選解任及び報酬等について，監査等委員会としての意見を述べることもできるものとされており（会社法399条の2第3項，342条の2第4項，361条6項。この意見の株主総会議場における陳述は議長の議事整理権によって妨げることもできないであろう），当該意見の内容の概要は，それら一般の取締役の選任議案，解任議案及び報酬議案に係る株主総会参考書類にも記載される[13]（会社法施行規則74条1項3号，78条3号及び82条1項5号）。このように，監査等委員会には，基本的に監査機能しか有しない監査役会とは異なり，一定の企業統治に関する参与権が付与されているため，監査「等」委員会という名称とされているわけである。

なお，このように監査等委員会設置会社という新たな形態が創設されたため，従来の「委員会設置会社」は，これと区別すべく，平成26年改正会社法において「指名委員会等設置会社」に改称された。

---

[13]　前掲（注12）掲記の天馬の令和2年6月定時株主総会では，同社の監査等委員会が，（恐らく上場会社としては初めて）この権利を行使して，会社提案に係る監査等委員でない取締役候補者3名の選任につき反対意見を表明し（同社の同年6月11日付け「第72回定時株主総会招集ご通知」15-16頁参照），注目を集めた。

④　監査等委員会設置会社に移行するメリット

　監査等委員会設置会社は，前述したような経緯で創設されたものであるため，中長期的に，監査役会設置会社が監査等委員会設置会社に移行することをできるだけ促すべく，監査等委員会設置会社には，様々な政策的「恩典」が付されている。

　最大の政策的「恩典」は，取締役の過半数が社外取締役であるか又は定款に授権規定を置けば，取締役会決議により，最大で指名委員会等設置会社と同じレベルまで，特定の業務執行取締役に対して重要な業務執行に関する意思決定を委任できるという点である。即ち，監査等委員会設置会社においても，監査役会設置会社と同様，原則的には，多額の借財その他一定の重要な業務執行に関する意思決定は取締役に委任できないことされている（会社法399条の13第4項）が，取締役の過半数が社外取締役であるか定款に授権規定を設けていれば，取締役会の決議により，重要な業務執行に関する事項のうちのかなりの部分，例えば，重要な財産の譲受け，銀行借入れやコミットメントラインの設定などの多額の借財，支店の設置，支配人の選解任及びストック・オプションの発行等についても，特定の業務執行取締役に委任できるものとされている（会社法399条の13第5項・6項）。

　従来，経営者の側から見た指名委員会等設置会社に移行するメリットのうちの最大のものは，取締役会の決議事項を大幅に削減して，重要な業務執行に関する意思決定の相当部分を特定の執行役に委任でき，これによって機動的経営を図ることができるという点であったところ，監査等委員会設置会社の場合にも，取締役の過半数を社外取締役とするか又は定款に授権規定を置けば，かかるメリットを指名委員会等設置会社と同じ程度まで享受できるようにしたわけである。これによって，前述したとおり，取締役会への付議事項を大幅に削減して，取締役会における審議を，経営の基本方針や新規事業への進出，既存事業からの撤退，大規模なM&Aなど，

徹底的な審議が必要な経営上の重要事項に絞り込むことが可能になる。

　また，前述のとおり，アメリカのNYSE上場会社は，上場規則により，全員が独立社外取締役である指名委員会の設置を強制されてはいるものの，指名委員会の権限に関しては，わが国の指名委員会等設置会社における指名委員会よりも弱いものとされていて，指名委員会には取締役候補者等の推薦権しか持たせず，その決定権は取締役会全体に留保しておくことも可能とされている（しかも，実際に指名委員会の権限をそのように弱いものとしている上場会社が多数存在する）ところ，わが国の指名委員会等設置会社制度は硬直的であって，指名委員会で取締役候補者や執行役を決定した場合には，取締役会全体による決定を以てしても覆せないものとされている。

　したがって，監査等委員会設置会社の形態を選択した上で，任意に指名諮問委員会及び報酬諮問委員会を設置すれば，それらの諮問委員会は取締役に対する取締役候補者の指名及び取締役の報酬に関する勧告権能のみを保持し，取締役会でそれらについての最終決定を行うという，アメリカの多くの上場会社において実際に採用されているガバナンス体制と同様の体制（この体制であれば，指名委員会等設置会社の場合に生じ得る，前述した指名委員会の暴走の恐れも払拭できる）を構築することができる。この点も，監査等委員会設置会社の形態を選択した場合のメリットといえよう。

⑤　取締役の任期が短縮されている理由

　監査等委員会設置会社では，一般の取締役の任期が1年とされ（会社法332条3項），監査役会設置会社における取締役の任期が2年とされている（同条1項）ことと比較して短縮されている。

　これは，上記④の項で述べたとおり，監査等委員会設置会社では，取締役の過半数が社外取締役であるか又は定款に授権規定を設けていれば，取締役会の決議により，重要な業務執行に関する事項のうちのかなりの部分，

例えば，重要な財産の譲受け，銀行借入れやコミットメントラインの設定などの多額の借財，支店の設置，支配人の選解任及びストック・オプションの発行等についても，特定の業務執行取締役に委任できるものとされているため，それに対する牽制として，株主がガバナンスを効かせることのできる機会を増大させようという意図に基づくものである。

　それ故，監査役会設置会社では監査役の任期が4年，取締役の任期が2年とされているところ，監査等委員会設置会社ではそれらを半分にして，監査等委員たる取締役の任期は2年，その他の一般の取締役の任期は1年とされているわけである。

⑥　監査等委員会設置会社への移行を考える会社の類型

　後述するとおり，2019年12月20日現在で，1,007社が監査等委員会設置会社となっており，監査等委員会設置会社の形態を採用する上場会社の数は指名委員会等設置会社の形態を採用する上場会社の数を大きく上回っているが，監査役会設置会社が監査等委員会設置会社に移行することのインセンティブとしてはどのようなものがあるのであろうか。

　インセンティブの第1は，社外役員に相応しい人材を多数確保しなければならないという圧力が軽減される点である。そもそも，監査役会設置会社では，最低2名の社外監査役が必須であり，上場会社では，事故があった場合に備える趣旨も含めて3名以上の監査役を選任している会社が多いところ，後述のとおり，コードにおいては，東証1部ないし2部上場の会社は，最低2名以上の独立社外取締役を選任すべきものとされている（なお，2019年12月4日に成立し，同月11日に公布された令和元年改正会社法により，有価証券報告書提出会社である監査役会設置会社であって公開会社かつ大会社である株式会社については，社外取締役を置くことが義務付けられている（改正会社法327条の2）が，当該改正は，本書脱稿日現在，まだ施行されていない）ので，東証1部ないし2部上場の会社がコードを

Complyしようとすれば，最低４名（予備も含めれば５名）の社外役員を確保しなければならないことになる。これに対して，監査等委員会設置会社では，独立社外取締役２名の他に社外監査役２〜３名を確保する必要がなくなるので，独立性を有する社外役員を最低２名確保すればよいことになる。また，ISSは，2020年２月１日から施行されている2020年版議決権行使助言基準で，「総会後の取締役会に占める出席率に問題のない独立社外取締役の比率が２名以上かつ３分の１以上であること」などを買収防衛策の導入・更新に係る議案に賛成推奨をするための必要条件の１つとしており，グラスルイスの2020年版議決権行使助言基準では，取締役会の独立性が過半数を超えていること（すなわち，独立社外取締役の比率が過半数であること）などを買収防衛策の導入・更新に係る議案に賛成推奨をするための必要条件の１つとしているが，社外監査役を独立社外取締役として監査等委員に横滑りさせることができれば，上記の３分の１以上ないし過半数といった取締役の中に占める独立社外取締役の割合の基準も充足しやすくなると考えられる。2019年12月20日現在で監査等委員会設置会社に移行した監査役会設置会社1,007社のうち，東証２部上場会社が164社，JASDAQ・マザーズ上場会社が263社を占めており，比較的小規模な上場会社が目立っていることには，上記の要因が影響しているのではないかと思われる。

　インセンティブの第２としては，社外監査役に経営者出身の人材を選任している会社が社外取締役にも経営者出身の人材を選任する場合，なぜ，ある人は社外監査役で他の人は社外取締役であるのか（しかも，両者の間では，取締役会における議決権の有無及び任期の長短等においてかなりの差が存在する）を合理的に説明するのが困難であるところ，監査等委員会設置会社に移行すれば，かかる問題をかなりの程度解消できるという点が挙げられる。

　インセンティブの第３は，取締役会への付議事項を大幅に削減できると

いう点である。前述のとおり，監査役会設置会社においては，取締役会に
は業務執行の意思決定機関という側面が強いため，取締役会への付議事項
を削減するにしてもせいぜい金額の重要性基準を見直す程度しかできない
など限界があるが，監査等委員会設置会社に移行すれば，前述のとおり，
取締役の過半数が社外取締役であるか又は定款に授権規定を設けていれば，
取締役会の決議により，多額の借財など重要な業務執行に関する事項のう
ちのかなりの部分の決定を，特定の業務執行取締役に委任できるため，取
締役会への付議事項を大幅に削減することが可能である。

　インセンティブの第4は，監査役の任期の単位である4年がやや長過ぎ
るという問題を解消できるという点である。監査役会設置会社では，監査
役を2期務めると任期は合計8年，3期務めると合計12年となって相当長
期に亘ることになるが，監査等委員会設置会社では，監査等委員たる取締
役の任期は2年であるため，3期務めても任期は合計6年，4期務めても
任期は合計8年であって，監査役会設置会社において監査役の任期の単位
が4年であることから生じる問題を回避できる。

　以上が，監査役会設置会社が監査等委員会設置会社に移行することへの
主要なインセンティブであると考えられる。

Ⅲ　独立社外取締役の活用の在り方について

1　わが国における社外取締役の役割に関するイメージの混乱

　次に，社外取締役の活用の在り方についてであるが，わが国では，一般
的に，社外取締役の役割についてイメージが相当混乱しているのではない
かと思われるので，まずは，その点について説明することとしたい。
　平成26年会社法改正の立案作業の過程で，法制審議会会社法制部会にお
いて，社外取締役が果たす機能は，経営効率の向上のための助言を行う機

能，経営全般の監督機能，及び利益相反の監督機能という3つに整理されている[14]。しかしながら，わが国では，伝統的に，社外取締役が果たすべき機能として，このうちの経営に対する助言機能に過度に重きが置かれてきたのではないかと思われる。社外取締役の義務付け反対論の有力な論拠として，会社の事業に精通した人材は非常に限られており，したがって，社外取締役を招聘することは実務上困難であるということが主張されることがしばしばあるが，これは正に，社外取締役が果たすべき機能のうち，経営に対する助言機能を過度に重視しているが故に出てくる主張であると考えられる。確かに，対象会社の事業に精通していないと，その経営にとって有益な助言をすることは困難であると考えられるからである。

しかしながら，アメリカでは，社外取締役の機能として確かに経営に対する助言機能もあると認識されているが，社外取締役の果たすべき主たる機能は，むしろ，経営全般の監督機能及び利益相反の監督機能の方にあると理解されているように思われる。このように，社外取締役の果たすべき機能として，経営全般の監督機能や利益相反の監督機能の方に重きを置いた場合には，必ずしも対象会社の事業に精通していることは必須条件ではないと考えられる。

つまり，上記の社外取締役の果たすべき3つの機能のうち，いずれを重視するかによって社外取締役の人選も変わってくることになる。経営に対する助言機能を重視すれば，会社の事業に精通していることやいわゆる「大物」経営者であることが重要となるように思われるが，経営全般の監督機能や利益相反の監督機能を重視するのであれば，会社の事業に必ずしも精通していなくとも，会社にとって重要なM&Aを行う場合や重大な不祥事が生じた場合（経営全般の監督機能が問題となる場合），又は敵対的買収提案があった場合やMBOの提案がなされた場合（取締役と会社との

14 法制審議会会社法制部会第9回会議（平成23年1月26日開催）部会資料9参照。

利益相反が問題となる場合）といった「有事」の際に，一般株主の目線か
ら見て常識に適う適切な意見を断固として主張することのできる人材であ
れば十分であるということになると思われる。

2　日米における社外取締役の使命ないし役割に関する認識の相違

　さらに，わが国では，上記と関連するが，社外取締役の（究極の）使命
についても，アメリカとは異なった認識がなされているように思われる。
すなわち，わが国の場合には，社外取締役の果たすべき機能として経営に
対する助言機能に重きが置かれていることの裏返しとして，社外取締役の
使命については，経営に対する「ご意見番」であるという理解が非常に広
まっているのではないかと思われる。これに対して，アメリカの場合には，
社外取締役の果たすべき機能として経営全般の監督機能や利益相反の監督
機能に重きが置かれていることの裏返しとして，一般に，会社の業績が不
振である場合にCEOを更迭することが社外取締役の使命であると理解さ
れているものと思われる。

　このような社外取締役の（究極の）使命についての認識の相違が，わが
国で根強い，「社外取締役となり得る人材がいない」という主張の背景を
成しているように思われる。社外取締役の果たすべき機能として経営全般
の監督機能や利益相反の監督機能を重視し，その究極の使命は，会社の業
績が不振に陥った場合に経営の最高責任者（代表取締役会長ないし代表取
締役社長）を交替させることにあるのだとすれば，会社の事業に必ずしも
精通していなくとも，会社にとっての「有事」の際に，一般株主の目線か
ら見て納得できる合理的な意見を，右顧左眄することなく断固として主張
することのできる人材であれば，十分に社外取締役たり得る資格を有して
いるということになるであろう。

　わが国でも，上場会社における企業統治の強化のためには，社外取締役
の果たすべき機能，その（究極の）使命について，今後，アメリカ型の理

解が広く浸透していくことが不可欠であるものと考えられ，そのためには，コードでも明記された，社外取締役・社外監査役を含む取締役・監査役のトレーニング（原則4-14）が非常に重要であると思われる[15]。

Ⅳ　内部統制システムのレポーティング・ラインについて

1　平成26年改正後の会社法下における株式会社の内部統制システム

　平成26年改正後の会社法は，監査役（会）設置会社において整備すべき内部統制システムの充実を意図して，その具体的細目の決定を法務省令に委任しており（会社法348条3項4号，362条4項6号），それを受けて改正された会社法施行規則においては，大会社に該当する監査役会設置会社が整備すべき内部統制システムの内容として，新たに，①監査役の，その職務を補助すべき使用人に対する指示の実効性の確保に関する事項，②当該監査役設置会社の子会社の取締役等（取締役，会計参与，監査役，執行役，業務を執行する社員，会社法598条1項の職務を行うべき者その他これらの者に相当する者を総称する。以下同じ）及び使用人又はこれらの者から報告を受けた者が，当該監査役設置会社の監査役に報告をするための体制（子会社の取締役・使用人等の親会社監査役に対する報告に係る体制），③監査役への報告をした者が当該報告をしたことを理由として不利な取扱いを受けないことを確保するための体制，並びに④監査役の職務の執行について生ずる費用の前払又は償還の手続その他の当該職務の執行について生ずる費用又は債務の処理に係る方針に関する事項（会社法施行規則98条4項3号〜6号，100条3項3号〜6号）が追加された。

　また，指名委員会等設置会社においても，取締役会は，監査委員会の職

15　経済産業省が令和2年7月31日付けで公表した「社外取締役の在り方に関する実務指針（社外取締役ガイドライン）」参照。

務執行に必要な事項・体制を決議・整備すべき義務を負っているが（会社法416条1項1号ロ），これらの細目についても，上記同様の拡充が図られている（会社法施行規則112条1項3号乃至6号）。

　なお，監査等委員会設置会社において，取締役会が決議・整備すべき監査等委員会の職務執行に必要な事項・体制（会社法399条の13第1項1号ロ）は，指名委員会等設置会社の取締役会が決議・整備すべき事項・体制と同様とされている（会社法施行規則110条の4第1項）。

　また，平成26年改正会社法では，改正前において，その具体的内容の定めが法務省令に委任されていた，いわゆる内部統制システムのうち，「当該株式会社及び子会社から成る企業集団における業務の適正を確保するための体制」が，会社法本体に格上げして規定されることとなった（会社法348条3項4号，362条4項6号，399条の13第1項1号ハ，416条1項1号ホ）。なお，これに伴って改正された会社法施行規則においては，会社が決定すべきグループ内部統制システムの具体的内容として，㋑当該株式会社の子会社の取締役等の職務の執行に係る事項の当該株式会社への報告に関する体制，㋺当該株式会社の子会社の損失の危険の管理に関する規程その他の体制，㋩当該株式会社の子会社の取締役等の職務の執行が効率的に行われることを確保するための体制，㋥当該株式会社の子会社の取締役等及び使用人の職務の執行が法令及び定款に適合することを確保するための体制が挙げられている（会社法施行規則98条1項5号，100条1項5号，110条の4第2項5号，112条2項5号）。なお，このグループ内部統制システムに関する改正は，取締役会設置会社であると否とを問わず，監査役会設置会社であると否とを問わず，全ての大会社に適用される（但し，監査等委員会設置会社及び指名委員会等設置会社については大会社であるか否かを問わず適用される[16]）ものとされている（会社法348条3項4号・4項，362条4項6号・5項，399条の13第1項1号ハ，416条1項1号ホ。なお，会社法施行規則98条1項と4項及び100条1項と3項とをそれぞれ

【図表3-6】内部統制システムの対象事項毎の決定・整備することが求められる株式会社の範囲

会社の形態／内部統制システム対象事項	指名委員会等設置会社	監査等委員会設置会社	それ以外の会社		中小会社
			大会社		
			監査役会設置会社	監査役非設置会社	
コアとしての内部統制システム	施規112Ⅱ①～④	施規110の4Ⅱ①～④	施規98Ⅰ①～④同100Ⅰ①～④		N/A
グループ内部統制システム	施規112Ⅱ⑤イロハニ	施規110の4Ⅱ⑤イロハニ	施規98Ⅰ⑤イロハニ同100Ⅰ⑤イロハニ		N/A
監査の実効性確保のための内部統制システム	施規112Ⅰ①～⑦	施規110の4Ⅰ①～⑦	施規98Ⅳ①～⑦同100Ⅲ①～⑦	N/A	N/A

対比せよ）。

　このように，平成26年改正会社法及びその下で改正された会社法施行規則によって整備すべき事項が大きく拡充されたａ）「監査の実効性確保のための内部統制システム」及びｂ）「グループ内部統制システム」，並びに，ｃ）全体としての内部統制システムから上記の「監査の実効性確保のための内部統制システム」及び「グループ内部統制システム」を除いたもの（以下「コアとしての内部統制システム」という）のそれぞれについて，決定・整備することが求められる株式会社の範囲をまとめると，【図表3-6】のとおりとなる。

　そして，わが国では，上場会社は，監査役会設置会社，指名委員会等設置会社及び監査等委員会設置会社のいずれかでなければならないので，結論的に，わが国の上場会社は，上記のａ）「監査の実効性確保のための内部統制システム」及びｂ）「グループ内部統制システム」，並びに，ｃ）「コアとしての内部統制システム」の全てを構築・整備しなければならず，

16　なお，監査等委員会設置会社及び指名委員会等設置会社の形態は，会社の規模に拘らず，公開会社であるか否かに拘らず，選択することが可能である（江頭憲治郎『株式会社法〔第7版〕』（有斐閣，2017）555，581頁参照）。

その責務は取締役会が担うべきものとされている（会社法362条4項6号・5項，399条の13第1項1号ハ・2項，416条1項1号ホ・2項）。

2　監査役会設置会社における内部監査部門のレポーティング・ライン

　会社の内部統制システムの中核は，実効性の高い内部監査部門であり，内部統制システムやリスク管理体制を適切に整備・運用していくためには，内部監査部門の整備・活用が不可欠である。にも拘らず，わが国では，内部監査部門の法的位置付けやその設計・構築の在り方等についてこれまで十分な議論がなされていなかったのが実情である。そこで，以下では，監査役会設置会社，指名委員会等設置会社及び監査等委員会設置会社のそれぞれにおける内部監査部門の設計・構築の在り方について，簡単に概観することとしたい。

　まず，監査役会設置会社においては，内部統制システムは前述のとおり取締役会が設計・構築すべきものとされているところでもあり，その一翼を担う内部監査部門は基本的には経営陣にレポーティングすべきものとされている。内部統制システムはあくまで経営陣を中心とする取締役会が構築・運用すべきものであって，監査役会はそれが実効的に運用されているかどうかをモニタリングする，というのが制度の建付けであって，そうである以上，経営陣が統括する内部監査部門とそれから独立している監査役会とは基本的には別個に業務執行者の業務執行を監査（モニタリング）するということになる。したがって，監査役会設置会社においては，必然的に監査役会による監査と内部監査部門による内部監査との「二重監査」の問題が生じることとなる。

3　指名委員会等設置会社及び監査等委員会設置会社における
　内部監査部門のレポーティング・ライン

　それでは，監査役会の存在しない指名委員会等設置会社及び監査等委員

会設置会社では，内部監査部門のレポーティング先はどこになるのであろうか。

　この点，指名委員会等設置会社及び監査等委員会設置会社と同じ一層制モニタリング・モデルの企業統治形態（委員会設置会社）が採用されているアメリカの上場会社の場合には，SOX法の下で，内部統制システムについては全て監査委員会が責任を負うべきものとされているため，内部監査部門のレポーティング先も監査委員会とされている。したがって，アメリカの上場会社の場合には二重監査の問題は生じない。

　これに対して，わが国の指名委員会等設置会社及び監査等委員会設置会社の場合には，状況はもう少し複雑である。そもそも，会社法上，指名委員会等設置会社であっても，前述のとおり，内部統制システムの構築は取締役会全体の責任とされており（会社法416条1項1号ホ・2項），会計監査人の報酬決定権もアメリカの上場会社の場合と異なって取締役会に存する（同399条4項・1項。ちなみに，アメリカの上場会社の場合には，SOX法の下で，外部監査人の選解任のみならずその報酬の決定権も全て監査委員会が有するものとされている）。このことは，監査等委員会設置会社の場合でも同様である（会社法399条の13第1項1号ハ・2項，399条3項・1項）。

　したがって，基本的には，監査等委員会設置会社の場合にはもちろん，指名委員会等設置会社の場合でも，内部監査部門のレポーティング先は（内部統制システムを構築すべき責務を負っている）取締役会とするというのが，一応自然な考え方である。もっとも，指名委員会等設置会社における監査委員会及び監査等委員会設置会社における監査等委員会は，共に，取締役によって構成されている機関なので，内部監査部門のレポーティング先を，取締役会ではなく監査委員会ないし監査等委員会とする設計も法的には十分可能である。

　このように，同じ一層制モニタリング・モデルの類型に属するとはいっ

ても，アメリカの上場会社の場合とわが国の指名委員会等設置会社ないし
監査等委員会設置会社の場合とでは，前提となる法制度上の枠組みが若干
異なっているため，指名委員会等設置会社や監査等委員会設置会社に移行
する会社では，内部監査部門のレポーティング先をどうするかということ
が，具体的な機関設計をするに際してのポイントの1つとなる。この点を
以下もう少し具体的に説明する。

　監査役会設置会社が指名委員会等設置会社ないしは監査等委員会設置会
社に移行するに当たっては，様々な制度設計が考えられるが，監査委員会
ないし監査等委員会が行う監査は，監査役会と違って独任制に基づく監査
ではなく，内部統制システムを利用して行う組織監査であるので，監査委
員会ないし監査等委員会が監査のために必要な情報収集を行うことを可能
にし，監査活動をサポートする（又は監査等委員会の命を受けて具体的な
監査活動を行う）スタッフが備わっていることが大前提となる。

　その上で，監査委員会ないし監査等委員会が行うべき監査を実施するた
めの組織と内部統制システムの一環を成す内部監査部門（これらを併せて，
以下では「広義の監査体制」という）との関係をどのように整理するかを
含めて，具体的な制度設計が問題となる。この点，考えられる組織構造と
しては，大別して，以下の3つが考えられるのではないかと思われる。す
なわち，

① 監査委員会ないし監査等委員会による監査と経営執行部の統括する
内部監査とが並列的に行われる完全二元型ストラクチャー

② 監査委員会ないし監査等委員会が内部監査を含めた監査全般を行い，
内部統制システムの整備・運用全般も統括する一元型ストラクチャー

③ 監査委員会ないし監査等委員会が内部監査を含めた広義の監査全般
を行うが，内部統制システムの整備・運用全般の統括は経営執行部が
行う折衷型ストラクチャー

である。

　まず，上記①のストラクチャーは，監査役会設置会社とほぼ同様のストラクチャーであるので，内部監査室及び監査役会の事務局としての監査役室を有している標準的なスタイルの監査役会設置会社が，このストラクチャーを採用する場合には，監査役室を監査委員会事務局ないし監査等委員会事務局に衣替えして，（レポーティング・ラインが最終的には代表取締役社長につながっている）内部監査室は従来のまま残せばよいものと考えられる。なお，内部統制システム全般の整備・運用に関する企画部門的機能を果たす内部統制推進室といった部署が別途設けられている会社については，当該部署のレポーティング・ラインをどこにつなげるのかが問題となるが，このストラクチャーを採用する場合には，従前と同様，代表取締役社長（又は会長）につなげるということになろう。

　この①のストラクチャーを採用した場合，監査委員会ないし監査等委員会が行う監査は，委員会が，その決定に基づいて委員会事務局のスタッフを適宜指揮し，かつ，内部監査室からも適宜情報を吸い上げることによって行うことになるものと考えられる。

　次に，上記②のストラクチャーであるが，これは，米国の委員会設置会社に近いストラクチャーであって[17]，このストラクチャーを採用する場合には，監査役室と内部監査室とは統合されて監査委員会事務局ないし監査等委員会事務局といった組織に一元化されることになるものと考えられる。なお，上述した内部統制推進室のような部署が設けられている会社では，ⅰ）当該部署を委員会事務局に統合するか，又は，ⅱ）委員会の事務局機能を，監査の実働部門（現在の監査役室＋内部監査室）と内部統制システムの整備・運用に関する企画部門（現在の内部統制推進室）とに分離するか，いずれかの方策を採るのが論理的であるように思われる。

---

[17]　（監査委員会の設置が強制されている）米国上場会社の監査委員会に関する米国1934年連邦取引所法（SOX法による改正後のもの）の下における規律については，例えば，西村総合法律事務所『ファイナンス法大全（上）』（商事法務，2003）251-272頁参照。

　この②のストラクチャーを採用した場合，監査委員会ないし監査等委員会が行う監査は，委員会が，その決定に基づいて委員会事務局のスタッフを適宜指揮するなどして行うことになるものと考えられる。

　最後に，上記③のストラクチャーを採用する場合には，監査役室と内部監査室とを統合して監査委員会事務局ないし監査等委員会事務局といった組織に一元化するというのが自然であると思われるが，内部統制システム全般の整備・運用に関する企画部門的機能を果たす組織（内部統制推進室ないし内部統制企画室）を別途設けるということになるのではないかと思われる。この際，当該組織のレポーティング・ラインをどこにつなげるのかが問題となるが，このストラクチャーを採用する場合には，第一義的には，代表取締役社長（又は会長）につなげるということになろう。しかしながら，この点については，指名委員会等設置会社ないし監査等委員会設置会社では監査委員ないし監査等委員も取締役であるので，レポーティング・ラインを監査委員会ないし監査等委員会にもつなげるということも十分考えられよう。

　この③のストラクチャーを採用した場合には，監査委員会ないし監査等委員会が行う監査は，委員会が，その決定に基づいて委員会事務局のスタッフを適宜指揮するなどして行うことになるものと考えられる。

　なお，監査役会設置会社において常勤監査役の設置が義務付けられている（会社法390条 3 項）のとは異なり，指名委員会等設置会社ないし監査等委員会設置会社では常勤監査委員ないし常勤監査等委員の設置が義務付けられていないが，かかる常勤委員を置くか否かは，上記①から③までのいずれのストラクチャーを採用するかとは論理的には無関係の問題であり，上記①のストラクチャーを採用する場合には，常勤委員を置いた方が従前の監査役会設置会社における実務運用との連続性が保ちやすいとは思われるものの，それを置くことが必ずしも不可欠というわけでもない（監査委員会ないし監査等委員会事務局のスタッフをその分増員することでも対応

できる）と考えられる。他方，上記②又は③のストラクチャーを採用する場合でも，社内に常駐する常勤監査委員ないし常勤監査等委員を置くことにより，監査がより円滑に行われるという利点はあるとは考えられる。

V　コーポレートガバナンス・コードについて

1　コーポレートガバナンス・コード策定の背景

　平成26年会社法改正及びその下で改正された会社法施行規則等によって，監査等委員会設置会社制度が新たに導入されるなど，わが国株式会社の企業統治を強化することを目的とした各種の法令上の手当てがなされるに至ったが，これとは別に，わが国上場企業の企業統治のレベルを全体的に底上げするために，（ハード・ローとしての会社法及び会社法施行規則等とは別に）ソフト・ローとして，日本版のコーポレートガバナンス・コードを制定する動きが2014年以降進められてきた。

　具体的には，まず，2014年5月23日，自由民主党日本経済再生本部が発表した「日本再生ビジョン」の中で，日本版コーポレートガバナンス・コードを策定すべきことが提唱され，これを受けて，平成26年会社法改正が国会で成立した2014年6月22日の直後である同月24日に政府が閣議決定した「『日本再興戦略』改訂2014」（以下「改訂2014」という）において，コードを策定すべきことが盛り込まれた。

　コーポレートガバナンス・コード（以下，わが国のコードを含む一般名称としての「コーポレートガバナンス・コード」については「CGコード」と略称する）は，1992年に英国のキャドベリー委員会報告によって打ち出されたものが嚆矢であり，その後，2002年にはドイツでも同様のCGコードが制定されるなど欧州を中心に徐々に普及し，現在では香港，シンガポール，南アフリカなどの新興国を含め，70か国以上で制定されていると

いわれている（もっとも，米国には上場企業に統一的に適用されるCGコードは存在しない）。コードの核心は，"Comply or Explain"（原則を実施するか，実施しない場合にはその理由を説明するか）のアプローチであり，それ自体は制定法ではなく，それが上場規則に組み込まれている場合でも，コードの内容を成す個々の規準に従わないことが許容されている（その代わりその理由につき説明責任が課される）ため，経済社会の進展や企業の規模に応じた柔軟な対応が可能である点がメリットとされている。例えば，英国の2014年 9 月版CGコードは，そもそもロンドン証券取引所でPremium Listingをしている企業のみを対象としているが，その中でも，議長を除く半数以上の取締役は独立社外取締役でなければならないという規準などは，FTSE350を構成する比較的大規模な企業以外の企業には適用されない（同コードB.1.2参照）ものとされている。

　また，コードは，いきなり制定法で強制することが必ずしも適切でない事項について，実験的にその中に盛り込んで様子を見た上で，当該事項が有用で，かつ実務上の悪影響も大きくないと判断される場合には制定法による規制に移行するという，段階的な政策誘導の手段としても用いられている（例えば，ドイツの2003年版CGコードに盛り込まれ，2005年に立法化された取締役報酬の全面的個別開示など）。

　わが国のコードも，"Comply or Explain"のアプローチを採用することで，ハード・ローによる規律では（罰則による強制を伴うという）その性質上取り上げることが難しい「高い」水準の企業統治向上のための諸方策[18]を，わが国上場企業が自主的に採用することを促すためのものと評価できる。

　わが国におけるコードの策定は，具体的には，前述の改訂2014を受けて

　18　不遵守に対して法令違反であるとして罰則による制裁が加えられるとした場合には，要求される企業統治の水準は，どうしても「全ての」対象企業が実際上遵守可能な「緩やかな」ものにとどまらざるを得ないと考えられる。

2014年8月7日に金融庁と東証を共同事務局とする形で発足した「コーポレートガバナンス・コードの策定に関する有識者会議」（座長は池尾和人慶応義塾大学経済学部教授。以下「有識者会議」という）において原案が取りまとめられる形で進められ，2015年3月5日に有識者会議によって公表された「コーポレートガバナンス・コード原案〜会社の持続的な成長と中長期的な企業価値の向上のために〜」に基づき，前述のとおり，最終的に，同年5月13日付けで，東証がコードを制定した。そして，2018年6月1日に改訂版のコードが施行された。

コードは，「コーポレートガバナンス」の意義について，「会社が株主をはじめ顧客・従業員・地域社会等の立場を踏まえた上で，透明・公正かつ迅速・果断な意思決定を行うための仕組み」であるとしている。その上で，コードは，実効的なコーポレートガバナンスの実現に資する主要な原則を取りまとめたものであり，これらが適切に実践されることは，それぞれの会社において持続的な成長と中長期的な企業価値の向上のための自律的な対応が図られることを通じて，会社，投資家，ひいては経済全体の発展にも寄与することとなるものと考えられるとしている。

以下では，コードのうち，上場会社における実務対応の観点から特に重要と考えられる項目について，2018年6月1日の改訂後のコードに基づき，簡単に解説する。

2　プリンシプルベース・アプローチとコーポレートガバナンス基本方針

コードは，いわゆるプリンシプルベース・アプローチを採用し，そこで示されている規範（基本原則・原則・補充原則）の履行の態様は，会社の業種，規模，事業特性，機関設計，会社を取り巻く環境等によって様々に異なり得ると指摘している（前文9項）。また，前述したとおり，"Comply or Explain"のアプローチが採用され，上場会社がコードを構成する合計

77の事項（5個の基本原則，31個の原則，41個の補充原則）[19]のいずれか
を実施しない場合には，定時株主総会終結後速やかに東証に提出すべきも
のとされているコーポレート・ガバナンス報告書（以下「CG報告書」と
いう）において，その理由を説明すべきものとされている。しかしながら，
不実施それ自体については特段の罰則その他の制裁は課されない。もっと
も，「Explain」それ自体は「遵守すべき事項」であることから，不実施に
ついての理由の説明を怠るなどこれに違反した上場会社に対しては，東証
による制裁措置等（例えば，上場契約違約金の支払いなど（有価証券上場
規程509条1項参照）の対象となり得る。

　コードにおいて，上場会社は，コードの各原則を踏まえたコーポレート
ガバナンスに関する基本的な考え方と基本方針とを開示・公表すべきもの
とされている（原則3-1(ii)）。これは，1999年6月1日に採択され，2004年
4月22日に改訂されたOECDコーポレート・ガバナンス原則[20]の「V. 開
示及び透明性」A.8において，「会社のガバナンスの構造や方針について
の開示，特に株主，経営陣，取締役会メンバーの間の権限分配の開示は，
会社のガバナンスを評価するために重要である」とされていることや，
NYSEの上場規則（Listed Company Manual 303A.09）が，NYSE上場会
社に対して，コーポレートガバナンス・ガイドライン（Corporate
Governance Guidelines）を採択し，開示すべき[21,22]（ウェブ上での開示が
要求されている）ものとしていることなどに倣ったものと考えられる。ち
なみに，Listed Company Manual 303A.09のコメンタリーでは，当該ガイ

19　但し，JASDAQ市場又はマザーズ市場への上場会社には5個の基本原則のみが適
　用されるものとされている。したがって，以下で「上場会社」という語を用いる場合，
　それがコードの原則又は補充原則との関係で用いられている場合には，東証の市場1
　部又は市場2部上場の会社のみを指している。

20　和訳につき，《http://www.mofa.go.jp/mofaj/gaiko/oecd/pdfs/cg_2004.pdf》にて
　閲覧可能。

21　Listed Company Manual 303A.09の注記により，ウェブ上での開示が要求されてい
　る。

ドラインには，①取締役の選任・資格基準，②取締役の責務，③主要な委員会の責務，④取締役の報酬，⑤取締役の経営陣及び（必要な場合における）独立のアドバイザーへのアクセス，⑥取締役のオリエンテーション及び継続研修，⑦経営陣の承継（succession）並びに⑧取締役会の年次自己評価に関する事項が盛り込まれなければならないものとされている。

　したがって，コードの下では，基本原則の・み・の適用を受けるJASDAQ上場会社及びマザーズ上場会社を除き，上場会社（すなわち，東証１部上場会社及び同２部上場会社）は，自社の状況を踏まえてコードに対してどのような考え方で対応するのかを示した上で，コーポレートガバナンスに関する基本方針（以下「コーポレートガバナンス基本方針」という）を策定・公表し，それに沿う形で，コードで定められた各原則に適宜対応していくことが必要になる。この点，日本取締役協会から，2015年４月20日付けで「コーポレートガバナンスに関する基本方針ベスト・プラクティス・モデル（2015）」が公表されている[23]ので参照されたい。なお，コーポレートガバナンス基本方針の記載振りに関しては，利用者にとって付加価値の高い記載となるよう工夫が必要であるほか（補充原則３-１①参照），外国人持株比率の高い上場会社では，その英語版の作成・開示も行うことが望ましいものとされている（補充原則３-１②）。

---

[22]　なお，コーポレートガバナンス・ガイドラインの実例については，代表的なものとして，General ElectricのGovernance Principles（《http://www.ge.com/investor-relations/governance/principles》にて閲覧可能）及びPfizerのCorporate Governance Principles（《https://www.pfizer.com/files/investors/corporate_governance/cg_principles.pdf》にて閲覧可能）などを参照。

[23]　《http://www.jacd.jp/news/gov/150420_post-151.html》にて閲覧可能。なお，このモデルを踏まえたコーポレートガバナンス基本方針の策定に関する実務対応については，太田洋＝髙木弘明＝泰田啓太「コーポレートガバナンス基本方針の策定に向けた実務対応—日本取締役協会ベスト・プラクティス・モデルを踏まえて—」旬刊商事法務2070号（2015）14頁以下を参照。

3　株主との対話

　コードの基本原則5では，上場会社は，その持続的な成長と中長期的な企業価値の向上に資するため，株主総会の場以外においても，株主との間で建設的な対話を行うべきであるとされている。そして，原則5-1では，取締役会は，株主との建設的な対話を促進するための体制整備・取組みに関する方針を検討・承認し，開示すべきものとされている。

　株主との建設的な対話を促進するための方針には，少なくとも以下の5点を記載すべきものとされている（補充原則5-1②）。すなわち，(a) 株主との対話全般について統括し，建設的な対話が実現するように目配りを行う経営陣又は取締役（以下「SR統括取締役等」という）の指定，(b) 対話を補助する社内のIR担当，経営企画，総務，財務，経理，法務部門等の有機的な連携のための方策，(c) 個別面談以外の対話の手段（例えば，投資家説明会やIR活動）の充実に関する取組み，(d) 対話において把握された株主の意見・懸念の経営陣幹部や取締役会に対する適切かつ効果的なフィードバックのための方策，(e) 対話に際してのインサイダー情報の管理に関する方策である。コードの策定を受けて，機関投資家やアクティビスト株主を中心に，株主の間で会社のコーポレートガバナンスについての関心が高まっていくことが予想される中で，この方策に関しては，早期に策定・開示すべき実務上の必要性が相対的に高いのではないかと思われる。

　この方針を策定するに当たっては，株主との個別面談をどのように位置づけ，それにどの程度まで積極的に対応していくかということがポイントの1つとなると考えられるが，各社ともIR・SRを実施するための経営リソースに限りがある中においては，コードが「市場においてコーポレートガバナンスの改善を最も強く期待しているのは，通常，ガバナンスの改善が実を結ぶまで待つことができる中長期保有の株主であり，こうした株主

は，市場の短期主義化が懸念される昨今においても，会社にとって重要なパートナーとなり得る存在である」（前文8項）と指摘していることを踏まえ，個別面談の対象を，中長期的に株式を保有していく方針を明らかにしている大口の機関投資家に絞り込むことも，十分に合理的な考え方であろう。

なお，SR統括取締役等として取締役・経営陣の中から誰を指名すべきかという点について，コードでは，「株主の希望と面談の主な関心事項も踏まえた上で，合理的な範囲で，経営陣幹部又は取締役（社外取締役を含む）が面談に臨むことを基本とすべきである」（補充原則5-1①）とされており，代表取締役をはじめとする経営陣幹部が対話に臨むことも想定されている。したがって，SR統括取締役等を，SR・IR担当の業務執行取締役ないし執行役員等とすることも，十分考えられるであろう。いずれにせよ，誰が指名されるかに拘わらず，SR統括取締役等としては，株主からその意見・懸念を適切に吸い上げ，中長期的な企業価値向上の観点から，その内容を経営陣幹部や取締役会に対して適切にフィードバックすることが重要となる。

4 取締役会の構成等に関する考え方

コードでは，取締役会が経営陣幹部の選解任と取締役・監査役候補の指名を行うに当たっての方針・手続を開示し，主体的な情報発信を行うべきものとされるとともに（原則3-1(iv)），取締役会全体としての知識・経験・能力のバランス，多様性及び規模に関する考え方を定め，開示すべきものとされている（補充原則4-11①）。

コードは，多様性について，多様性に関する目標の設定を求めることまではしていないが，取締役候補の選任プロセスや取締役会の構成に関しては株主の関心が高まることも想定されることから，2010年に米国証券取引委員会（SEC）が制定した規則の下で米国上場会社が開示している，「取

締役候補者の選定に際して多様性が考慮されているか，考慮されていると
して当該選定プロセスにおいてどのように考慮されているか，及び会社は
かかる多様性の考慮に関する方針の実効性についてどのように評価してい
るか」に係る開示実例などを参考に，各上場会社においては，早急に，少
なくとも取締役会の構成の多様性に関する考え方を整理すべきであろう。

5　取締役会の責務

　コードは，「上場会社の取締役会は，株主に対する受託者責任・説明責
任を踏まえ，会社の持続的成長と中長期的な企業価値の向上を促し，収益
力・資本効率等の改善を図るべく，(1)企業戦略等の大きな方向性を示すこ
と，(2)経営陣幹部による適切なリスクテイクを支える環境整備を行うこと，
(3)独立した客観的な立場から，経営陣（執行役及びいわゆる執行役員を含
む）・取締役に対する実効性の高い監督を行うことをはじめとする役割・
責務を適切に果たすべきである」とした上で，こうした役割・責務は，監
査役会設置会社・指名委員会等設置会社，監査等委員会設置会社のいずれ
の機関設計を採用する場合にも等しく適切に果たされるべきものとしてい
る（基本原則4）。

　もとより，コーポレートガバナンスを実効化するための方法論としては
様々な方策があり得るところであり，企業統治の在り方はモニタリング・
モデルだけに限られるものではないし，機関設計もそれぞれが等しく機能
し得るものである。基本原則4後段は，そのことを確認したものであろう。

　しかしながら，企業統治の在り方についてどのような選択をした場合で
も，上場会社は，その株主及び投資家に対して，なぜそのような選択をし
たのかを説明する責務を負っているものと考えられる。また，平成26年改
正会社法によって新たに監査等委員会設置会社制度が導入されたことも踏
まえれば，従来型の監査役会設置会社の形態を選択した上場会社は，なぜ
指名委員会等設置会社又は監査等委員会設置会社ではなく監査役会設置会

社を選択しているのかについて，より丁寧に説明していくことが望ましいのではないかと考えられる。

6　独立社外取締役の有効な活用

　コードでは，上場会社は，最低２名以上の独立社外取締役を選任すべきものとされている（原則4-8第１文）。さらに，コードでは，「業種・規模・事業特性・機関設計・会社をとりまく環境等を総合的に勘案して，少なくとも３分の１以上の独立社外取締役を選任することが必要と考える上場会社は」「十分な人数の独立社外取締役を選任すべき」ものとされ（原則4-8第２文），国際的に事業展開を行う大企業等については，「自主的に」３分の１以上の独立社外取締役を選任することが慫慂されているものと解される。

　独立社外取締役の活用は，前述した取締役会の責務を踏まえて検討していく必要があるが，コードでは，そのための具体的な方策として，独立した客観的な立場に基づく情報交換・認識共有を図ること（例えば，独立社外者のみを構成員とする会合の定期的な開催等。補充原則4-8①），経営陣との連絡・調整や監査役会との連携に係る体制整備を図ること（例えば，互選による「筆頭独立社外取締役」の決定等。補充原則4-8②）が挙げられている。

　独立取締役による取締役会の監督機能を実効化させるためには，独立取締役同士で活発な意見交換がされることが望ましい。コードでは，上記のとおり，例示の形ではあるものの，それらの方策を講じることが慫慂されているが，独立した客観的な立場を有する社外役員同士の情報交換・認識共有は，独立取締役会議（いわゆるnon-executive session）の開催以外の方策によって対応することも十分考えられるところである。具体的な方策としては，例えば，社外監査役を含めた社外役員連絡会を定期的に開催することや，独立取締役と経営陣との連絡・調整や監査役会との連携のため

に，社外取締役事務局を設置することなども考えられる。この点，各社の
事情に応じて工夫を凝らしていくことが望ましい。

7　指名諮問委員会及び報酬諮問委員会

　コードでは，「上場会社が監査役会設置会社または監査等委員会設置会
社であって，独立社外取締役が取締役会の過半数に達していない場合には，
経営陣幹部・取締役の指名・報酬などに係る取締役会の機能の独立性・客
観性と説明責任を強化するため，取締役会の下に独立社外取締役を主要な
構成員とする任意の指名委員会・報酬委員会など，独立した諮問委員会を
設置することにより……独立社外取締役の適切な関与・助言を得るべきで
ある」とされている（補充原則4-10①）。このことや，平成26年会社法改
正による監査等委員会設置会社制度の導入を契機として，わが国の上場会
社は，それぞれの会社の規模，業種及び事業構成，株主構成，事業戦略，
資本政策，歴史等を踏まえて，自らの企業統治体制にどの程度モニタリン
グ・モデルの要素を取り入れるか等を主体的に選び取る傾向を急速に強め，
現在では東証への上場会社のうち3分の1前後が，指名諮問委員会や報酬
諮問委員会を設置するようになっている[24]。さらに，近時では，指名諮問
委員会や報酬諮問委員会の構成を，過半数を独立社外取締役が占める形と
した上で，委員長も独立社外取締役とする例が広がっている。このように，
コードの制定と平成26年会社法改正を契機として，わが国上場会社の過半
を占める監査役会設置会社の間でも，独立社外取締役を中心とする任意の
指名諮問委員会や報酬諮問委員会の設置を通じて，企業統治体制にモニタ

24　2019年8月1日付けで東証が公表した調査結果によれば，東証上場会社総数3,639
社のうち，法定の指名委員会ないし任意の指名諮問委員会を設置している会社は1,210
社（全体の約33.3%），法定の報酬委員会ないし任意の報酬諮問委員会を設置している会
社は1,297社（全体の約35.6%）に達している。また，東証1部上場会社2,148社に絞る
と，法定の指名委員会ないし任意の指名諮問委員会を設置している会社は1,067社（全
体の約49.7%），法定の報酬委員会ないし任意の報酬諮問委員会を設置している会社は1,125
社（全体の約52.4%）に上っている（東証・前掲（注8）14頁参照）。

リング・モデルの要素を取り入れる動きが急速に広がってきていることが
注目される。

8　株主総会関係

　コードの基本原則1では株主の権利・平等性の確保が定められており，
原則及び補充原則において株主総会に関する項目が掲げられている。

　このうち，補充原則1-2②では，「上場会社は，株主が総会議案の十分
な検討期間を確保することができるよう，招集通知に記載する情報の正確
性を担保しつつその早期発送に努めるべきであり，また，招集通知に記載
する情報は，株主総会の招集に係る取締役会決議から招集通知を発送する
までの間に，TDnetや自社のウェブサイトにより電子的に公表すべきであ
る」とされている。これを受けて，株主への招集通知発送より前に招集通
知の電子開示を実施する会社が9割以上となっている[25]。この点，平成26
年改正会社法の下で改正された会社法施行規則及び会社計算規則では，事
業報告全体や計算書類全体をウェブ上に開示することは妨げられない旨の
確認規定が設けられ（会社法施行規則94条3項，133条7項，会社計算規
則133条8項），制度上の障害は非常に小さくなっていることから，今後は，
コードを踏まえ，株主総会招集通知発送「前」における当該通知の電子公
表を行うかどうかを検討すべきであろう。

　なお，2019年時点では，招集通知発送前における招集通知の電子公表を
行っている会社のうち22.5％は発送日前日に電子公表を実施しているが，
発送日の1週間以上前に電子公表する会社も29.0％存在する[26]。招集通知発
送前の電子公表については，具体的な公表時期をどの時点とするかが，今
後の実務上のポイントとなろう（例えば，招集通知の印刷のための校了後

25　招集通知の発送前に電子開示をしている会社は全体の91.0％にのぼる（旬刊商事法
　　務2216号（株主総会白書2019）72頁（2019）参照）。

26　前掲（注22）の旬刊商事法務2216号72-73頁参照。

速やかに電子的に公表することも，十分検討に値しよう）。

　また，補充原則1-2③では，「上場会社は，株主との建設的な対話の充実や，そのための正確な情報提供等の観点を考慮し，株主総会開催日をはじめとする株主総会関連の日程の適切な設定を行うべきである」とされ，補充原則1-2④は，「上場会社は，自社の株主における機関投資家や海外投資家の比率等も踏まえ，議決権の電子行使を可能とするための環境作り（議決権電子行使プラットフォームの利用等）や招集通知の英訳を進めるべきである」とされている。

9　コードの持つインパクト

　コードにおいては，前述のとおり，"Comply or Explain"のアプローチが採用され，コード所掲の各事項を実施しない場合でも，不実施の理由を説明しさえすれば（しかも，その説明内容の合理性は特に問われない），何ら制裁措置を課されることはない。しかしながら，コードはわが国上場会社の企業統治の在り方に既に大きな影響を及ぼしており，今後も引き続き大きな影響を及ぼしていくものと思われる。

　なぜなら，コードに先立って，2014年2月27日付けで，金融庁が設置した「日本版スチュワードシップ・コードに関する有識者検討会」（座長：神作裕之東京大学大学院法学政治学研究科教授）により「『責任ある機関投資家』の諸原則≪日本版スチュワードシップ・コード≫〜投資と対話を通じて企業の持続的成長を促すために〜」（以下「スチュワードシップ・コード」という）が公表され，既に国内外の多数の機関投資家によってその受入れがなされていることから，特に機関投資家による株式保有割合が高い上場会社が，十分に説得的な説明をすることなしに，コード所掲の各事項を安易に実施しないままでいた場合には，中期的に，それら機関投資家によって，経営トップの取締役としての選任議案に対する反対票を投じられるという形で，事実上の"punishment"（制裁）がなされる蓋然性が

高まるものと考えられるからである。

　確かに，従来から（国内機関投資家を含めて）機関投資家は任意に議決権行使ガイドラインを策定・公表するなどして，議決権行使の透明化や自らの背後にいる投資家に対する説明責任について相応の配慮を尽くしてきた。しかしながら，わが国にはコードのような客観的な目安が存在しなかったために，特に国内機関投資家は，上場会社のガバナンスの改善について必ずしも積極的に声を上げてこなかったようにも思われる。これに対し，スチュワードシップ・コードの下では，それを受け入れた機関投資家は，投資先企業やその事業環境等に関する深い理解に基づく建設的な「目的を持った対話」（エンゲージメント）などを通じて，当該企業の企業価値の向上や持続的成長を促すことにより，「顧客・受益者」の中長期的な投資リターン拡大を図る責任（いわゆる「スチュワードシップ責任」）を負うものとされ，かかる責任の一環として，その保有する株式に係る議決権行使について透明性を確保し，自らの背後にいる投資家に対して十分な説明責任を果たすべきことを要請されている。したがって，上場会社が，十分に説得的な説明をすることなしに，コード所掲の各事項を安易に実施しないままでいた場合には，機関投資家としては，その背後の投資家に対する受託者責任を全うする観点からも，事実上，経営トップの取締役としての選任議案に対する反対票を投じるといった手法により，上場会社のガバナンスの改善に対して積極的なコミットを行っていかざるを得ないのではないかと考えられる。

　実際，2017年5月29日に，前述の金融庁「スチュワードシップ・コードに関する有識者検討会」により，スチュワードシップ・コードの改訂版が公表され，当該改訂版の下で，Comply or Explainの原則の下ではあるが，機関投資家に対して，個々の発行会社の個別の株主総会議案に対する個別の議決権行使結果を公表することが求められるに至ったこともあってか，各機関投資家の議決権行使に関する姿勢は，発行会社にとって一段と厳し

いものとなり，従来余り見られなかった現象であるが，機関投資家が，株主提案に係る議案に賛成の議決権行使をするケースが急速に増加するようになってきている。このような状況を受けて，近時，いわゆるアクティビスト株主等を中心として，上場会社に対して株主提案を突き付ける事例が増加の一途を辿っており，6月定時株主総会において株主提案が付議されるに至った上場会社の数も，2018年6月には42社（株主提案に係る議案数は合計161議案），2019年6月には54社（同175議案），2020年6月には63社（同207議案）と，年々過去最高を更新し続けている。また，2019年6月定時株主総会では，LIXILグループ及びスパンクリートコーポレーションの2社において株主総会が可決され，株主提案に係る議案が総会で30%前後の賛成票を獲得した事例も相当の数に上るに至った。

　このように，コードの制定及びその改訂，そしてスチュワードシップ・コードの制定及びその改訂の結果，特に国内機関投資家の投資先企業に対する議決権行使の在り方は，かなり変わってきたものと解される。すなわち，従来までと異なって，国内機関投資家も，コードを一つの目安として，上場会社のガバナンスに課題がある場合には，積極的な「エンゲージメント」を行う動きが年を追うごとに加速してきているように思われる。それ故，コード及びスチュワードシップ・コードが制定されたことは，わが国上場会社の企業統治の在り方に，中期的に見て，想像以上に大きなインパクトをもたらしつつあるように思われる。

10　今後の課題

(1)　独立取締役の員数

　コードでは，コードは「不変のものではな」く，「定期的に見直しの検討に付されることを期待する」（前文第16項）とされている。そこで，以下，今後行われるであろうコードの見直しに際して，課題となるであろう事項について，簡単に言及することとしたい。

108

　まず，将来的に大きな課題となると予想されるのは，上場会社が選任し
なければならないとされる独立社外取締役の員数である。諸外国において
は，【図表3-7】のとおり，アメリカ及びイギリスでは取締役会の過半
数[27]，フランス及び韓国では取締役会の半数以上が，それぞれ独立社外取
締役でなければならないとされている。いわゆる新興国でも，インド，シ
ンガポール及び香港では取締役会の3分の1以上が独立社外取締役でなけ
ればならないとされている。

【図表3-7】独立取締役の員数に関する諸外国の規律

国	社外／独立取締役の員数要件
米国 （上場企業）	取締役会の過半数が独立取締役である必要（証券取引所規則）
英国 （上場企業）	取締役会の議長（独立性必要）を除き2分の1以上が非常勤の独立取締役である必要（UKコーポレート・ガバナンス・コード）
フランス （支配株主の存しない会社）	取締役会の3分の2以上が社外取締役である必要（商法） 取締役会の半数以上が「独立」社外取締役である必要 （MEDEF-AFEPコーポレート・ガバナンス・コード）
韓国（資産2兆ウォン以上の上場会社・証券会社）	取締役会の2分の1以上かつ3名以上が「社外」取締役である必要（商法）
韓国（上記以外の上場会社・証券会社）	取締役会の4分の1以上が「社外」取締役である必要（商法）
インド〔2013年会社法〕（上場企業及び一定の大企業）	取締役会の3分の1以上が独立取締役である必要（会社法） （従来の上場規則では，会長が非業務執行取締役なら3分の1以上，会長が業務執行取締役なら2分の1以上が，それぞれ独立取締役である必要）

　この点，2014年10月6日に日本取締役協会コーポレートガバナンス委員
会が公表した「コーポレート・ガバナンス・コード（日本取締役協会案）」
（以下「取締役協会案」という）[28]では，その5条1項で，3名又は取締役
の員数の3分の1のいずれか多い数を独立社外取締役とすべきであるとし

　27　イギリスのCGコードでは，取締役会議長を除く取締役会の半数以上が独立社外取締役でなければならないとされる一方，取締役会議長は独立社外取締役でなければならないとされている。

ている。今後，監査等委員会設置会社（及び指名委員会等設置会社）がわが国上場会社の企業統治形態として普及してくれば，このような案もより現実的なものとして評価されることになるのではないかと思われる。そもそも，わが国上場会社では，近年，取締役の員数を10名以内に抑える会社が増加しているところであるが，社外監査役が２名いる監査役会設置会社において，社外取締役が１名いれば，監査等委員会設置会社に移行するとともに，取締役の員数を全体で９名以内とすれば，社外取締役が３名かつ取締役会の３分の１を占める状態が実現できる。

　前述したとおり，2019年12月20日現在で，1,007社が監査等委員会設置会社の形態を採用しているが，この勢いで監査役会設置会社から監査等委員会設置会社に移行する上場会社が増えてくれば，近い将来，コードにおける独立社外取締役の必要員数を，現状の２名以上（原則4-8第１文）から取締役会の３分の１以上に引き上げる動きがさらに強まってくるのではないかと予想される。

(2)　取締役会議長と代表取締役社長（CEO）との分離

　取締役協会案では，監督と執行との分離をできる限り進めるため，その３条で，取締役会の議長は，代表権を持たない非業務執行取締役が務めなければならないとしている。イギリスのCGコードでは，取締役会の議長は独立社外取締役が務めるべきものとされているが，これは，現在のわが国の実情からすると時期尚早ではないかということで，社長と取締役会議長との分離という観点から，取締役会議長は代表権を持たない者とすることを求めるに止めている（代表権を外せば，社内取締役が取締役会議長となることも是認している）。

28　取締役協会案の解説については，太田洋＝髙木弘明「コーポレートガバナンス・コード（日本取締役協会案）の解説―「攻めのガバナンス」に向けて―」旬刊商事法務2048号17頁（2014）参照。

　この点，様々な事情はあるとは思われるが，片倉工業，福井銀行，日本精工，三菱電機などが，会長を代表権なき社内取締役とすることを公表しているほか，みずほフィナンシャルグループ，TDK，荏原製作所，花王，日立物流，日産自動車，三洋化成，RIZAPグループ等では一歩進んで取締役会議長を社外取締役が務めるものとされており，わが国でも取締役会議長と代表取締役（CEO）とを分離する動きは，徐々に上場会社の間で広がってきているように思われる。

　今後予想されるコードの見直しに際しては，これらの事項をコードに明記すべきか否かが論点となるものと予想される。

第4章

目的に合った取締役会の運営

——青戸理成

I　取締役会の目的

1　はじめに

　取締役会の目的を考えるにあたっては，取締役会は何のためにあるのか，ということをまず考えなければならない。

　取締役会に与えられている主な権限は，会社法上，①業務執行の決定，②取締役（指名委員会等設置会社は執行役）の職務の執行の監督，③代表取締役の選定及び解職，並びに④利益相反取引及び競業取引の承認である。監査等委員会設置会社は，①業務の執行と並列して，(i)経営の基本方針，(ii)監査等委員会の職務執行のために必要な事項，(iii)内部統制システムの整備が挙げられている（会社法399条の13第1項）。また，指名委員会等設置会社は，①業務の執行と並列して，(i)経営の基本方針，(ii)監査委員会の職務の執行のために必要な事項，(iii)執行役相互の関係に関する事項，(iv)取締役会の招集請求を受ける取締役，(v)内部統制システムの整備が挙げられている（会社法416条1項）。監査役会設置会社，監査等委員会設置会社及び指名委員会等設置会社のいずれにおいても，業務執行の決定に重きを置くことも，取締役（執行役）の職務の執行の監督に重きを置くことも可能であるが，業務執行の決定に重きを置く会社をマネージメント・ボード，取締役（執行役）の職務の執行の監督に重きを置く会社をモニタリング・モ

デルと整理される。

　取締役会は，所有と経営が分離される株式会社制度において，所有者としての株主から付託を受けて，業務執行を行い，また取締役（執行役）の職務執行の監督を担う機関である。株式会社制度は，所有と経営が分離しており，経営は，経営の専門家に委ねる仕組みとなっている以上，株主が日々の経営に口を出すことは法制度上予定されていない。しかし，経営者（業務執行者）の暴走を止められなければ，結果として所有者たる株主が損失を被ってしまうため，経営者（業務執行者）を監督する機能が必要になってくる。

　会社法においては，その役割を担う機関として，取締役会を置いている。監査役会設置会社については，取締役会と併存して監査役（会）が監督する役割を担うが，取締役会が取締役の職務執行を監督するという点は，監査役会設置会社，指名委員会等設置会社及び監査等委員会設置会社のいずれの会社形態においても異ならない。ただ，指名委員会等設置会社及び監査等委員会設置会社は，経営の監督に軸足を置きやすい制度設計となっており，取締役会の目的を業務執行の決定よりも取締役（執行役）の職務執行に対する監督に置きやすい。他方，監査役会設置会社は，取締役会のほかに監査役（会）という取締役の職務執行を監査する機関があり，また取締役会の議案が硬直的であるため，ある程度業務執行の決定に軸足を置かざるを得ない制度設計となっている（詳しくは後述する）。

2　モニタリング・モデルにおける取締役会の目的

　モニタリング・モデルにおいては，取締役会は，業務執行の決定よりも取締役の職務の執行の監督に重点を置くため，取締役会の目的は，当然，取締役の職務の執行の監督が主目的となる。会社法上，モニタリング・モデルの考え方が導入されたのは，平成14年商法改正における委員会等設置会社（現行法の指名委員会等設置会社。以下同じ。）の導入が最初である。

それまでは，株式会社の機関は，株主総会，取締役会，監査役（監査役会），代表取締役及び会計監査人であり，株主総会，取締役会，監査役が必置機関であった。

　そこに，委員会等設置会社という選択肢を増やし，委員会等設置会社においては，①取締役会の下部組織として指名委員会，報酬委員会及び監査委員会を設置し，②監査役を置かず，③業務執行は執行役が行う，という機関設計を認めた。委員会等設置会社においては，業務執行は執行役が行い，取締役会は監督に重点を置くことを前提として，従来，取締役会の決議事項とされていた事項の多くを執行役に決定させることができるようになり，取締役会は監督に重点を置いて，三委員会により，監督の実効性を確保しようと考えられた。

　また，委員会等設置会社の監査委員は，従来の監査役と違い，常勤者を置かない設計を許容するとともに，監査の実効性を確保するため，監査委員会の職務の遂行のために必要なものとして，内部統制システム（執行役の職務の執行が法令及び定款に適合し，かつ，効率的になされていることを確保するための体制）の整備が要求された。このようにして，委員会等設置会社は，三委員会を利用しながら，監督の実を上げる仕組みを取り入れた。この委員会等設置会社の仕組みは，平成18年5月1日施行の会社法（以下「会社法」という。）にも継承され，現在に至っている。ただし，会社法においては，いわゆる内部統制システムの基本方針について，指名委員会等設置会社だけでなく，監査役会設置会社を含め，大会社に決議義務を課しているため，内部統制システムは，監査のためだけのシステムという位置づけではなくなっている。

　モニタリング・モデルにおける取締役会は，監督に重点を置くため，当然のことながら，その目的は業務執行の監督であり，業務執行の監督に資する議題が取締役会の議題の中心となる。

3　マネージメント・ボードにおける取締役会の目的

　委員会等設置会社を導入した際，監査役会設置会社においては，いわゆる内部統制システムを監査のためのツールとしては定めず，取締役会が業務執行の決定を担い，監査役及び監査役会が取締役の職務執行の適法性を監査するという従来の考え方を踏襲した機関設計を志向した。その後，会社法は，監査役会設置会社においても，いわゆる内部統制システムの基本方針の決定を取締役会の決議事項としたが，委員会等設置会社のように重要な業務執行の一部を取締役に委任することは認めなかった。そして，令和元年会社法改正においても，議論はなされたが，結果として，監査役会設置会社には，重要な業務執行の決定を取締役に委任することは認めていない。そこで，監査役会設置会社は，従前どおり，マネージメント・ボードとしての色彩が強い。

　マネージメント・ボードとしての取締役会においては，重要な業務執行の決定を行うことが取締役会の目的の１つとなる。

　監査役会設置会社においても，任意の諮問委員会として，指名委員会，報酬委員会及び監査委員会を設置することが想定されるため（コーポレートガバナンス・コード4-10参照），モニタリング・モデルを志向することがある程度は可能になっている。しかし，重要な業務執行の決定を取締役に委任できないため，取締役会がある程度広範に業務執行の決定を行わざるを得ない制度設計となっている。ただし，取締役会に付議する基準を引き上げることにより，モニタリング・モデルに近づけることは可能である。

　なお，平成26年会社法改正により，監査等委員会設置会社という機関設計が新たに加わった。監査等委員会設置会社においては，取締役に一部の重要な業務執行の決定の委任が可能となっているため，よりモニタリング・モデルに近い設計は可能であるが，指名委員会等設置会社と比べて，取締役の指名及び取締役個人別の報酬等の決定による監督機能が必須では

ないため，モニタリング・モデルとしての実効性は弱まると言わざるを得ない。

4　目的に応じた社外取締役の選定

　社外取締役の役割は，マネージメント・ボードとしての取締役会，モニタリング・モデルとしての取締役会のいずれかによって考え方が若干異なる。

　マネージメント・ボードとしての取締役会は，重要な業務執行の決定を行うことも取締役会の目的となるため，社外取締役に期待される役割も，業務執行の決定に対する意見が期待される。したがって，社外取締役の選定に当たっては，代表取締役経験者や業界の事情に詳しい者を適任としやすい。

　他方，モニタリング・モデルとしての取締役会は，業務執行の監督が取締役会の目的となるため，経営面だけでなく，会計・税務，法律，リスク管理や内部統制などについて，専門的知見を有する者を適任としやすい。

　もちろん，いずれかに明確に分けられるものではないが，モニタリング・モデルとしての取締役会のほうが，専門的知見の多様性が求められると考えられる。マネージメント・ボードとしての取締役会においては，業務執行を担当する取締役の存在が欠かせないが，モニタリング・モデルにおいては，極論すれば，社外取締役のみで構成することも可能と考えられる。

　コーポレートガバナンス・コードにおいては，「独立社外取締役」の役割・責務として，

(i)　経営の方針や経営改善について，自らの知見に基づき，会社の持続的な成長を促し中長期的な企業価値の向上を図る，との観点からの助言を行うこと

(ii)　経営陣幹部の選解任その他の取締役会の重要な意思決定を通じ，経営

　の監督を行うこと

(ⅲ)　会社と経営陣・支配株主等との間の利益相反を監督すること

(ⅳ)　経営陣・支配株主から独立した立場で，少数株主をはじめとするステークホルダーの意見を取締役会に適切に反映させること

が挙げられており（原則4-7），「独立社外取締役」の選定に当たっては，このような役割・責務を担うのにふさわしい人選を行うことが求められる。また，コーポレートガバナンス・コードによれば，「独立社外取締役」の選定については，「取締役会における率直・活発で建設的な検討への貢献が期待できる人物を独立社外取締役の候補として選定するよう努めるべき」とされている（原則4-9）。

　その他，コーポレートガバナンス・コードは，取締役会の構成として，取締役会「の役割・責務を実効的に果たすための知識・経験・能力を全体としてバランス良く備え，ジェンダーや国際性の面を含む多様性と適正規模を両立させる形で構成されるべきである」としている（原則4-11）。ここにおけるバランス及び多様性は，ただ多様性があればよいというものではなく，各会社の取締役会の目的及び役割に応じて，特に社外取締役に期待する役割を予め検討した上で，各会社の求める知識・経験・能力を配置する意識が必要である。なお，コーポレートガバナンス・コードでは，監査役についてのみ「財務・会計・法務に関する知識を有する者が選任されるべきであり，特に財務・会計に関する十分な知見を有している者が1名以上選任されるべきである」というルールが明示されているが（原則4-11），監査等委員会設置会社及び指名委員会等設置会社は，監査役が存在しない一方で，監査等委員又は監査委員である取締役が中心となって取締役又は執行役の職務執行を監督するのであるから，監査等委員又は監査委員である取締役にも，「財務・会計・法務に関する知識を有する者が選任されるべきである」といえよう。

Ⅱ　議案の選定

1　取締役会における議案の内容

(1)　会社法に定められる取締役会の議案

　会社法において，取締役会の議案は下表のとおりである。取締役会の決議事項は，経営方針から個別の業務執行まで様々な議案が含まれる。監査役会設置会社における取締役会の議案と指名委員会等設置会社における取締役会の議案は，取締役又は執行役に委任できる範囲が異なる。

　監査役会設置会社において，重要な業務執行の決定等は，取締役会が取締役に委任できないことになっており，マネージメント・ボードとして一定の役割を果たさざるを得ない。ただし，「重要な」，「多額の」といった概念が抽象的であり，会社の裁量によるところもあるため，取締役会規則等で取締役会付議基準を高めに設定することによって，より重要性の高い議案に絞ることは可能である。

【監査役会設置会社における取締役会の議案】

決議事項	委任の可否
代表取締役の選定及び解職	×
業務執行の決定（次の事項を除く）	○
重要な財産の処分及び譲受け	×
多額の借財	×
支配人その他の重要な使用人の選任及び解任	×
支店その他の重要な組織の設置，変更及び廃止	×
社債の募集	×
内部統制システムの整備	×
定款規定に基づく取締役等の責任の一部免除	×
その他重要な業務執行の決定	×
利益相反取引・競業取引の承認	×

【監査等委員会設置会社の取締役会の議案】

決議事項	委任の可否
代表取締役の選定及び解職	×
経営の基本方針	×
監査等委員会の職務執行に必要な事項	×
内部統制システムの整備	×
その他業務執行の決定	○
重要な財産の処分及び譲受け	○
多額の借財	○
支配人その他の重要な使用人の選任及び解任	○
支店その他の重要な組織の設置，変更及び廃止	○
社債の募集	○
定款規定に基づく取締役等の責任の一部免除	×
その他の重要な業務執行の決定（次の事項を除く）	○
譲渡制限株式の譲渡承認	×
指定買取人の指定	×
自己株式取得の決定	×
譲渡制限新株予約権の譲渡承認	×
株主総会招集の決定	×
株主総会提出議案の決定	×
競業取引・利益相反取引の承認	×
取締役会の招集権者の決定	×
取締役との間の訴えにおける代表者の決定	×
計算書類（連結計算書類）・事業報告・これらの附属明細書の承認	×
中間配当の決定	×
事業譲渡・組織再編の内容の決定	×

　他方，監査等委員会設置会社と指名委員会等設置会社においては，重要な業務執行のうち，一部を除いて，取締役又は執行役に委任することが認められているため，委任事項を増やすことにより，モニタリング・モデルにふさわしい議案に限定することが可能である。なお，指名委員会等設置会社においては，取締役会決議によって業務執行の決定を執行役に委任することができるが，監査等委員会設置会社において，取締役に委任するに

【指名委員会等設置会社の取締役会の議案】

決議事項	委任の可否
経営の基本方針の決定	×
監査委員会の職務執行に必要な事項の決定	×
執行役相互の関係に関する事項の決定	×
執行役の取締役会招集請求を受ける取締役の決定	×
内部統制システムの整備の決定	×
その他業務執行の決定（次の事項を除く）	○
譲渡制限株式の譲渡承認	×
指定買取人の指定	×
自己株式取得の決定	×
譲渡制限新株予約権の譲渡承認	×
株主総会招集の決定	×
株主総会提出議案の決定	×
競業取引・利益相反取引の承認	×
取締役会の招集権者の決定	×
委員会の各委員の選定及び解職	×
執行役の選解任	×
取締役との間の訴えにおける代表者の決定	×
代表執行役の選定及び解職	×
定款規定に基づく取締役等の責任の一部免除	×
計算書類（連結計算書類）・事業報告・これらの附属明細書の承認	×
中間配当の決定	×
事業譲渡・組織再編の内容の決定	×

は，取締役の過半数が社外取締役である場合の取締役会決議又は定款の定めに基づく取締役会の決議が必要になる。

(2)　コーポレートガバナンス・コードにおける取締役会の議案

　下表は，コーポレートガバナンス・コードから読み取れる取締役会の議案をテーマ別に整理したものである（カッコ内はコーポレートガバナンス・コードの基本原則，原則および補充原則の番号）。

【取締役会の議案】

会社の基本方針等
○会社の行動準則の策定・改訂（2-2） 　・企業戦略等の大きな方向性（基本原則4） 　・経営陣に対する委任の範囲（4-1①） 　・中期経営計画・目標未達の原因分析と対応（4-1②） 　・後継者計画の策定（4-1③） 　・後継者候補の育成計画（4-1③） 　・支配権の変動や大規模な希釈化をもたらす資本政策の検討（1-6） ○持続可能性を巡る課題への対応（2-3）

会社と利害対立する役員の取引の承認
○関連当事者間の取引（1-7） ○経営陣・支配株主等の関連当事者と会社との間の利益相反の管理（4-3）

モニタリング
○経営陣幹部による適切なリスクテイクを支える環境整備（4-2） 　・経営陣の報酬額，報酬制度の設計（4-2①） ○会社の業績等の評価及び経営陣幹部の人事への適切な反映（4-3） 　・CEOを解任するための手続の確立（4-3③）

内部統制等
○内部通報に係る体制整備，運用状況の監督（2-5） ○財務情報に係る内部統制体制の適切な整備，開示・提供される情報の記載の確認（基本原則3） ○外部会計監査人の監査体制に関する事項（3-2②） ○内部統制・リスク管理体制の整備（4-3）

取締役会の実効性確保
○独立社外取締役の独立性判断基準の策定・開示（4-9） ○取締役会の実効性に関する分析・評価（4-11③） ○取締役会の審議活性化のためのルール（4-12）

その他
○個別の政策保有株式の保有目的の適切性，保有の適否（保有に伴う便益やリスクが資本コストに見合っているか）（1-4） ○株主総会における反対理由・反対票の原因分析，株主との対話その他の対話の要否（補充原則1-1①） ○株主との建設的な対話を促進するための体制整備・取組に関する方針の検討・承認（5-1）

2　モニタリング・モデルとしての取締役会における議案の選定

(1)　モニタリング・モデルとしての取締役会議案の概要

　モニタリング・モデルにおける取締役会の議案は，極論すれば，役員の

選解任と業績を評価した個別の報酬の決定が中心となる。業務執行と監督を分離した場合，業務執行は執行側に委ね，取締役会では，役員の選解任案を議論することと業績を評価して個別報酬を議論することで，取締役又は執行役の業務執行を監督することになる。また，業務執行の監督をする上で，個々の業務執行を全て監視することは不可能であるが，一方で，業務執行が適法適切に行われていれば問題はない。そこで，内部統制システムの基本方針の決定は，モニタリング・モデルとしての取締役会にとっては重要な議案となる。また，取締役の利益相反取引や競業取引に関しては，業務執行の監督とは別の観点で，取締役会で議論する必要がある。

　コーポレートガバナンス・コードに挙げられている取締役会の議案は，経営の基本方針を示し，役員の選解任及び報酬制度を設計し，内部統制体制を整備するというモニタリング・モデルを重視した議案となっている。

(2)　役員の選解任

　役員の選解任について，コーポレートガバナンス・コードにおいては，「経営陣幹部の選任や解任について，会社の業績等の評価を踏まえ，公正かつ透明性の高い手続に従い，適切に実行すべきである」としている（補充原則4-3①）。また，CEOの選解任について，コーポレートガバナンス・コードでは「会社におけるもっとも重要な戦略的意思決定であることを踏まえ，客観性・適時性・透明性ある手続に従い，十分な時間と資源をかけて，資質を備えたCEOを選任すべきである」とされている（補充原則4-3②）。さらに，CEOの解任については，「会社の業績等の適切な評価を踏まえ，CEOがその機能を十分発揮していないと認められる場合に，CEOを解任するための客観性・適時性・透明性ある手続を確立すべきである」とされている（補充原則4-3③）。したがって，役員の選解任について，公正かつ透明性の高い手続を定めるとともに，客観性・適時性・透明性のある手続を確立した上で，個別の役員選解任の審議をする必要があ

122

る。

(3) 個別報酬の決定

　個別報酬について，コーポレートガバナンス・コードにおいては，「経営陣の報酬については，中長期的な会社の業績や潜在的なリスクを反映させ，健全な企業家精神の発揮に資するようなインセンティブ付けを行うべきである」（原則4-2）とされており，「客観性・透明性ある手続に従い，報酬制度を設計し，具体的な報酬額を決定すべき」とされている（補充原則4-2①）。また，報酬額を決定する際，「中長期的な業績と連動する報酬の割合や，現金報酬と自社株報酬との割合を適切に設定すべきである」とされている（同）。そこで，報酬制度の設計及び具体的な報酬額の決定に関する取締役会の議案を策定し，また審議するにあたっては，その設計又は決定が，客観性・透明性ある手続に従うものとなっているかどうか検証する必要がある。また，役員報酬につき，株主総会で上限額を決議している会社においては，現金報酬と自社株報酬とを出せるかどうか，株主総会決議の内容を検討しておく必要がある。

(4) 内部統制

　内部統制について，会社法においては，「取締役の職務の執行が法令及び定款に適合することを確保するための体制その他株式会社の業務並びに当該株式会社及びその子会社から成る企業集団の業務の適正を確保するため」の体制として定め，大会社の取締役会に決議義務を課している（会社法第362条5項，同条4項6号）。その内容としては，監査役会設置会社，監査等委員会設置会社及び指名委員会等設置会社のそれぞれについて，次のとおりである。

【監査役会設置会社の内部統制システムの内容】

① 取締役の職務の執行に係る情報の保存及び管理に関する体制

② 損失の危険の管理に関する規程その他の体制

③ 取締役の職務の執行が効率的に行われることを確保するための体制

④ 使用人の職務の執行が法令及び定款に適合することを確保するための体制

⑤ 株式会社並びにその親会社及び子会社から成る企業集団における業務の適正を確保するための体制

⑥ 監査役がその職務を補助すべき使用人を置くことを求めた場合における当該使用人に関する事項

⑦ 監査役の職務を補助すべき使用人の当該会社の取締役からの独立性に関する事項

⑧ 監査役の職務を補助すべき使用人に対する指示の実効性の確保に関する事項

⑨ 監査役への報告に関する体制

⑩ 監査役への報告をした者が当該報告をしたことを理由として不利な取扱いを受けないことを確保するための体制

⑪ 監査役の職務の執行について生ずる費用の前払又は償還の手続その他の当該職務の執行について生ずる費用又は債務の処理に係る方針に関する事項

⑫ その他監査役の監査が実効的に行われることを確保するための体制

【監査等委員会設置会社の内部統制システムの内容】

① 取締役の職務の執行に係る情報の保存及び管理に関する体制

② 損失の危険の管理に関する規程その他の体制

③ 取締役の職務の執行が効率的に行われることを確保するための体制

④ 使用人の職務の執行が法令及び定款に適合することを確保するため

の体制

⑤　株式会社並びにその親会社及び子会社から成る企業集団における業務の適正を確保するための体制

⑥　監査等委員会の職務を補助すべき取締役及び使用人に関する事項

⑦　監査等委員会の職務を補助すべき取締役及び使用人の他の取締役からの独立性に関する事項

⑧　監査等委員会の職務を補助すべき取締役及び使用人に対する指示の実効性の確保に関する事項

⑨　監査等委員会への報告に関する体制

⑩　監査等委員会への報告をした者が当該報告をしたことを理由として不利な取扱いを受けないことを確保するための体制

⑪　監査等委員の職務の執行（監査等委員会の職務の執行に関するものに限る。）について生ずる費用の前払又は償還の手続その他の当該職務の執行について生ずる費用又は債務の処理に係る方針に関する事項

⑫　その他の監査等委員会の監査が実効的に行われることを確保するための体制

【指名委員会等設置会社の内部統制システムの内容】

①　執行役の職務の執行に係る情報の保存及び管理に関する体制

②　損失の危険の管理に関する規程その他の体制

③　執行役の職務の執行が効率的に行われることを確保するための体制

④　使用人の職務の執行が法令及び定款に適合することを確保するための体制

⑤　当該株式会社並びにその親会社及び子会社から成る企業集団における業務の適正を確保するための体制

⑥　監査委員会の職務を補助すべき取締役及び使用人に関する事項

⑦　監査委員会の職務を補助すべき取締役及び使用人の執行役からの独

　立性に関する事項

⑧　監査委員会の職務を補助すべき取締役及び使用人に対する指示の実効性の確保に関する事項

⑨　監査委員会への報告に関する体制

⑩　監査委員会への報告をした者が当該報告をしたことを理由として不利な取扱いを受けないことを確保するための体制

⑪　監査委員の職務の執行（監査委員会の職務の執行に関するものに限る。）について生ずる費用の前払又は償還の手続その他の当該職務の執行について生ずる費用又は債務の処理に係る方針に関する事項

⑫　その他の監査委員会の監査が実効的に行われることを確保するための体制

　コーポレートガバナンス・コードにおいても，「内部統制やリスク管理体制を適切に整備すべきである」（原則4-3）とされている。

　そもそも内部統制は，平成14年商法改正において，委員会等設置会社制度が導入された際，監査委員会の監査のためのツールとして導入されたことは既に述べたとおりであるが，平成17年会社法制定の際に，会社が整備すべき体制として整理された。内部統制の整備に関しては，わが国の企業会計審議会が定めた平成19年2月15日付け「財務報告に係る内部統制の評価及び監査の基準」並びに「財務報告に係る内部統制の評価及び監査に関する実施基準」（以下合わせて「企業会計審議会基準」という。）が参考になる。企業会計審議会基準は，その後，平成23年3月30日に改訂され，令和元年12月13日に再度改訂されて現在に至っている。そこでは，内部統制について，「業務の有効性及び効率性，財務報告の信頼性，事業活動に関わる法令等の遵守並びに資産の保全の4つの目的が達成されているとの合理的な保証を得るために，業務に組み込まれ，組織内の全ての者によって遂行されるプロセスをいい，統制環境，リスクの評価と対応，統制活動，

情報と伝達，モニタリング（監視活動）及びIT（情報技術）への対応の6つの基本的要素から構成される」とされている。内部統制は，PDCAのサイクルに従い，常に見直しが図られるものであり，いったん決議したら，見直さなくてよいというものではない。内部統制システムの整備と運用は，取締役の義務であり，善管注意義務の内容となるため，内部統制システムに不備があった場合，役員責任を問われる可能性もある。そこで，内部統制システムに関しては，議案として，一定期間毎に取締役会で審議し，決議をする必要がある。

3　マネージメント・ボードとしての取締役会における議案の選定

(1)　マネージメント・ボードとしての取締役会の議案の概要

　マネージメント・ボードにおいては，業務執行の決定が取締役会の中心的な議案となるため，重要な財産の処分や多額の借財など，重要性の高い業務執行は取締役会で審議して，決議をすることになる。そこで，マネージメント・ボードとしての取締役会では，重要な業務執行の範囲を取締役会付議基準で定め，付議基準にしたがって，議案を選定することになる。また，当然のことながら，取締役会の監督機能に鑑みれば，業務執行の監督に関する議案や内部統制システムの整備も取締役会の議案となる。マネージメント・ボードとしての取締役会であっても，取締役会の実効性を考えるならば，審議する業務執行の決定を減らし，より重要な業務執行に絞るということも考えられる。ただ，監査役会設置会社においては，重要な業務執行を取締役に委任することはできず，重要かどうかは，一次的には取締役会付議基準で定めるものの，その最終的判断は司法に委ねられるため，安全をみた水準にとどまらざるを得ない面もある。なお，経済産業省の「コーポレート・ガバナンス・システムに関する実務指針」（以下「CGSガイドライン」という。）においては，基本的な経営戦略や経営計画に関する事項，監督機能に関する事項の議論を充実させるため，「取締役

会への付議基準を見直し，取締役会で議論されてきた事項のうち重要性が高くない業務執行案件を縮小する」（11頁）ことが提言されている。

(2)　業務執行の決定

　コーポレートガバナンス・コードにおいては，業務執行の決定は，「会社の目指すところ（経営理念等）を確立し」た上で，「戦略的な方向付けを行」い，戦略的な方向付けを踏まえて行うべきであるとされている（基本原則4）。企業戦略等の大きな方向性を示すことは，「監査役会設置会社……，指名委員会等設置会社，監査等委員会設置会社など，いずれの機関設計を採用する場合にも，等しく適切に果たされるべきである」とされており，取締役会が，業務執行の決定に軸を置くとしても，会社の戦略的な方向付けを踏まえて判断することが必要である。

(3)　取締役・執行役の監督

　マネージメント・ボードとしての取締役会においても，取締役・執行役の職務の執行を監督することは，会社法に定められた職務である。したがって，監督の実効性を確保するためには，監督すべき議案について，時間をかけて審議できるよう，業務執行の決定についての取締役会付議基準を高く設定するなどの工夫が必要である。コーポレートガバナンス・コードにおいても，取締役会が，「取締役会自身として何を判断・決定し，何を経営陣に委ねるのかに関連して，経営陣に対する委任の範囲を明確に定め」ることを求めている（補充原則4-1①）。

(4)　内部統制

　内部統制に関しては，会社法において，監査役会設置会社，監査等委員会設置会社及び指名委員会等設置会社の区別なく，大会社には決議が義務付けられており，取締役会の構成（社外取締役の割合など）での区別もな

い。したがって，マネージメント・ボードとしての取締役会であっても内部統制システムの整備が必要である。コーポレートガバナンス・コードにおいても，取締役会は，「独立した客観的立場から，経営陣（執行役及びいわゆる執行役員を含む）・取締役に対する実効性の高い監督を行うこと」（基本原則４）とされ，その補充原則の中で「内部統制やリスク管理体制を適切に整備すべきである」とされており（原則4-3），この役割・責務は，「監査役会設置会社，指名委員会等設置会社，監査等委員会設置会社など，いずれの機関設計を採用する場合にも，等しく適切に果たされるべきである」（基本原則４）とされていることから，マネージメント・ボードとしての取締役会においても，内部統制の整備は重要である。ただし，モニタリング・モデルとしての取締役会の場合，執行と監督が分離され，取締役会では，業務執行に関する情報が入りにくい上，業務執行の決定に触れる機会も少ないことから，業務執行が適法かつ効率的に行われる仕組みやリスク管理がより重要になるが，マネージメント・ボードとしての取締役会の場合，業務執行の決定に軸を置いていることから，その範囲では，直接関与するため，モニタリング・モデルとしての取締役会よりは緩やかでよいとも考えられる。

4　社外取締役から見た議案の選定・審議

　社外取締役から見た場合，議案の選定に関しては，具体的な業務執行よりも，経営方針等の業務執行の指針をまず議論し，その指針に従って，取締役会で議論すべき議案が選定されるほうが，有益である。そこで，取締役会の議案が，具体的な業務執行の決定に偏る場合には，取締役会付議基準や取締役又は執行役への委任事項を工夫するよう，取締役会に進言することも必要である。

　また，議案の審議に関しても，社外取締役は，業務執行の決定に関しては，必ずしも当該会社の業務に精通しているとは限らないため，一般論と

しての意見として議論に参加するにとどまることもありうる。そして，個々の業務執行にどこまで意見を述べるべきか，躊躇する場合もあるだろう。取締役会に上程される個々の業務執行に関しては，事前に業務執行を担う取締役間で十分議論されていることもあり，取締役会では形式的に決議するだけということもあり得る。ただし，法令違反の議案や善管注意義務違反に問われることが明らかな議案については，社外取締役として断固として反対すべきであり，そのような場面においては，個々の業務執行を取締役会に諮る意味はある。議案を作成する執行側としては，議案としての業務執行の判断材料から意識的又は無意識的に不利な情報を落とし，有利な情報のみを提供することもあり得るため，社外取締役の目が重要になってくる。社外取締役として，当該議案の資料が，経営判断をするためには不十分と考えられる状況であれば，資料の追加などを求める必要がある。

　経営判断原則を逸脱するかどうかに関して，最高裁は取締役会の決定が，「その決定の過程，内容に著しく不合理な点がない限り，取締役としての善管注意義務に違反するものではない。」としている。したがって，取締役会において判断する場合に，決定の過程と内容のそれぞれに著しく不合理な点がないかどうかを検証する必要がある。すなわち，決定の過程において，情報収集が不十分であったり，分析・検討が不十分であったりして，著しく不合理な点が認められる場合，善管注意義務違反となる。また，収集された情報及び分析・検討に基づいて決定される内容に著しく不合理な点が認められる場合にも，善管注意義務違反となる。「著しく不合理」という判断基準は，一見すると緩やかであるが，過程の不合理性や決定内容の不合理性は，事後判断であるため，社外取締役としては，提出された資料について慎重に検討する必要がある。

　また，取締役会において，多数の議案が上程され，1つ1つの議案の審議時間が十分確保できない状況よりも，重要な議案に絞って議案を審議す

る時間を十分確保するほうが，社外取締役の参加する取締役会では有益である。したがって，社外取締役を構成員としている取締役会においては，モニタリング・モデル，マネージメント・ボードのいずれの場合も，議案の選定は，重要な議案に限定することが必要であろう。

Ⅲ　取締役会議長の役割

1　取締役会議長の権限・役割

　取締役会の議長の権限については，株主総会の議長と異なり，会社法上特に定めはない。取締役会の議長は，取締役会において特別な権限を有するわけではなく，取締役会の議事を進行し，議事を整理する役割，すなわち取締役会の議事を主宰する役割を担っているに過ぎない。とはいえ，取締役会の議長は，ただ取締役会の交通整理をすればよいという立場ではない。実際には，各取締役会での議案の選定から，取締役会での議論を踏まえて，的確に取締役会で結論を出すための議事進行までを行わなければならない。したがって，取締役会議長は，議案について深い理解をしておかなければならない立場にもある。

　従来，取締役会議長は，代表取締役が就くことが多かったが，近年では，非業務執行取締役が就くことも徐々に増えている。取締役会議長は，その差配により，取締役会の議論の方向性を決めることもできる立場であるため，取締役会が監督機関としての機能を発揮するためには，非業務執行取締役がふさわしいと考えることもできる。取締役会に諮る業務執行の決定に関する議案については，業務執行者である代表取締役からすれば，業務執行者としての提案であるため，中立的な立場ではないからである。他方，業務執行の内容を決定するという意味では，業務執行を深く理解している代表取締役がふさわしいという考えもあり得る。

　以上のように，取締役会議長を誰が担うべきかという点は両論あると思われるが，取締役会としての機能を考えたとき，モニタリング・モデルとしての取締役会は，その性格上，可能な限り業務執行の決定を執行側に委ねた上で，非業務執行取締役が議長になるほうが，業務執行の提案者と議長を分離することになり，モニタリングとしても機能しやすいと思われる。業務執行の提案者と議長が別になることにより，提案者の説明が不十分であれば，議長として提案者に対して説明を求めることができる。他方，マネージメント・ボードとしての取締役会の場合，業務執行の決定が中心的な議題となるため，代表取締役が議長になるメリットもあると考えられよう。

　取締役会の議長に関しては，CGSガイドラインにおいても，「取締役会の監督機能を重視する場合には，社外取締役などの非業務執行取締役が取締役会議長を務めることを検討すべきである」（17頁）とされており，特にモニタリング・モデルにおいては，非業務執行取締役が議長になることは合理的と考えられる。

2　モニタリング・モデルにおける取締役会議長の役割

　モニタリング・モデルとしての取締役会においては，取締役の職務の執行の監督を重点に置くため，議案も業務執行の決定より監督に軸足を置いた議案が多くなる。したがって，モニタリング・モデルとしての取締役会議長の役割は，より大局的な観点から，会社の方向性を決め，その方向性に従って業務執行が行われているかをモニタリングすることを主目的として議論が尽くされるよう，取締役会を運営する役割を担うと考えられる。もちろん，業務執行の決定については，経営判断の原則から逸脱しないよう，必要十分な資料と十分な議論を尽くすように運営する必要もある。

3　マネージメント・ボードにおける取締役会議長の役割

　マネージメント・ボードにおいては，業務執行の決定に重点を置くため，議案についても，重要な業務執行が議案となり，決議すべき業務執行の内容に応じて議事を整理する役割が求められる。また，業務執行の決定を議案とするため，取締役会議長は，必要十分な資料を準備し，取締役会で十分議論が尽くされるよう，運営する役割を担う。特に，情報不足に陥りがちな社外役員に対しては，十分な情報を事前に伝えて，検討時間を確保してもらえるよう配慮する必要がある。なお，CGSガイドラインにおいては，マネージメント・ボード（取締役会の意思決定機能も重視する企業）における取締役会の議長は，「社内の情報を熟知しつつ，執行側を監督する役割を担う社内の非業務執行取締役が存在する場合には，その者が取締役会議長を務めることで，取締役会の監督機能の実効性確保と適切な議案選定・議事進行を両立させることも考えられる」（19頁）としている。

4　社外取締役が議長となることの是非

　非業務執行取締役には，社外取締役である場合と社内取締役で業務執行に関与していない取締役がある。社内取締役で，業務執行に関与していない取締役については，会社のこともよくわかっており，当該会社の業務の内容も熟知しているため，比較的議長になりやすいと思われる。他方，社外取締役は，必ずしも当該会社の業務に精通しているわけでもない。しかし，社外取締役であっても，議長となることは肯定的に考えるべきである。取締役会の監督機能を発揮するためには，必ずしも当該会社の業務に精通している必要はない。特に，モニタリング・モデルとしての取締役会であれば，業務執行は数が限定され，会社の方向性に沿って業務執行ができているかは，業務を執行している取締役の報告を受けることで監督できる。社外取締役が議長になることにより，審議が活性化したという意見や，社

外取締役が発言しやすくなったという意見もあり（CGSガイドライン19頁），非業務執行取締役の中でも，社外取締役が議長となることは，取締役会の活性化に資する面があると思われる。CGSガイドラインにおいても，「社外取締役は，必ずしも社内の情報に精通しているわけではないものの，少なくとも，取締役会の監督機能を重視して取締役会における個別の業務執行の決定を少なくしている企業……においては，執行側から十分な情報提供を受けることで，取締役会議長として適切に議案選定・議事進行を行うことが十分に可能であると考えられる」（18頁）としている。

Ⅳ　実効性評価

1　実効性評価とは

　取締役会の実効性評価は，コーポレートガバナンス・コードにおいて，「取締役会は，取締役会全体としての実効性に関する分析・評価を行うことなどにより，その機能の向上を図るべきである。」（原則4-11）とされたことにより，広く行われるようになった。取締役会の実効性評価は，その結果の概要を開示すべきであるとされている（補充原則4-11③）。また，「投資家と企業の対話ガイドライン」においても，機関投資家と企業の対話において，重点的に議論することが期待される事項として「取締役会が求められる役割・責務を果たしているかなど，取締役会の実効性評価が適切に行われ，評価を通じて認識された課題を含め，その結果が分かりやすく開示・説明されているか。」という点が挙げられている。

　取締役会の実効性評価の手法は，典型的には，「アンケート票等を取締役・監査役に配布し，その集計結果を基に取締役会で実効性評価・今後の改善策等について議論する」というものである（株式会社東京証券取引所「東証上場会社コーポレート・ガバナンス白書2019」114頁）。アンケート

票における評価項目については，取締役会の構成や役割，運営状況，審議状況，取締役への支援体制（トレーニングや情報提供等）が多いようであるが，取締役会の実効性評価は，取締役会の機能の向上を図るために行うものであるから，取締役会の目的，位置づけによって，評価項目なども異なると思われる。

　取締役会の実効性評価は，取締役会が，自らの役割・機能を自覚し，その役割を果たしているかどうか，十分機能しているかを検証することが必要である。したがって，取締役会の役割・機能を踏まえ，①取締役会の構成が，会社の求める役割を果たせる構成かどうか，十分機能する体制か，②取締役の運営が，会社の求める役割・機能に適合しているか，③取締役会の構成員が，会社の求める役割を果たし，十分機能するよう，会社として支援できているか，といった点を検討することが考えられる。

(1)　取締役会の構成について

　取締役会の構成に関して，コーポレートガバナンス・コードは，「その役割・責務を実効的に果たすための知識・経験・能力を全体としてバランス良く備え，ジェンダーや国際性の面を含む多様性と適正規模を両立させる形で構成されるべきである」としている（原則4-11）。したがって，取締役会が，その役割・機能に照らして，規模が適切か，多様性が確保されているか，といったことを評価項目として挙げることが考えられる。この原則は，多様性を確保するために，ただ多くの取締役を選任すればよいというわけではなく，適正規模と両立することを求めている。したがって，会社規模も勘案しながら，取締役会の規模が適切かどうか，多様性が確保されているかを各取締役に評価させて，改善に結びつけていくことが有益である。なお，多様性という面に関しては，当該会社における取締役会の役割・機能を鑑みて，当該取締役会に必要な知識・経験・能力が何かを評価対象とした上で，それに照らして，多様性が確保されているかを分析・

評価することも考えられる。

　また，取締役会の構成に関しては，「業務の執行と一定の距離を置く取締役の活用」（原則4-6），「独立社外取締役の……有効な活用」（原則4-7），「独立社外取締役は会社の持続的な成長と中長期的な企業価値の向上に寄与するように役割・責務を果たすべきであり，……そのような資質を十分に備えた独立社外取締役を少なくとも2名以上選任すべき」（原則4-8），「取締役会における率直・活発で建設的な検討への貢献が期待できる人物を独立社外取締役の候補者として選定するよう努めるべき」（原則4-9）とされていることから，非業務執行取締役や独立社外取締役の人数，適性なども評価項目として挙げることが考えられる。

(2)　取締役会の運営について

　取締役会の運営について，コーポレートガバナンス・コードは，「自由闊達で建設的な議論・意見交換を尊ぶ気風の醸成」による審議の活性化を求めており（原則4-12），取締役会の資料の配布，資料以外の十分な情報提供，年間の取締役会開催スケジュール及び予想される審議事項の決定，審議項目数・開催頻度の適切な設定，審議時間の十分な確保（補充原則4-12①）が挙げられている。したがって，取締役会の雰囲気や資料の提供時期の適切性，年間スケジュールの適切性や審議項目数・開催頻度の適切性，審議時間の適切性などが評価項目として挙げられる。また，審議項目数や審議時間に関連して，取締役会付議基準の適切性も評価項目として考えられよう。

　その他，取締役会の運営については，議長の役割が大きいため，議長の適格性や議長の議事進行の適切性，議案選定の適切性なども評価項目として挙げることができる。特に，コーポレートガバナンス・コードから読み取れる取締役会の議案は，業務執行の決定だけでなく，様々な議案があるため（118頁参照），議案の選定時期も含めて，議長の議案の選定が適切か

どうかを評価することも有益である。

(3) 取締役の支援について

取締役の支援について，コーポレートガバナンス・コードは，取締役の情報入手について「人員面を含む取締役……の支援体制を整えるべきである」としている（原則 4-13）。また，取締役が「期待される役割・責務を適切に果たすため，……必要な知識の習得や適切な更新等の研鑽に努めるべきである」とされ，「個々の取締役……に適合したトレーニングの機会の提供・斡旋やその費用の支援を行うべき」とされている（原則 4-14）から，情報取得の支援体制やトレーニングの機会の提供について，評価項目とすることが考えられる。

2　モニタリング・モデルにおける取締役会の実効性評価

モニタリング・モデルとしての取締役会においては，取締役・執行役の業務執行の監督が主目的となるため，監督の実効性に重きを置くことになると思われる。したがって，評価項目の中でも，取締役の業務執行の監督の実効性を評価する項目に重点を置くことになる。モニタリング・モデルとしての取締役会においては，企業戦略等の大きな方向性を示し，経営陣幹部による適切なリスクテイクを支える環境整備を行い，独立した客観的な立場から経営陣・取締役に対する実効性の高い監督を行うことが中心となる（基本原則 4 参照）。したがって，取締役会の構成及び取締役の支援体制についても，監督を主眼に置いて，評価することになる。また，取締役会の運営についても，監督に主眼を置いた評価をすることになるため，議長の議案の選定や議長の運営，審議時間なども，監督に資するかどうかを基準に評価することになる。

さらに，モニタリング・モデルとしての取締役会の場合，報酬の決定と役員の指名がモニタリングとして重要であるため，経営陣の報酬制度が，

中長期的な会社の業績や潜在的リスクを反映させ，健全な企業家精神の発揮に資するようなインセンティブ付けが行われているか，経営陣の選解任について，会社の業績等の評価を踏まえ，公正かつ透明性の高い手続に従って，適切に実行されているか，CEOの選任について，十分な時間と資源をかけて，資質を備えたCEOを選任しているか，取締役会がCEOを解任するための客観性・適時性・透明性ある手続の確立をしているか，といった点や，内部統制やリスク管理体制の適切な構築ができているか，内部統制やリスク管理体制の運用が有効に行われているかを監督できる体制になっているか，といった点を評価項目とするべきである。

　また，業務執行の報告については，取締役の業務執行の監督に資するため，適切に監督できるよう業務執行の報告に関する事項が定められているかも評価対象となり得る。その他，取締役会は，「最高経営責任者（CEO）等の後継者計画の策定・運用に主体的に関与するとともに，後継者候補の育成が十分な時間と資源をかけて計画的に行われていくよう，適切に監督を行うべきである」とされているので（補充原則4-1③），この点についても評価項目とすることが考えられる。

3　マネージメント・ボードにおける取締役会の実効性評価

　マネージメント・ボードとしての取締役会の場合も，監督についてはモニタリング・モデルと同様と考えられるが，業務執行の決定が取締役会の目的の1つとなるため，それを踏まえた評価が必要である。重要な業務執行の決定についての審議時間が確保できないようであれば，取締役会付議基準を改訂することも考えられるため，重要な業務執行の決定について，審議時間を確保できているかといった点も評価の対象とすべきである。

4　社外取締役としての関与

　社外取締役には，(i)経営の方針や経営改善について，自らの知見に基づ

き，会社の持続的な成長を促し中長期的な企業価値の向上を図る，との観点からの助言を行うこと，(ii)経営陣幹部の選解任その他の取締役会の重要な意思決定を通じ，経営の監督を行うこと，(iii)会社と経営陣・支配株主等との間の利益相反を監督すること，(iv)経営陣・支配株主から独立した立場で，少数株主をはじめとするステークホルダーの意見を取締役会に適切に反映させることが期待されている（原則4-7）。そして，社外取締役は，会社の業務執行と一定の距離を保った取締役であり，客観的な評価を期待できるため，取締役会の実効性評価についても，その意見が取締役会の機能向上に大いに役立つと考えられる。したがって，社外取締役は，社内の情報に必ずしも精通していないことを前提にして，取締役会の実効性評価には積極的な意見を述べるべきである。

第5章

指名・報酬・監査委員会の目的・役割

—— 飯田秀総

I はじめに

1 本章の目的

平成30年6月1日に改訂されたコーポレートガバナンス・コードが公表された（以下「改訂版コード」という）[1]。コーポレートガバナンス・コードとは，東京証券取引所などの各金融商品取引所が，それぞれの上場規則において，同コードの基本原則等を実施するか，実施しない場合にはその理由を説明すること（コンプライ・オア・エクスプレイン：comply or explain）を上場会社に求めるものである[2]。

コーポレートガバナンス・コードの特徴としては，第1に，資本市場における規範であること，第2に，ソフトローであること，第3に，コンプライ・オア・エクスプレインという規範を伴うことが指摘される。そして，コーポレートガバナンス・コードは，会社法や金融商品取引法などと異なり，法規範ではないけれども，事実上，強い拘束力・影響力を有する[3]。

---

[1] 改訂版コードの金融庁の担当者による解説として，田原泰雅＝渡邉浩司＝染谷浩史＝安井桂大「コーポレートガバナンス・コードの改訂と「投資家と企業の対話ガイドライン」の解説」商事法務2171号4頁（2018）参照。

[2] コーポレートガバナンス・コードの内容の詳細については，第3章参照。

[3] 以上のコーポレートガバナンス・コードの特徴の分析は，神作裕之「金融商品取引法とコーポレートガバナンス・コード」金融商品取引法研究会編『金融商品取引法制に関する諸問題（下）』（日本証券経済研究所，2018）96頁による。

　改訂版コードにおいて，上場している監査役会設置会社または監査等委員会設置会社であって，独立社外取締役が取締役会の過半数に達していない場合には，独立社外取締役を主要な構成員とする，指名・報酬に関する任意の諮問委員会を設置することにより，独立社外取締役の適切な関与・助言を得るべきであるとされた（補充原則4-10①）。

　改訂版コードの影響もあり，任意の指名・報酬委員会を設置する会社が急速に増えている。改訂版コードの補充原則についても適用のある東京証券取引所市場第一部・第二部に上場している会社のうち，任意の指名・報酬委員会を設置している会社は，約47％である[4]。

　一方で，任意の指名・報酬委員会がどのような目的や役割を持つのか，という問題が適切に理解されていなければ，委員会の形式的な設置・開催になってしまう。これでは，改訂版コードの趣旨に反する。また，株主は，指名・報酬委員会が実質的に機能することを期待しているはずなので，実質を伴わない形式だけの委員会が設置されたのでは，株主にかえって誤解を与えかねない[5]。したがって，任意の指名・報酬委員会を設置するのであれば，有意義なものにすることが重要である。そのためにも，任意の指名・報酬委員会の目的や役割の理解を深めることが必要である。

　そこで，本章では，指名委員会，報酬委員会，および監査委員会の目的・役割を検討する。指名・報酬委員会の目的・役割を理解するには監査委員会の目的・役割を理解する必要があるので，監査委員会も本章の検討の対象とする。そして，指名委員会と報酬委員会を設置して取締役会の監督機能を強化するという改訂版コードの発想は，モニタリング・モデルに

4　中村直人＝倉橋雄作「第1回取締役会事務局アンケート集計結果の分析」旬刊商事法務2217号4頁，8頁（2019）参照。
5　東京証券取引所のコーポレート・ガバナンスに関する報告書の記載要領が2019年2月に改訂され，委員会等の活動状況について記載することが望ましい旨が追加された。関本正樹＝山脇菜摘美「「コーポレート・ガバナンスに関する開示の好事例集」の解説」旬刊商事法務2217号16頁，19頁（2019）参照。

基づくものといえる。だから，本章は，監査役会設置会社・監査等委員会
設置会社も含めて，モニタリング・モデルを前提に取締役会の役割・社外
取締役の役割を考え，指名委員会・報酬委員会・監査委員会の目的・役割
を整理する。なお，監査役会設置会社であれば，監査委員会ではなく監査
役が監査を担当する。また，監査等委員会設置会社であれば，監査等委員
会が監査を担当する。そのため，指名・報酬・監査委員会という表現は，
法的には不正確である。しかし，記述の簡略化のために，特に区別する必
要がある場合以外は，指名委員会等設置会社の用語法で表記する。本章の
タイトルもそういう趣旨である。

2　本章を読む際に注意すべき点

　本章を読む際に注意すべきことは，コーポレートガバナンス上の課題は，
各会社によって状況が異なるため，全ての会社にとって正しい唯一の解決
策があるわけではないという点である。たとえば，支配株主がいるか否か
で問題状況は大きく異なる。だから，支配株主から少数株主を保護するこ
とが課題の会社が検討すべき方策が，支配株主がいない会社にも必要だと
は限らない。このことを，講学上，one-size-fits-allの考え方は妥当しない
などということがある[6]。そうであるがゆえに，コーポレートガバナンス・
コードもコンプライ・オア・エクスプレインの考え方を採用しているとも
いえるし[7]，また，いわゆるプリンシプル・ベースのコードであって，詳細
な定義などをあえて置かずに，当事者がコードの趣旨に照らして合理的に
判断することを期待しているともいえる[8]。したがって，本章において各委
員会の目的・役割等を検討するものの，本章は，無数にあり得る解決策の

---

[6]　これらの点について詳しくは，飯田秀総「取締役会の役割と法の役割─取締役会
の監督機能を中心に」信託フォーラム7号94頁（2017）参照。
[7]　神作・前掲注3）104頁参照。
[8]　中村直人＝倉橋雄作『コーポレートガバナンス・コードの読み方・考え方』（第2
版）（商事法務，2018）8頁。

いくつかを例示して検討するものに過ぎない。本章に示された各委員会の目的等が唯一の正解というわけでもない。

　そこで，本章は，実務上の問題への解決に直結する示唆を提供しようとするのではなく，各委員会の設置が求められるようになるのはなぜなのかについて，理論的な観点から理解を深めることを目的とする。

　特に，任意の委員会の設置は，各社の取締役会が任意に行うものである。任意設置の委員会にどのような役割を与えるのかは，取締役会が決定するものである。任意の委員会を設置する際に，その委員会規程でその委員会の目的・役割・権限を明確にする必要がある[9]。その委員会規程を設計したり，また，実際に委員会の活動を行ったりする際に，なぜそのような委員会が設置されたのかという理念を理解しておくことによって，形のみならず魂のこもった活動となることが期待できる。

3　社外取締役と独立取締役

　本論に入る前に，社外取締役や独立取締役とは何かという問題について，確認しておく。

　会社法においては，社外取締役の定義はあるけれども，独立性の定義規定はない。そして，社外取締役の定義の基本は，会社の業務を執行した取締役でないこと，および，会社の使用人だったことのないものであることである（会社法2条15号イ）。すると，直ちに，会社の業務執行とは何かが問題となるものの，業務執行についての定義規定を会社法は用意していない。そのため，社外取締役とは何かという最も基本となる概念の細部については，解釈に委ねられている状況にある[10]。

　独立取締役については，東京証券取引所の有価証券上場規程436条の2の独立役員の定義が，手がかりとなる。同条における独立役員の定義の重

9　倉橋雄作『取締役会実効性評価の実務』（商事法務，2016）70-71頁。

要な要素は,「一般株主と利益相反が生じるおそれのない」社外取締役（または社外監査役）であることである。この定義は，一般論としては妥当といえるものの，不明確な点もある。なぜならば，取締役と株主との間の利益相反問題がゼロになることはないからである。そのため，どの程度の「利益相反」を想定しているのかが問題となり，それは解釈に委ねられている。また，東京証券取引所の上場管理等に関するガイドラインⅢ５.(3)の２において，独立性基準の詳細につき，主要な取引先であるかどうか，また，上場会社から役員報酬以外に多額の金銭その他の財産を得ているコンサルタント，会計専門家または法律専門家であるかどうかが掲げられている。これらはその役員が金銭的に会社に依存しているかどうかを問うものといえる。これは，会社からの独立性があることを要求する基準であり，これも妥当ではある。さもなければ，取締役は，経営陣に苦言を呈して経営陣から嫌われて再任されなくなると，生計が成り立たなくなるおそれがあるので，それを考えると，経営陣を監督しにくくなってしまうからである。もっとも，「利益相反」についての上記の疑問が解消されるわけではない。

　したがって，社外取締役や独立取締役とは何かという問題に対して，法に明確な正解が規定されているわけではない。そのため，コーポレートガバナンス改革の議論において，社外取締役や独立取締役に期待する役割は何かという問題について，様々な意見が出されてきた[11]。

　本章では，特に区別する必要のある場合を除き，原則として社外取締役

10　令和元年の会社法改正によって，業務執行の社外取締役への委託についての改正が行われたものの（会社法348条の２），業務執行とは何かという問題について正面から解決されたわけではない。詳細につき，神田秀樹「「会社法制（企業統治等関係）」の見直しに関する要綱案」の解説〔Ⅴ〕」商事法務2195号（2019）４頁，近藤光男＝志谷匡史『改正株式会社法Ⅴ』（弘文堂，2020）1017-1019頁参照。

11　様々な見解を分析するものとして，後藤元「社外取締役・独立取締役はどのような役割を期待されているのか？―近時の企業統治改革の効果の検証に向けて」宍戸善一＝後藤元編『コーポレート・ガバナンス改革の提言―企業価値向上・経済活性化への道筋』（商事法務，2016）215頁参照。

と表記する。区別する場合は次の理解を前提とする。すなわち，独立取締役とは，経営陣に気に入られる必要もなければ，気に入られようとする意向もなく，株主の利益を保護するために，経営陣の不正行為などの極限的な場面であっても，経営陣に対して遠慮なく話すことができる者であることをいう[12]。なお，あまりにも在任期間が長すぎる者は独立性に欠けるのではないかという議論もあるが[13]，本章では立ち入らない。また，社外取締役は，会社の内部出身者でないこと，あるいは，経営陣から指揮命令を受ける関係にないことを示す概念であり，独立取締役とは着眼点がやや異なるものと理解する。

4　本章の構成

　以下では，Ⅱで改訂版コードにおける諮問委員会の活用の推奨について簡単に確認する。次に，Ⅲでモニタリング・モデルとは何かを概観する。その際，アメリカの経験と日本法の比較にも言及する。Ⅳで，モニタリング・モデルにおける監督について検討する。Ⅴで会社法における，指名委員会等設置会社，監査等委員会設置会社，および監査役会設置会社という3類型の機関設計における指名・報酬・監査委員会の目的・役割を検討する。Ⅵで，モニタリング・モデルの限界にも言及しつつ，以上の検討をまとめて，むすびとする。

---

[12]　この表現は，Donald C. Clarke, *Three Concepts of the Independent Director*, 32 DEL. J. CORP. L. 73, 84（2007）に基づいて，一部を改変したものである。

[13]　Yaron Nili, *The New Insiders: Rethinking Independent Directors' Tenure*, 68 HASTINGS L.J. 97（2016）.

Ⅱ　改訂版コードにおける諮問委員会の活用の推奨

1　変　更　点

　コーポレートガバナンス・コード補充原則4-10①の改訂前後の変更点が見えるように記載すると，次のとおりである。

　上場会社が監査役会設置会社または監査等委員会設置会社であって，独立社外取締役が取締役会の過半数に達していない場合には，経営陣幹部・取締役の指名・報酬などに係る取締役会の機能の独立性・客観性と説明責任を強化するため，~~例えば，~~取締役会の下に独立社外取締役を主要な構成員とする<u>任意の指名委員会・報酬委員会など，独立した諮問委員会を設置すること</u>などにより，指名・報酬などの特に重要な事項に関する検討に当たり独立社外取締役の適切な関与・助言を得るべきである。

　従来は，諮問委員会の設置は，社外取締役の適切な関与・助言を得るための手段の1つの例に過ぎない書きぶりであった。しかし，改訂版コードにおいては，諮問委員会の設置は，社外取締役の適切な関与・助言を得るための手段として正面から位置づけられている。

2　フォローアップ会議の議論

　この改訂は，フォローアップ会議の議論をふまえて行われたものである[14]。フォローアップ会議とは，金融庁に設置された会議体であり，正式名称は，「スチュワードシップ・コード及びコーポレートガバナンス・コードのフォローアップ会議」である。フォローアップ会議の目的は，①スチュワードシップ・コード及びコーポレートガバナンス・コードの普

14　田原ほか・前掲注1）10頁。

及・定着状況をフォローアップすること，並びに，②上場企業全体のコーポレートガバナンスの更なる充実に向けて，必要な施策を議論・提言することにある[15]。

　2016年2月18日に公表されたフォローアップ会議の意見書には次のような記述がある。すなわち，「日本企業に最も不足しているのはCEOとしての資質を備えた人材であるとの指摘がある。こうした課題へ対処するため，CEO候補者の人材育成及びCEOの選任には，中長期的な観点から，十分な時間と資源をかけて取り組むことが重要である。また，選任のための後継者計画の策定及び運用（補充原則4-1③）にあたっては，社内論理のみが優先される不透明なプロセスによることなく，客観性・適時性・透明性を確保するような手続が求められる。」[16]

　この意見をふまえて，補充原則4-10①について前記のような改訂が行われた。

3　金融庁の担当者の解説

　金融庁の担当者は，この改訂について，次のように解説する。すなわち，諮問委員会を形式的に設置するのみでは不十分である。改訂の趣旨を踏まえて，実効的に社外取締役の関与・助言を得られるよう，諮問委員会の具体的な役割を明確化することなどが重要である。委員の構成や委員会の権限などについても，適切に検討が行われるべきである[17]。

　要するに，ポイントは，経営陣幹部・取締役の指名・報酬などに係る取締役会の機能の独立性・客観性と説明責任を強化する目的の下で，指名・

15　スチュワードシップ・コード及びコーポレートガバナンス・コードのフォローアップ会議（第1回）議事録（平成27年9月24日）〔池田総務企画局長発言〕。

16　「会社の持続的成長と中長期的な企業価値の向上に向けた取締役会のあり方『スチュワードシップ・コード及びコーポレートガバナンス・コードのフォローアップ会議』意見書(2)」（平成28年2月18日公表）3頁。

17　田原ほか・前掲注1）10-11頁。

報酬などの特に重要な事項に関する検討に当たり実効的に社外取締役の関与・助言を得られるようすることにある。これは，任意の指名・報酬委員会の目的・役割は何かという問題に対する解答の1つでもある。

しかし，「実効的」な関与・助言とは何かが必ずしも明確ではない。この意味の基本は，モニタリング・モデルの指名委員会・報酬委員会による活動と同様であると考えられる。そこで，次節では，モニタリング・モデルについて概観することとする。

Ⅲ　モニタリング・モデルの概観

1　モニタリング・モデルとは

モニタリング・モデルとは，取締役会の役割についての1つの考え方である。モニタリング・モデルにおける取締役の役割は，業務に関する決定については基本的な戦略の決定に限定し，業績ないし経営の評価を社外取締役により行うことを重視する考え方をいう[18]。そして，モニタリング・モデルにおいては，指名・報酬・監査という監督機能を支える重要部分については，社外取締役がその構成員の過半数となる委員会を設置するなどして，監督の実質を図ることが必要である。

2　なぜ取締役会による監督が重要なのか

所有と経営が分離する株式会社において，経営者は株主の資金をもとにビジネスを行う。しかし，経営者はときとして株主利益の最大化ではなく，個人的な利益を追求してしまうことがあり，株主利益最大化原則の観点からは問題が起きるおそれがある。

---

[18]　神田秀樹『会社法〔第21版〕』（弘文堂，2019）185頁。

　この問題に対する会社法の対応の基本は，株主総会が取締役を選任し，取締役が構成員となる取締役会が代表取締役を選定するというものである。このメカニズムは，株主総会が機能する場合には上手く働く。しかし，各株主の所有割合が最大でも数％程度であるような，株式の所有構造が分散型の会社においては，株主による経営者の監督は機能しない。なぜならば，株主が株主総会の議案の検討を行ったり，あるいは，経営者の評価を行ったりするには，費用・時間がかかるにもかかわらず，それによって生じる便益は株主全員が享受することになるので，個々の株主は経営者を監督する動機に乏しいからである（株主の合理的無関心）[19]。

　そこで，期待されるのが，取締役会による監督である。つまり，株主に代わって，株主のために経営陣を監督する取締役会が重要だということになる[20]。

3　取締役会の監督の機能の確保にむけた社外取締役への期待

　ところが，この取締役会による監督は，十分に機能していないのではないかという疑問が長年，指摘されてきた。すなわち，日本企業の典型例として，取締役の大半が，CEOを頂点とする業務執行担当ラインの一員であることから，ライン上の指揮命令権・上下関係等の存在がある。さらには取締役候補者を実際上はCEOが決めているなどの現実がある。そのため，強力な力をもつCEOの下では，取締役会の監督権限は，実効性を持たないと指摘されてきた[21]。なぜならば，その上下関係の頂点にいるCEO

19　田中亘『会社法　第2版』（東京大学出版会，2018）22-23頁参照。なお，個人株主の投票率を上げる方法を提案する研究もあるが（Kobi Kastiel & Yaron Nili, *In Search of the Absent Shareholders: A New Solution to Retail Investors' Apathy*, 41 Del. J. Corp. L. 55（2016）），株主の情報収集費用よりも，株主が投票によって受ける便益が小さいという構造的な問題の解決とまでは言えない。

20　Jeffrey N. Gordon, *The Rise of Independent Directors in the United States, 1950-2005: Of Shareholder Value and Stock Market Prices*, 59 Stan. L. Rev. 1465（2007）参照。

21　河本一郎『現代会社法〈新訂第九版〉』（商事法務，2004）439頁参照。

を，目下の者が効果的に監督することは事実上困難であることが多いからである。

　そして，日本の大半の会社では，取締役会が内部出身者を中心に構成されてきた。そのため，たしかに，法律上は，取締役会が代表取締役を選ぶ仕組みになっているものの，実態は，誰が経営者を監督しているのかがはっきりせず，経営者は誰の監督も受けていないのではないかという疑問が提起されてきたのである。

　その1つの解決方法として社外取締役による監督が期待と注目を集めてきた。なぜならば，社外取締役は，会社の従業員出身者ではないので，CEOや他の取締役との間に上司と部下という関係にはないため，監督機能を十分に果たす可能性があるからである。

　そして，社外取締役の特長を活かす取締役会の1つのあり方がモニタリング・モデルということとなる。

4　アメリカにおけるモニタリング・モデル

(1)　アメリカでの広まり[22]

　モニタリング・モデルは，アメリカで広まった考え方である。アメリカのモニタリング・モデルにおいては，取締役会は，独立取締役を中心に構成される。独立取締役は，会社に経済的に依存するものであってはならず，また，CEOからも独立していなければならない。そして，取締役会の過半数を独立取締役が占めていなければならない。独立取締役による監督が機能するためには，独立取締役が形式面のみならず実際に独立していて，CEOの選任・解任の実質的な権限を持っていなければならない。これが，1970年代にアイゼンバーグ教授が提案した考え方である[23]。その後，モニ

22　詳しくは，川濱昇「取締役会の監督機能」森本滋ほか編『企業の健全性確保と取締役の責任』（有斐閣，1997）3頁参照。

23　MELVIN ARON EISENBERG, THE STRUCTURE OF THE CORPORATION 174-176（1976）.

タリング・モデルが急速に支持を集めていった。

　そして，1970年代から2000年代までという期間において，モニタリング・モデルは次の3点において強化された。第1に，独立取締役が取締役会の過半数を占めるべきであるという考え方が変化し，CEO以外の取締役の全員が独立取締役であることが好ましいということとなり，実際にそのような取締役会の構成が広まった。第2に，独立性の判断基準が厳格になった。第3に，取締役会は，委員会を設置し，取締役会の監督の機能のうちの特定のものを各委員会が行うように求められるようになった。つまり，監査委員会，報酬委員会，および指名・コーポレートガバナンス委員会である[24]。

　このような発展を導いた要素として，たとえば次の4つが指摘されている。第1に，経営陣は，独立取締役を選任することで，敵対的買収の防衛策が適法と認められやすくなる，あるいは，株主代表訴訟の訴訟委員会で却下してもらえるようになるという法的なメリットを享受できる。だから，独立取締役の選任が広まった。第2に，機関投資家の持分割合が増加する中で，機関投資家がその利益を守るために，独立取締役の選任をするようにロビーイングをした。第3に，エンロン事件などの会計スキャンダルにより，サーベンス・オクスリー法で独立取締役の要件が定められたり，証券取引所の上場規則で定められたりするようになった[25]。第4に，独立取締役は，会社の業績について十分な情報を持っていないから会社の業績や経営陣の業績の評価が難しいものの，株価が使える。そして，株価の信頼性が高まったことが，独立取締役の増加を後押しした[26]。

---

24 Ronald J. Gilson & Jeffrey N. Gordon, *Board 3.0 – An Introduction*, 74 Bus. Law. 351, 356（2019）.

25 *Id.* at 356.

26 Gordon, *supra* note 20, at 1465.

(2)　ニューヨーク証券取引所の上場規則

ニューヨーク証券取引所の上場規則には，委員会の設置に関する規定がある。ニューヨーク証券取引所の上場規則は，モニタリング・モデルの1つの象徴であるから，日本法と比較しながら，これを概観しておこう。

ア　指名・コーポレートガバナンス委員会

日本の指名委員会に相当する制度は，ニューヨーク証券取引所の上場規則においては，指名・コーポレートガバナンス委員会と呼ばれる。取締役候補者の選定という人事こそが，コーポレートガバナンスの最重要課題であることは，この委員会にコーポレートガバナンス委員会という名称が与えられていることからも理解できる。

さて，ニューヨーク証券取引所の上場規則において，指名・コーポレートガバナンス委員会に要求されていることは，次の2つである。

第1に，ニューヨーク証券取引所の上場規則では，上場会社は，独立取締役だけで構成される指名・コーポレートガバナンス委員会を設置しなければならない[27]。

日本法では，指名委員会等設置会社においては社外取締役が指名委員会の過半数を占めればよいとしているし（会社法400条3項），改訂版コードにおける任意の指名委員会も独立社外取締役を主要な構成員とすればよいとしているにとどまるので，この点は日米で異なる[28]。

ただし，最近は日本でも，指名委員会が社外取締役のみで構成され，また，取締役候補者選定の過程で経営陣が全く関与しない会社もある[29]。

27　The NYSE Listed Company Manual, sec. 303A.04(a).

28　Joseph V. Carcello et al., *CEO Involvement in Selecting Board Members, Audit Committee Effectiveness, and Restatements,* 28 CONTEMP. ACCT. RES. 396 (2011)（アメリカの実証研究で，指名委員会の全員が独立取締役であることを要求される以前の時代において，指名委員会にCEOが参加しているなど，取締役の選任プロセスにCEOが関与すると，監査委員会の独立性が害される傾向にあることを示唆する）.

　第2に，ニューヨーク証券取引所の上場規則では，指名・コーポレートガバナンス委員会の委員会規程（charter）[30]を書面によって作成しなければならない。委員会規程には，①委員会の目的と責任，および，②委員会の業績の年次評価に関して規定しなければならない。委員会の目的と責任に関しては，少なくとも，取締役会によって承認された基準に従って，取締役会構成員として適性のある個人を特定すること，または，次回の定時株主総会における取締役の候補者を選定すること，もしくは，取締役会が選定するように推薦することを含んでいなければならない。また，その会社に適用されるコーポレートガバナンス・ガイドラインを設定すること，または，取締役会へ推奨することも含まれなければならない。さらに，取締役会および経営陣の評価を監督することも含まれなければならない[31]。

　日本法では，指名委員会等設置会社における指名委員会は，取締役候補者の選定について最終的な決定権限を持ち，取締役会によって覆すことは想定されていない点が日米で異なる（会社法404条1項，416条4項5号参照）。もっとも，日本法でも指名委員会の委員を選定する権限は，取締役会にあるので（会社法400条2項），必ずしもこの点の違いは大きいとまではいえない。さらに，その背景には，取締役会自体の過半数を独立取締役が占めることを要求される米国[32]と，そこまでは要求しない日本の違いもあるので，指名委員会のこの点に関する決定権限の強弱を比較してもあまり有意義ではない。

　むしろ，日米比較において注目すべき相違点は，コーポレートガバナンス・ガイドラインの設定・推奨や，取締役会・経営陣の評価の監督につい

29　角田大憲「社外取締役と機関投資家との対話—エーザイにおける取組み」旬刊商事法務2220号12頁（2020）参照。

30　指名・コーポレートガバナンス委員会の委員会規程は，会社のウェブサイトで開示することが求められている。

31　The NYSE Listed Company Manual, sec. 303A.04(b).

32　The NYSE Listed Company Manual, sec. 303A.01.

て，日本法では指名委員会の役割であるとの明確な規定は見当たらないの
に対して，ニューヨーク証券取引所の規則では明記されている点である。

　また，日本法と異なる点として，ニューヨーク証券取引所の規則では，
常に全候補者について指名委員会のプロセスの対象にする必要があるとは
限らない点もある。つまり，ニューヨーク証券取引所の規則においては，
たとえば，配当が行われなかった場合に優先株式を保有する株主に取締役
の選任権限が与えられるときや，株主間契約がある場合など，取締役の指
名権限が第三者に与えられている場合には，指名委員会が候補者を指名し
たり推薦したりする手続きの対象としなくてよい[33]。この点で，日本法に
おいて，取締役の選任に関する種類株式を，指名委員会等設置会社が利用
できないとされている（会社法108条 1 項但書・同項 9 号）のと異なる。
他方で，任意の委員会であれば，ニューヨーク証券取引所の規則のように
柔軟に設計することは，日本でも可能である。

　なお，アメリカの指名委員会は，実際には，取締役の候補者の指名だけ
ではなく，新しいCEOの選任についても，担当していることが多いとさ
れている[34]。

イ　報酬委員会[35]

　経営者の業績は，報酬の設計にもよるし，また，経営者の性能に釣り
合ったものでなければならない。そのため，報酬委員会が必要となる[36]。

　ニューヨーク証券取引所の規則においては，報酬委員会の設置が要求さ
れ，かつ，委員会は独立取締役だけで構成されなければならない[37]。

33　The NYSE Listed Company Manual, sec. 303A.04, Commentary.

34　Stephen M. Bainbridge, Corporate Law, 3rd ed.（2015）.

35　アメリカの報酬規制について，詳しくは，伊藤靖史『経営者の報酬の法的規律』
（有斐閣，2013）参照。

36　川濱・前掲注22）29-30頁。

37　The NYSE Listed Company Manual, sec. 303A.05(a).

　また，報酬委員会も，書面による委員会規程を作成することが求められる[38]。そして，委員会規程において定めるべき報酬委員会の目的・責任としては，次のことが最低限要求される。すなわち，(A)CEOの報酬に関係する企業の目標・目的を審査および承認すること，その目標・目的の観点からCEOの業績を評価すること，および，この評価に基づいてCEOの報酬を決定及び承認することである。また，(B)取締役会の承認が必要な，CEO以外のオフィサーの報酬，インセンティブ報酬およびエクイティベースプランについて取締役会に対する推薦をすることである。さらに，(C)報酬委員会報告書[39]を準備することである。

　この他に，報酬委員会の委員会規程において定めることが求められることとして，次の2つがある。第1に，報酬委員会の業績評価を年に1回することである。第2に，報酬委員会は，報酬コンサルタント，独立の弁護士その他のアドバイザーを雇うことができること，それらのアドバイザーの選任，報酬の支払い，および監督について報酬委員会が責任を持つこと，会社は報酬委員会が決定する適切な資金を提供しなければならないこと，ならびに，それらのアドバイザーが経営陣から独立しているものでなければならないことも要求される[40]。

　日本法と比較した場合の最大の違いは，ニューヨーク証券取引所の規則では，CEOの業績の評価が報酬委員会の目的・役割であると明記されている点である。もちろん，日本法でも，指名委員会等設置会社において報酬委員会が執行役の個別の報酬を決定するとされている以上，当然，報酬委員会がCEO等の執行役の業績を評価することが予定されてはいる。しかし，この点が，日本法では，条文上は明確には書かれていない。

---

38 The NYSE Listed Company Manual, sec. 303A.05(b).

39 Regulation S-KのItem 407(e)(5)による開示である。

40 The NYSE Listed Company Manual, sec. 303A.05.

ウ　監査委員会

経営者の業績を評価する際には，財務諸表や株価などの数字が重要な指標となる。その信頼性を高めるために，監査委員会が必要となる[41]。そこで，監査委員会は，会計および会計の開示のプロセスを監督することが主たる役割である。また，監査委員会の役割として，コンプライアンスの監督をすることも，重要性を増してきている[42]。

さて，ニューヨーク証券取引所の規則は，上場会社に対して，1934年証券取引所法のSEC規則10A-3の要件を満たす監査委員会を設置することを義務付けている[43]。

SEC規則10A-3の要件の概要は，次のとおりである。すなわち，監査委員会は，外部の会計監査人の選任，報酬の支払い，および監督について責任を負う。外部の会計監査人は，監査委員会に対して直接に報告しなければならない。監査委員会は，経営陣と会計監査人との間の財務報告に関する意見の不一致の解決をしなければならない。監査委員会は，独立取締役のみによって構成されなければならない。監査委員会は，会計，内部監査，および外部監査に関する内部通報の取扱手続を確立しなければならない。また，監査委員会は，疑わしい会計または監査に関する従業員からの内部通報について，秘密かつ匿名の提出に関する手続を定めなければならない。監査委員は，外部の会計監査人を雇い報酬を支払う権限を持つだけではなく，その他の必要なアドバイザーを雇う権限を持ち，必要な報酬は会社が負担しなければならない。

この他にも，たとえば，監査委員は，少なくとも1人は会計の専門家でなければならず，また，監査委員は財務リテラシーを有する者でなければ

41　川濱・前掲注22）29頁。

42　Jesse H. Choper, John C. Coffee, Jr. & Ronald J. Gilson, Cases and Materials on Corporations 11（8th ed., 2013）.

43　The NYSE Listed Company Manual, sec. 303A.06.

ならないなど，ニューヨーク証券取引所の規則には，多くの要求がある[44]。しかし，ここではその詳細は省略する。

　学説では，監査委員会の必要性については，次のように説明されている。監査委員会が整備されていれば，もしも会社の経営陣が過剰に積極的な会計方針を採用していたり，不適切な会計方針を採用していたりする場合，会計監査人は，このことを静かに監査委員会に報告できるようになる。そして，監査委員会は，独立取締役によって構成される。そのため，会計監査人は，懸念事項等を独立取締役に報告する際に，会社の経営陣と直接対峙する必要がなくなる。だから，ニューヨーク証券取引所は，1970年代後半に，全ての上場会社に対して，経営陣から独立した取締役のみによって構成される監査委員会を設置するように義務付けた。また，サーベンス・オクスリー法によって，監査委員会の権限が強化され，たとえば，会計監査人の選任や報酬の決定権限が監査委員会に与えられた。さもなければ，経営陣が会計監査人に支払う報酬を高くしたり，あるいは，コンサルタント業務を多数依頼したりして，一種の賄賂を贈るおそれがあるからである[45]。

(3)　支配株主がいる場合
①　指名・報酬委員会が不要であること

　ニューヨーク証券取引所の規則において，50％以上の議決権を有する支配株主がいる会社においては，取締役会の構成員の過半数を独立取締役とすることや，指名委員会と報酬委員会を設置することは，要求されない[46]。これを理論的に説明するとすれば，支配株主には，合理的無関心の問題がないので，支配株主が指名・報酬に関して監督するインセンティブがある

44　The NYSE Listed Company Manual, sec. 303A.07.
45　CHOPER et al., *supra* note 42, at 11-12.
46　The NYSE Listed Company Manual, sec. 303A.00.

からである[47]。

　これに対して，監査委員会については，支配株主がいる会社でも必要である。監査委員会はサーベンス・オクスリー法という法律に基づく要請であるという形式的な理由のみならず，監査委員会の役割は，健全性の確保に関するものであり，支配株主が直接監督すればいいという類いの話ではないというのが実質的な理論的な理由といえる。なぜならば，たとえば，支配株主が経営陣に指示をして粉飾決算を隠蔽している可能性もあるからである。

②　支配株主の私的利益の搾取からの少数株主の保護

　支配株主がいる会社におけるコーポレートガバナンス上の課題は，支配株主の私的利益の搾取からの少数株主の保護である。つまり，支配株主がいない会社における課題と，支配株主がいる会社における課題は異なるので，その解決策も異なることに注意が必要である[48]。

　それでは，少数株主の利益を保護するために独立取締役を選任するべきか，また，指名委員会や報酬委員会を設置すべきかという問題がある。独立取締役を選任し，少数株主の利益に反する行為が行われないように監督させるという考え方である。

　しかし，この考え方には限界がある。なぜならば，独立取締役は，株主総会決議によって選任されるからである。そして，その株主総会は，定義上，支配株主によって支配されている。それゆえ，実質的には支配株主に選任された取締役が，支配株主を効果的に監督できるだろうかというと，

47　支配株主による経営陣の監督は，分散型の会社における経営陣の監督よりも実効性が高いことにつき，Ronald J. Gilson, *Controlling Shareholders and Corporate Governance: Complicating the Comparative Taxonomy*, 119 Harv. L. Rev. 1641, 1651 (2006).

48　Lucian A. Bebchuk & Assaf Hamdani, *The Elusive Quest For Global Governance Standards*, 157 U. Pa. L. Rev. 1263 (2009).

158

それは疑問である[49]。この疑問は，日本でいえば，CEOが取締役の選任権限を実質的に持っている場合に，その取締役がCEOを監督できないのではないかという疑問と同様のものである。株式所有構造が分散型の会社において，指名委員会の仕組みがない場合に，取締役の選任に関してCEOがもつ影響力は，事実上の権限であって，法的な権限ではない。これに対して，支配株主が持つ権限は，株主総会の支配権であるから，これは事実上の権限というより，法的な権限である。そのため，株式所有構造が分散型の会社のCEOが事実上の決定権限を持つから取締役がCEOを十分に監督できないと考えるのであれば，支配株主の支配権によって選任される独立取締役が支配株主を監督できないおそれの程度は，より深刻であるといえる[50]。

　別の側面から表現すると，会社に従属している取締役は，支配株主にも従属している。しかし，逆に，会社から独立している取締役は，当然には，支配株主から独立しているとは言えない。したがって，支配株主がいる会社においては，支配株主からの独立性のある取締役を確保できるかどうかに注目すべきである[51]。

　そして，この問題の解決策の1つとしてある見解が提唱するのは，取締役会のうちの少数派となる数名については，その選任・再任・解任に関して，少数株主の意向が反映されるようにしておくことである。論者は，これを独立性の高められた取締役（enhanced-independent director）と呼ぶ。少数株主の意向の反映の仕方としては，何通りか考えられ，少数株主に拒否権を与える方法，少数株主に決定権限を与える方法などがあり得る。そして，支配株主と少数株主の利害が対立する行為については，その独立性の高められた取締役がその是非を判断する権限を与える。そうすることで，

49　Lucian A. Bebchuk & Assaf Hamdani, *Independent Directors and Controlling Shareholders*, 165 U. Pa. L. Rev. 1271（2017）.
50　*Id.*, at 1277.
51　Bebchuk & Hamdani, *supra* note 48, at 1302.

現在の支配株主によって選任される独立取締役よりも，少数株主の利益を適切に保護できるようになることが期待される。典型的な場面としては，現金を対価とする合併などの方法で少数株主をキャッシュ・アウトする場合である。独立性の高められた取締役のみで特別委員会を構成して，合併条件の交渉・承認権限を特別委員会に与えることで，少数株主の利益が保護されると期待される。また，支配株主と少数株主の利害が対立しない行為については，独立性の高められた取締役に強い権限を与えずに，通常の取締役と同様に1人1票とすることで，通常の経営判断については支配株主の意向が反映できるようにする[52]。

　この見解の具体的な提案に賛成するかどうかはともかく，支配株主がいるかどうかで，問題状況が全く異なり，また，解決策も全く異なることについては賛成すべきである。本章ではこれ以上は立ち入らないが，この問題について日本においても正面から意識するべきである。

Ⅳ　モニタリング・モデルにおける監督

1　監督の意味

(1)　経営者の性能評価

　モニタリング・モデルにおける監督の意味は，日本取締役協会の次の提言[53]がわかりやすい。

---

[52]　Bebchuk & Hamdani, *supra* note 49, at 1304-1310.
[53]　日本取締役協会「社外取締役・取締役会に期待される役割」（2014年3月7日）https://www.jacd.jp/news/odid/140307_01report.pdf. この提言については，落合誠一＝澤口実「社外取締役・取締役会に期待される役割—日本取締役協会の提言」商事法務2028号17頁（2014），藤田友敬「「社外取締役・取締役会に期待される役割—日本取締役協会の提言」を読んで」商事法務2038号4頁（2014）参照。

> 2. 「監督」の中核は，経営者が策定した経営戦略・計画に照らして，その成果が妥当であったかを検証し，最終的には現在の経営者に経営を委ねることの是非について判断することである。
> 3. 具体的には，
> 　(i)　経営者に対して経営戦略・計画について説明を求め，
> 　(ii)　経営戦略・計画が株主の立場から是認できないものでないかを検討する。
> 　(iii)　そして経営の成果について，経営者から説明を求める
> 　(iv)　上記から，経営者を評価し，最終的には現在の経営者に経営を委ねることの是非について判断する。
> 　以上を経営者の責務の観点から，言い換えれば経営者は，経営戦略・計画が合理的であり，また，その成果が妥当であることを，社外取締役を含む取締役会に説明し，納得させる責任を負う。

　同様の内容を比喩的に表現した次のものがイメージしやすい。すなわち，モニタリング・モデルの仕組みとは，「経営者の能力を適切な対価で購入し，購入後の性能を確かめるもの」[54]とされる。

(2) ベンチマークとしての経営戦略・計画

　性能評価には，ベンチマークが必要であり，そのベンチマークが経営戦略・計画である。社外取締役は，このベンチマークたる経営戦略・計画をよく知らなければ，経営者の能力を評価することができないので，これをよく知る必要があり，そうであるがゆえにその決定には何らかの関与が必要となる[55]。指名委員会等設置会社の取締役会の決議事項として，「経営の基本方針」（会社法416条1項1号）が定められているのは，このような理由によるともいえる。取締役会は，経営陣がこの経営の基本方針を逸脱していないかを監督する[56]。

54　川濱・前掲注22）29頁。
55　川濱・前掲注22）30頁。
56　始関正光「平成14年改正商法の解説(5)」商事法務1641号16頁，22頁（2002）参照。

(3) 総体的な評価

モニタリング・モデルにおける監督は，経営者の個別的な業務執行の評価ではなく，経営戦略・計画に照らした結果の総体的な評価であることが重要である[57]。この点を端的にまとめた，日本取締役協会の提言を再び引用しよう。

> 5．社外取締役・取締役会による経営者の「監督」とは，経営そのものではない。……外部者である社外取締役は，経営者と比較すると，業務執行に関する専門的知識や情報が不足しており，個別の業務執行の決定ではなく，経営者や経営全体に関する評価が，その特性を活かし，企業価値を高める職務である。

2 監督者の独立性の必要性

(1) 序 説

以上のような意味での監督を行う場合，監督者たる取締役会（社外取締役）が被監督者たる経営陣（CEO）から独立していることが必要である。だからこそ，指名委員会などの仕組みが必要だともいえる。つまり，指名・報酬委員会には，CEOなどの経営陣幹部を監督するという側面があるのみならず，監督する取締役の独立性を確保するという側面もある。ここでは後者の側面をまとめて概観する。

(2) 指名委員会

独立性の確保の観点からすると，CEOが社外取締役の人事権を握っていることは好ましくない。だから，社外取締役が構成員となる指名委員会の設置が必要だということとなる[58]。さもなければ，CEOは自分の意に反する取締役を自由に交代させることが事実上可能になってしまい，CEO

---

[57] 川濱・前掲注22) 28頁。
[58] 川濱・前掲注22) 31頁。

を監督する者の独立性を確保できないからである。

　もちろん，取締役の選任は，最終的には株主総会で決議するので，CEOの意のままというわけではない。しかし，株主は，通常は，会社提案に賛成票を投じがちである。それゆえ，取締役の選任や解任の議案を決定する法的権限は株主総会にあるものの，実質的な権限は取締役会にあることが多い。そこで，取締役会における意思決定の事実上の権限をCEOに与えないようにするための仕組みとして指名委員会があるといえる。

(3)　報酬委員会

　独立性の確保の観点からすると，社外取締役の報酬の決定権限がCEOにあることも好ましくない。なぜならば，監督者の報酬を，被監督者が決定できるのでは，効果的な監督を期待できないからである[59]。それゆえ，報酬委員会が取締役の報酬についても権限をもつべきである。

(4)　監査委員会

　そして，監査委員会は，会計監査人による会計監査について，経営陣からの独立性を確保し，また，会計監査に関する問題を解決する際の役割を期待されるものであるから，監査委員会が経営陣から独立していることが必要である。

3　健全性の確保

(1)　序　　説

　以上は，会社の業務執行の効率性の確保のための監督に関する議論である。

　これに対して，会社の業務執行の健全性の確保については，概念として

---

[59]　伊藤・前掲注35）269頁。

は区別して考える必要がある。ここで強調すべきは，モニタリング・モデルにおける，取締役会の監督に該当しないものが何かである。これについては，次の日本取締役協会の提言がわかりやすい。

7．社外取締役・取締役会による経営者の「監督」とは，自ら動いて隠された不祥事を発見することではない。社外取締役は，不祥事の発生を防止するリスク管理体制の構築を「監督」し，「監督」の過程で不正行為の端緒を把握した場合は適切な調査を行うべきであるが，隠された個別の不祥事の発見自体は社外取締役による経営者の「監督」の直接的な目的ではない。

つまり，モニタリング・モデルにおける監督は，効率性の確保のための監督を中心とするものであり，健全性確保のための監督とは異なる。

日本では，会社の不祥事が起きたときに，将来の不祥事の防止をするための態勢を強化するために指名委員会等設置会社に移行するという趣旨の発表が行われるケースもある。しかし，それはモニタリング・モデルとは文脈が異なるものとして理解すべきである。むしろ，不祥事が発生した会社の組織を刷新するための1つの象徴として，指名委員会等設置会社に移行したというべきである。要するに，モニタリング・モデルをとることで不祥事を防止しやすくなるというのは幻想である。アメリカにおいても，取締役会の独立性は，不祥事の防止に役に立たなかったという指摘がなされてもいる[60]。

(2) 内部統制システム構築義務

それでは，モニタリング・モデルにおいて健全性の確保をどのように行うのか。それは，監査委員会が，日常的に実地調査に赴くのではなく，むしろ内部統制システムの適切さが確保されているかを監督し，必要に応じ

---

[60] Larry E. Ribstein, *Market vs. Regulatory Responses to Corporate Fraud: A Critique of the Sarbanes-Oxley Act of 2002*, 28 J. Corp. L. 1, 26（2002）.

て内部統制部門に指示する形で行われる[61]。

　その前提として，ある程度以上の規模の会社においては，内部統制システムを構築すべきだという考え方があるのでこれを概観しておこう。内部統制システム構築義務とは，取締役が会社の事業内容・規模に応じて適切にリスクを管理できるような体制を構築する義務をいう[62]。その根拠としては，次のように，適正業務執行義務と監視義務の2系統がある。

①　適正業務執行義務の系統

　適正業務執行義務の系統に由来する内部統制システム構築義務とは，次のような考え方である。すなわち，経営陣（業務執行取締役，CEOなど）は，適正に会社の業務を執行するように善管注意義務を尽くさなくてはならない。「適正に」というのは，違法行為などをせずに公正にということであり，コンプライアンスのことである。経営陣の職務の内容に，コンプライアンス経営が含まれることは，会社法に明文の規定はないものの，会社法も暗黙のうちに当然の前提としていると解される。そして，経営陣が会社の業務執行をする際に，使用人を用いるのが通常であるから，経営陣の支配下にある使用人が不正行為をしないように監視する義務がある。そして，経営陣は，使用人の不正が行われないような体制を構築しなければ，適正業務執行義務を尽くすことはできない。だから，内部統制システムを構築しなければならない。

②　監視義務の系統

　また，監視義務の系統に由来する内部統制システム構築義務とは，次の

---

[61]　川濱・前掲注22）33-34頁参照。

[62]　藤田友敬「取締役会の監督機能と取締役の監視義務・内部統制システム構築義務」尾崎安央ほか編『上村達男先生古稀記念　公開会社法と資本市場の法理』（商事法務，2019）357頁，376頁。内部統制システムに関する裁判例として，最判平成21年7月9日判例時報2055号147頁参照。

ような考え方である。すなわち，まず，監視義務とは，他の取締役の行為
が法令・定款を遵守し適法かつ適正にされていること（要するに，善管注
意義務・忠実義務を果たしていること）を監視する義務をいう[63]。会社法
が規定する取締役会の職務たる監督という概念には，この意味での監視も
含まれる。

　そして，取締役会がこの意味での監督の職務を果たす方法は一通りでは
なく，取締役が業務の全部を監視する方法もあれば，内部統制システムを
整備して業務執行を監視する方法もある。取締役会による経営陣の職務の
執行の監督の履行手段として内部統制システムを構築することが必要だと
取締役会が決定すれば（会社法362条4項6号），内部統制システム構築義
務が発生する[64]。一般論としては，上場会社においては，内部統制システ
ムを構築することが合理的であるといえる。

V　会社法の3類型の機関設計における各委員会の目的・役割

1　指名委員会等設置会社

(1)　序　説

　指名委員会等設置会社は，商法の平成14年改正で導入された制度が[65]，
今日においても引き継がれたものである。この制度は，アメリカ型の機関
設計を参照したものである。平成14年改正で本制度を導入する理由として，
取締役会の決議を要する事項（現在でいえば会社法362条4項の事項）が
多すぎるという問題意識があった。しかし，取締役会の決議事項を減らし

---

[63]　神田・前掲注16）231頁。

[64]　以上につき，藤田・前掲注62）357頁参照。

[65]　前田庸「商法等の一部を改正する法律案要綱の解説〔Ⅲ〕―株式制度・会社の機
　　関・会社の計算等に関する改正―」商事法務1623号14頁（2002）。

て，業務執行取締役による業務執行の決定を増加させるにしても，業務執行取締役に対する監督を強化する必要がある。そこで，アメリカの制度を参考にして，次のような指名委員会等設置会社の制度が設けられることとなった。つまり，指名委員会が次期の取締役の候補者の人選をする。報酬委員会が個人別の取締役の報酬を決定する。これらのメカニズムにより，取締役会のメンバーの，CEOなどの業務執行者からの独立性が確保される。つまり，CEOから取締役の人事権と報酬決定権が失われれば，取締役会のメンバーはCEOに気兼ねなく監督ができるようになる。また，監査委員会が，業務執行の妥当性をも含めた監査を行うことによって，適正かつ効率的な業務執行が行われる。このような期待を込めて制度が導入された[66]。

　要するに，指名委員会等設置会社の制度は，監査役会設置会社の制度を前提に，迅速・果敢な業務執行の決定ができるように規制を一方では緩め，他方では取締役会の監督機能を強化することを意識して設計された。その結果，本制度は，アメリカのモニタリング・モデルを参考にしてはいるものの，日本独自の監査役制度との連続性をかなり意識した日本独自の制度として立法された。

(2)　社外取締役が委員の過半数でよいこと

　指名委員会等設置会社とは，指名委員会，監査委員会および報酬委員会を置く株式会社をいう（会社法2条12号）。各委員会は，取締役の中から選定された委員3人以上で組織する（会社法400条1項）。各委員会の委員の過半数は，社外取締役でなければならない（会社法400条3項）。1人の委員が，複数の委員会の委員を兼任することは特に制限されない。この結果，指名委員会等設置会社においては，最低でも2人の社外取締役の選任

66　始関正光「平成一四年改正商法の解説〔V〕」商事法務1641号16頁，19-20頁（2002）。

が必要となるが，逆に言えばそれだけでよい。したがって，CEO以外の取締役は全員が独立取締役であるという最近のアメリカの多くの会社や，独立取締役が最低でも取締役の過半数を占めるという当初のアメリカのモニタリング・モデルの考え方とはやや異なる。また，各委員会において社外取締役は過半数であればよく，全員が社外取締役である必要がない点もアメリカのモニタリング・モデルとはやや異なる。

　もっとも，法律では要求されないにしても，取締役の過半数を社外取締役とすることや，各委員会を社外取締役のみで構成することは会社の自由であるから，モニタリング・モデルを採用しようと考える会社にとっては，指名委員会等設置会社がもっとも使い勝手がよいといえる。

　法律の制度上は，指名委員会と報酬委員会の決定権限は独占的なものであり，取締役会で覆すことはできない。しかし，実際には，法的権限と実質的権限は必ずしも一致しないこともあるはずである。指名委員会を構成する社外取締役は，社内の情報を入手しにくかったりするので，法的権限としては指名委員会が権力を有するとしても，実質的な権限はなお経営者が握っているという状態もあり得る[67]。すると，実際には，業務執行取締役が取締役会の多数派を占めていると，その取締役会が事実上の権力を行使して，指名委員会の意思決定を左右することもあり得る。そういうおそれをなくすためには，指名委員会等設置会社においてモニタリング・モデルを徹底しようとする会社は，やはり，取締役会のメンバーの過半数，ないし，せめて3分の1程度は社外取締役から構成することが好ましい。また，社外取締役の情報収集に関する経営陣からの独立性を確保するという意味でも，コーポレートガバナンス担当部門の専門部署を設置し，それを執行側ではなく取締役会に直属させるなどの工夫が必要である[68]。

67　アメリカでも，指名委員会を設置しても，なおCEOが指名のプロセスに影響力を持つおそれが指摘されていることにつき，Nili, *supra* note 13, at 110参照。

68　中村＝倉橋・前掲注4）6-7頁参照。

⑶ 取締役会の役割・目的

　指名委員会等設置会社の取締役会は，経営の基本方針などの業務執行の決定，および，執行役等の職務の執行の監督がその権限である（会社法416条1項）。

　条文上，この2つの権限は同レベルに並列的に書かれているものの，取締役会の任務の中心は，執行役等の職務の執行の監督（会社法416条1項2号）と考えるべきである。そして，ここでいう監督として主として想定されるのは，モニタリング・モデルの文脈での監督である。

　また，業務執行の決定に関しての指名委員会等設置会社の特徴は次の点にある。すなわち，監査役会設置会社であれば取締役会決議が必要な重要財産の取得・処分については，執行役にその決定を委任することができる（会社法416条4項）。そのため，取締役会は，監督を中心に行い，業務執行の決定に関しては，経営の基本方針や，M&Aの決定などの重要事項に限定することができる。したがって，指名委員会等設置会社を利用すれば，グローバル・スタンダードのモニタリング・モデルを採用することが可能である。

　委任「できる」規定があっても，実務上は必ずしも大胆な委任はなされていないという実体がかつてはあったと耳にすることがあった。各会社の自由であるから，細かい業務執行も含めて取締役会の付議事項を多くすることそれ自体は法律上は問題がない。しかし，モニタリング・モデルを志向しているのにそのような運用をしているとすれば，論理的に一貫していないといわざるを得ない。なぜならば，社外取締役が業務執行の決定に参加してしまうと，自らもが参加した決定に基づく業務執行の成果を正しく評価できるのかという疑問が生じるからである[69]。

---

[69]　なお，取締役会決議を経ずに経営会議の判断であっても経営判断原則の適用が可能であることにつき，最判平成22年7月15日判例時報2091号90頁（会社法上の機関ではない「経営会議」における検討を経たことが，合理性を肯定する要素として積極的に評価された事例）参照。

　最近では，会社法416条が定める取締役会決議事項以外の業務執行に関するものは執行役に権限を大幅に委譲し，取締役会は監督に徹する旨を開示している会社が多い。

　ただし，取締役会の決議事項を減らして監督に徹するという方法には，社外取締役が接することができる情報量が減少するというトレード・オフの問題があることに留意が必要である。すなわち，取締役会の決議事項が少なくなればなるほど，社外取締役が取締役会の会議を通じて接する情報が少なくなる。社外取締役が監督の役割を果たすためには，会社の業務執行に関する情報に通じていることが必要である。だから，取締役会は監督に徹するという整理をするにしても，別の方法で社外取締役が情報を収集できるようにしておく必要がある。

(4)　指名委員会の目的・役割
①　取締役の選任・解任議案の内容の決定
　指名委員会は，株主総会に提出する取締役の選任・解任議案の内容を決定する権限を有する（会社法404条1項）。CEOや取締役会[70]が指名委員会の決定を覆すことはできない。

　ここで重要なことは，社外取締役についてCEOからの独立性を確保することである。このポイントを外さないようにできるという条件が満たされるのであれば，社外取締役の候補者探しについてCEOと連携をとること自体は合理的である[71]。しかし，情報収集をCEOなどの執行側に依存するようになってしまい，指名委員会が主導して決定するという実質を失わないようにすることが大切である。

　また，取締役会の構成員を誰にするかということは，取締役会の性格を

---

[70]　会社法416条4項5号は，括弧書きで取締役等の選任・解任に関する議案の内容の決定を取締役会の決議事項から除外している。
[71]　澤口実＝渡辺邦広編著『指名諮問委員会・報酬諮問委員会の実務〔第2版〕』（商事法務，2019）88-89頁。

決定づけるものでもある。つまり，社外取締役を何名選任するのかを決定するには，取締役会をモニタリング・ボードとして設計するのか，それともアドバイザリー・ボードとして設計するのかを考える必要がある。したがって，指名委員会は，取締役会のあるべき姿をも考えることが必要である。それは，ひいてはその会社のコーポレートガバナンスのあり方それ自体を指名委員会が設計するということでもある。そして，その会社にとってあるべきコーポレートガバナンスの姿は何か，また，取締役会の果たすべき責務は何か，といった基本方針が前提となり，それを達成するために最適な取締役会の構成の仕方をどうすべきかという検討を経て，具体的な取締役の候補者の決定を指名委員会が行うこととなる[72]。

② 代表執行役の業績評価・監督

執行役の選任・解任，および，代表執行役の選定・解職の権限は，取締役会が有するのであって（会社法402条2項，403条1項，420条1項・2項），指名委員会にその決定権限までは認められていない。そのため，法制度としては，指名委員会は，誰をCEOにするのかについては，間接的な影響力を有するにとどまる。

しかし，モニタリング・モデルから考えると，これではCEOの監督が不十分である。

たしかに，取締役会の過半数が社外取締役によって構成されている会社であれば，指名委員会でなくとも取締役会自体によってCEOを監督するという可能性はある。ところが，独立取締役が過半数を占めるアメリカの取締役会においてすら，CEOの監督は指名委員会の役割である。ましてや，日本では，条文上，取締役会自体の独立性は低い。

したがって，日本の指名委員会等設置会社においても，指名委員会が

CEOの評価・監督の役割を実質的に担うべきである。

　そして，CEOの評価・監督の一環として，必要があれば，CEOを交代させることとなる。そのため，CEOの解職をするべきかどうかの考え方を，平時から準備しておくことが有益である[73]。CEOの交代に備えて，後継者計画（サクセッションプラン）の方針の策定や候補者の選出等も[74]，指名委員会の役割・目的に含まれると考えるべきである。CEOの交代は，解職の場合に限らず，急病でCEOが倒れるなどの緊急事態においても発生するので，やはり平時から準備しておくことが重要である。ただし，後継者計画の策定は，報酬委員会が担当してもよいし，別の委員会を設置してもよい[75]。

　もちろん，法律上，代表執行役の選定は取締役会の権限である。しかし，誰を代表執行役とするかという原案を指名委員会が作成することは可能である。そこで，取締役会規則などにおいて，指名委員会の役割・目的として，代表執行役の選定・解職議案の原案の策定，および代表執行役の評価・監督を定めておくことが考えられる。この場合でも，取締役会が指名委員会作成の原案と異なる意思決定をすることも法的には有効であるから，このような工夫には限界がある。しかし，このような規定を置いているのにもかかわらず，取締役会が指名委員会の意向を無視して代表執行役を選定・解職するような会社の評判は落ちるであろうから，この程度の工夫で

73　澤口＝渡辺・前掲注71）93頁。

74　澤口実ほか「サクセッションプランの実像―米国S&P一〇〇構成企業の開示と具体的事例から―」商事法務2164号9頁，16頁（2018）は，後継者の計画（サクセッションプラン）のプロセスは，次の6つの要素からなるとする。①サクセッションプランの設計，②リーダーの要件の定義，③内部候補者の選定と評価，④内部候補者に合わせた育成プランの策定，⑤外部候補者との比較，⑥サクセッション／オンボーディング・プランの作成とその後のサポートの実施である。

75　アメリカの実務において，サクセッションプランは，取締役会の職責とされることが多く，委員会が関与する場合には報酬・経営人材育成委員会とする例が多く，報酬委員会と指名委員会とする例はその次に多いとされている。澤口ほか・前掲74）10-12頁。

も一定の効果は期待できる。優良企業，悪徳企業，およびその中間の企業，という３分類をするならば，悪徳企業についてはこの工夫では無力であろうが，それ以外の企業に対してはかなりの実効性が期待できよう。

③ CEO以外の執行役の選任・解任

CEO以外の執行役の人事については，企業価値最大化のための業務執行の効率性の確保こそが最重要である。つまり，これは，CEOの業務執行の側面が大きい。したがって，法的には取締役会に執行役の選任・解任の権限があるものの，CEO以外の経営陣幹部の人事権は，CEOに実質的に与えるべきである[76]。そのため，これについては，指名委員会がゼロから考えるのはむしろ好ましくなく，CEOの意見を尊重するべきである[77]。

(5) 報酬委員会の目的・役割

報酬委員会の役割も２つある。すなわち，取締役の報酬等の決定と執行役の報酬等の決定である（会社法404条３項，409条）[78]。

① 取締役の報酬等の決定

報酬委員会の役割の１つは，経営陣の監督者たる取締役の独立性を確保するために，取締役の報酬の決定権限を報酬委員会が握ることである。そのため，ここでは主として社外取締役の報酬について検討する。

そして，社外取締役の報酬を決定する際の基本は，社外取締役の独立性を損なわない水準の額にすること，つまり，高くなりすぎないようにすることである。さもなければ，社外取締役が経済的に会社に依存してしまい，その独立性を失わせかねないからである。

76　倉橋・前掲注９）76-77頁。
77　澤口＝渡辺・前掲注71）88頁。
78　報酬委員会の具体的な運営についての実務的な提案については，たとえば，阿部直彦「報酬委員会運営の実質化・活性化」商事法務2170号29頁（2018）参照。

　要するに，取締役の報酬等について，報酬委員会に権限が与えられていることの趣旨の1つは，取締役の経営者からの独立性を確保することにある。そのため，この権限は，報酬委員会のみが有するものであり，取締役会で報酬委員会の決定を覆すことはできないと解されている。なぜならば，報酬委員会は過半数が社外取締役によって構成されるので経営者が支配できない構造であるのに対して，取締役会は経営者が支配している可能性があるからである。また，会社法404条3項前段が会社法361条1項および会社法379条1項・2項の適用を排除しているので，報酬委員会の決定を株主総会で覆すこともできない。なぜならば，株主総会で決定しなくても，お手盛りの危険はないと考えられたからである[79]。たしかに，報酬委員会の委員である取締役自身の報酬等の内容の決定については，自分たちのことなので不当に高い報酬額を決定するいわゆる「お手盛り」のおそれも多少はある。しかし，当該者が特別利害関係人に該当するため議決に加わることができないので（会社法412条2項），それでよしとされている[80]。

②　執行役の報酬の決定，執行役の評価・監督

　報酬委員会の役割の第2は，経営陣たる執行役を評価し，次期の報酬に反映すること，また，経営陣に株主の利益を考慮するように報酬スキームを設計して適切な動機づけを与えることである。したがって，経営陣の評価は，指名委員会における評価と報酬委員会による評価の2つが存在することとなる。両者は，基本的には重複するので，両委員会で連携をとることで効率化が期待できる。もっとも，指名の文脈での評価と，報酬の文脈での評価には重点の置き方や着眼点が異なるはずであるから，それぞれの委員会で最終的な評価を決定することが必要となる[81]。

79　始関・前掲注56）25頁。
80　始関・前掲注56）28頁。
81　澤口＝渡辺・前掲注71）31-35頁参照。

⑹ 監査委員会の目的・役割

監査委員会の目的・役割は，大きく分ければ２つに分類できる。つまり，第１に，モニタリング・モデルにおける監査委員会の役割たる会計に関するものと，第２に，監査役制度との均衡から導かれる役割である。

条文上，監査委員会の職務の１つは，執行役および取締役の職務執行の監査である（会社法404条２項１号）。平成14年改正の立案担当者の解説によれば，この監査権限には，適法性監査のみならず，妥当性監査の権限も含まれる。なぜならば，監査委員会は，取締役会の監督機能を高めることを目的として設けられるものであり，また，監査委員は全員が取締役だからである[82]。そして，監査委員会は，監査報告の作成をする（会社法404条２項１号）。

また，監査委員会は，会計監査人の選任・解任・不再任に関する議案の内容の決定をする（会社法404条２項２号）。これは，指名委員会等設置会社における会計監査人を誰にするのかについて，経営陣に決めさせるのではなく，監査委員会に決定させることによって，会計監査の独立性を確保し，また，監査委員会と会計監査人とが緊密に協力して監査を行うことができるようにするためである。これは，まさに，モニタリング・モデルにおいて監査委員会に期待される目的・役割である。同様の趣旨から，会計監査人の報酬等を定める場合には，監査委員会の同意が必要である（会社法399条４項，１項）。また，監査委員会は，会計監査人の義務違反などの一定の場合には，会計監査人を解任する権限を有する（会社法340条６項，１項）。この解任は，監査委員の全員の同意によって行わなければならない（会社法340条６項，２項）。

そして，監査委員会に与えられた権限として，会社の業務・財産の状況の調査権限がある。この権限は，監査委員会が選定する監査委員に与えら

---

82 始関・前掲注56）24頁参照。

れる（会社法405条1項）。もっとも，監査委員は，この調査に関する事項についての監査委員会の決議があるときはこれに従わなければならない（会社法405条4項）。そのため，監査委員は，監査役と同レベルでの独任制の機関であるとまではいえない。これらの権限の行使主体が，各監査委員ではなく，監査委員会が選定する監査委員とされたのは，「複数の監査委員が統一された方針の下に事務を合理的に分担して組織的かつ効率的な監査を行うためには，実際に調査等を担当する者をあらかじめ定めておくほうがよいと考えられた」[83]からである。

　その他にも，監査委員は，執行役・取締役の目的の範囲外の行為・法令違反・定款違反行為等に対して，会社に著しい損害が生ずるおそれがあるときに，その差止めの権限をもつ（会社法407条1項）。この制度は，監査役の差止権限の制度（会社法385条）にならって設けられたものである。つまり，監査委員会の制度は，アメリカ型のモニタリング・モデルの要素のみならず，監査役制度の要素をも取り込んだものとなっている[84]。その他の権限の概観については省略する。

　前述のとおり，モニタリング・モデルにおいて，監査委員会は，会計の信頼性を確保することが最重要の目的・役割である。そして，会計監査人と経営陣の間に入り，会計監査人の経営陣から独立性を確保したうえで，適切な会計監査が行われるように様々な権限を行使することが，監査委員会の目的・役割の基本である。

　また，監査委員会の監査は，内部統制システムを通じて行うとしても，内部統制システムが適切に構築・運用されているかどうかを監督するには，会社についての様々な情報を収集する必要がある。そのため，監査委員は，監査委員会の監査業務を通じて，経営陣の業務執行に関する大小の様々な

83　始関・前掲注56) 24頁。
84　岩原紳作編『会社法コンメンタール9—機関(3)』（商事法務，2014）124頁（岩原紳作執筆）。

情報に接する機会があるはずである。そのような情報の中には，経営陣の監督にあたって重要なものも含まれることもあるだろう。その場合には，適宜，他の社外取締役，指名委員会，報酬委員会，または，取締役会全体と情報共有するなどして，監督の実効性を高める機能を監査委員会が果たす可能性がある。

2　監査等委員会設置会社

(1)　総　　説

監査等委員会設置会社とは，監査等委員会を置く株式会社のことをいう（会社法2条11号の2）。

平成14年改正後も，特に上場会社に対して，社外取締役を積極的に活用して，取締役会による監督機能を強化すべきだという議論が有力であり続けた。そのためには，指名委員会等設置会社の制度があるものの，上場会社で数十社程度しか利用されなかった。その原因は，指名・報酬を委員会に委ねることへの抵抗感などが指摘されていた。また，監査役会設置会社では，2人以上の社外監査役の選任が義務づけられているところ，さらに社外取締役の選任をすることには重複感・負担感があるという指摘もあった。そこで，会社法の平成26年改正では，社外取締役の選任を強く推奨する立法をするという政策判断を前提に，指名委員会等設置会社と監査役会設置会社以外の機関設計を用意し，業務執行者に対する監督機能を強化することを目的として，監査等委員会設置会社制度が導入された[85]。本制度は，モニタリング・モデルの視点からの取締役会改革第2弾といえる[86]。

---

[85]　坂本三郎ほか「平成26年改正会社法の解説〔2〕」商事法務2042号19頁（2014），19-20頁参照。本制度の概要および実際の利用状況等につき，大久保拓也「監査等委員会設置会社の導入と社外取締役の活用」鳥山恭一ほか『現代商事法の諸問題：岸田雅雄先生古稀記念論文集』（成文堂，2016）129頁参照。立法論として批判的な検討をするものとして，鈴木千佳子「第三の選択肢としての監査等委員会設置会社制度の問題点」法学研究89巻1号25頁（2016），来住野究「取締役の多様化をめぐる諸問題」法学研究89巻1号119頁（2016）参照。

　監査等委員会設置会社は，監査役会設置会社と指名委員会等設置会社の中間的な形態であり，日本独自の制度である。本制度の概要は次のとおりである。すなわち，監査等委員会設置会社には，監査等委員会が設置される。監査等委員会は，その委員の過半数が社外取締役から構成され，取締役の職務の執行の監査を行う（会社法399条の2第3項）。監査等委員会設置会社は，監査役を置くことができないとされているので，社外監査役との重複感・負担感は発生しない。また，取締役の指名・報酬について，監査等委員会に，株主総会における意見陳述権を与えることで（会社法399条の2第3項3号），監督機能も強化した。この意見陳述権が実際に強力な機能を発揮するのかどうかによって評価は変わりうるが，条文上は，監査等委員会設置会社は，監査役会設置会社と比べると，取締役会の独立性が強化され，かつ，取締役会の監督機能が強化されている。他方，指名委員会等設置会社と比べると，監査等委員である取締役の選任議案について監査等委員会に同意権限が与えられてはいるものの（会社法344条の2第1項），指名委員会・報酬委員会が監査等委員会にはないので，取締役会の独立性を確保する制度は監査等委員会設置会社の方が弱い。

　監査等委員会設置会社制度は，一方では，実質的には監査役に取締役会での議決権行使を認めたものに過ぎないという運用の仕方もできるし[87]，他方では，指名委員会等設置会社の指名・報酬委員会の権限をやや弱めたものという運用の仕方もできる。監査役会設置会社制度と指名委員会等設置会社制度がいずれも硬い制度だったのと比較すると，監査等委員会設置会社制度は柔らかい制度であり，各会社の工夫の自由度が高い制度といえる[88]。ガバナンスの仕組みとして上手く機能するかどうかは，制度を各会

86　尾崎安央「企業統治とその機関構造をめぐる改正―社外取締役・監査等委員会」企業会計66巻3号28頁，29頁（2014）。

87　近藤光男『取締役・取締役会制度』（中央経済社，2017）116頁。

88　大杉謙一「平成26年改正会社法改正の背景とシンポジウムの企画趣旨」商事法務2109号4頁，10-11頁（2016）参照。

社がどのように運用するかにかかっている[89]。

　そして，指名・報酬については，実務上の工夫として，指名諮問委員会や報酬諮問委員会という名称で，任意の委員会を設置することが広がっている。ただし，日本の会社法では，取締役会の決議事項を任意の委員会の決定に完全に委ねることは認められていない。そのため，あくまでも「諮問」という形にならざるを得ず，最終的な決定権限は取締役会が持つこととなる。代表取締役の選定も取締役会決議事項であるから（会社法362条2項3号），指名委員会は諮問に答申するにとどまる。もっとも，取締役会が，任意に設置した諮問委員会の答申を無視することは，法的には可能であるにせよ，現実においてはそう簡単に無視できるものではないだろう[90]。

　なお，報酬については，株主総会決議による取締役会への一任には，取締役会による再一任も可能と解釈されているので，その解釈を前提にすれば報酬諮問委員会に決定権限を与えることは可能である。つまり，報酬委員会については，指名委員会等設置会社の場合と同様の権限を与えることは可能である。これに対して，取締役会に一任された報酬の決定権限を，社長に再一任することは，モニタリング・モデルの考え方からすると不適切である。なぜならば，上述のとおり，監督の対象者が自分の報酬を決定できるのでは報酬を通じた監督が機能しないし，また，監督の対象者が，監督者たる社外取締役の報酬を決定できるのでは，監督者の独立性を害するからである。

89　酒巻俊之「監査等委員会設置会社の現状と課題」法律のひろば2016年8月号47頁，52頁，森本滋「監査等委員会設置会社をめぐる法的諸問題」月刊監査役651号4頁，14頁（2016）参照。さらに，砂田太士「監査等委員会設置会社—その運営上の留意点（前編）（後編）」月刊監査役672号50頁（2017），673号27頁（2017）も参照。

90　倉橋・前掲注9）79頁。

(2)　指名諮問委員会の目的・役割

指名諮問委員会が果たすべき目的・役割は，指名委員会等設置会社における指名委員会のそれと同じである。つまり，監督者たる取締役の独立性を確保すること，および経営陣を評価・監督することである。

　もちろん，最終的な法的な決定権限があるかどうかで，指名委員会等設置会社の指名委員会と監査等委員会設置会社の任意の指名諮問委員会で異なるので，どこまで実効的となり得るかは各会社の運用に委ねられざるを得ない[91]。

(3)　報酬諮問委員会の目的・役割

　また，報酬諮問委員会についても，その果たすべき目的・役割は，指名委員会等設置会社における報酬委員会と同じである。つまり，社外取締役の独立性を確保すること，および，経営陣を評価・監督して適切な報酬スキームを設計することである。

(4)　監査等委員会の目的・役割

監査については，監査等委員会が行うこととなり，モニタリング・モデルにおける監査委員会が期待されるその役割・目的を果たすこととなる。監査等委員会には，監査役と同等の監査の役割が期待されるのは，指名委員会等設置会社における監査委員会と同様である。

　さらに，取締役の指名・報酬について監査等委員会に株主総会での意見陳述権を認めることによって，監査等委員である取締役がその意見陳述権を背景として，取締役の人事・報酬の決定について主導的に関与することが可能となって，経営者に対する監督機能が強化されることが期待されて

91　取締役会の決議要件につき，定款の定めの工夫の余地があることにつき，江頭憲治郎『株式会社法〔第7版〕』（有斐閣，2017）566-567頁。

いる[92]。この期待を果たすため，指名諮問委員会・報酬諮問委員会を任意
に設置することによって，監査等委員である取締役の独立性を強化するこ
とには合理性がある[93]。したがって，監査等委員会設置会社において，指
名諮問委員会・報酬諮問委員会を任意に設置し，監査等委員会の意見陳述
権等を組み合わせることにより，実効性を高めることが有益である。そう
することには，監査等委員である取締役が業務過多となることを防ぐとい
うメリットもある[94]。

3　監査役会設置会社

　監査役会設置会社においては，3委員会は設置されないから，モニタリ
ング・モデルとは異なる。

　もっとも，監査委員会に相当する役割は，監査役会が担当する。そして，
社外監査役に独立性があるならば，モニタリング・モデルにおける監査委
員会と同等の機能を果たすことは可能である。また，社外監査役は，業務
執行の決定について議決権を持つわけでもない。自分が関与した業務執行
を，自分で監査するという自己監査の弊害から自由であることが，監査役
制度の特徴である。

　他方，監査役会設置会社には，条文上は，指名委員会と報酬委員会は存
在しない。しかし，任意に指名・報酬について委員会を設置することは可
能であることは，監査等委員会設置会社の場合と同様である。

　そのため，取締役会の過半数を社外取締役にするなどして，取締役会の
独立性を高めることができれば，監査役会設置会社であっても，モニタリ
ング・モデルに近い運用は可能である。その場合の，指名諮問委員会・報
酬諮問委員会の目的・役割は，前述の指名委員会設置会社・監査等委員会

92　坂本ほか・前掲注85）23頁。
93　澤口＝渡辺・前掲注71）71頁参照。
94　澤口＝渡辺・前掲注71）62-63頁。

設置会社と同じであるから，ここでは繰り返さない。

　ただし，監査役会設置会社においては，重要な業務執行を経営者に委任することはできない（会社法362条4項）。だから，取締役会の役割を監督のみに集中させることには限界がある。

Ⅵ　むすび

　本章では，指名・報酬・監査委員会の目的・役割について，モニタリング・モデルの観点から概観した。本章で示した各委員会の目的・役割を一言で言えば，取締役会の監督機能を強化すること，および，経営陣を評価・監督することである。しかし，前述のとおり，全ての会社で各委員会の目的・役割をこのように設計しなければならないというわけではない。たとえば，支配株主がいる会社なのか，それとも，株式所有構造が分散型の会社なのかによって，指名委員会の機能は異なる。つまり，各社が直面するコーポレートガバナンス上の課題に対して，各社が適切な解決策を検討することこそが重要である。本章が，そのための一助となれば幸いである。

　最後に，モニタリング・モデルの限界について言及しておきたい。実は，企業統治改革元年という表現は，2003年にも存在した。2003年が企業統治改革元年と呼ばれた理由は，30社以上が，指名委員会等設置会社（当時は委員会等設置会社という名称の制度だった。）への移行を株主総会で決議していたからである[95]。もっとも，この流れは広がらなかった。そこで，2015年において，企業統治改革元年という表現が再び登場することとなった。コーポレートガバナンス改革を，単なるブームに終わらせるのではなく，多くの企業がその目的を共有し，地道に実践していって初めて2015年

95　塩田宏之「株主総会ピーク―企業統治改革元年，役員に意識変革迫る，報酬体系の再設計不可欠。」日本経済新聞2003年6月28日朝刊。

が「元年」だったと振り返ることができる。

　その観点で，やや冷や水を浴びせるようであるが，実は，モニタリング・モデルは本当に好ましいのかという問題がある。なぜならば，監督機能の中核を担う社外取締役によるモニタリングには限界があるからである。すなわち，社外取締役の下に十分な情報が集まるか，また，社外取締役が期待された役割を果たすだけのインセンティブをもっているのか，さらに，社外取締役に対してその役割を果たすために必要十分なリソースが実際に与えられているのかについては疑問の余地がある。そして，経営者の監督をするのが社外取締役の役割だとして，社外取締役を誰が監督するのかという問題もある。株主が監督するというのが答えかもしれない。しかし，株主は，業務執行取締役などの経営陣を監督できないのに，なぜ社外取締役の監督はできると考えるのかという疑問もある[96]。このような限界があることは，すなわち，モニタリング・モデルは完璧な考えではないということである。

　また，CEOの部下である社内役員による内部ガバナンスにも価値がある場合も考えられる。たとえば，CEOよりも社内役員の方が長期間，経営陣として社内に残るので，内部役員はCEOに対してより長期的利益の観点から経営を行うように圧力をかけるインセンティブをもっている[97]。もちろん，このような内部ガバナンスが十分に機能しないから，外部ガバ

96　Praveen Kumar & K. Sivaramakrishnan, *Who Monitors the Monitor? The Effect of Board Independence on Executive Compensation and Firm Value*, 21 REV. FIN. STUD. 1371（2008）参照。なお，アメリカの企業を対象にした実証研究では，社外取締役の増加や取締役会の独立性の増加は，取締役会の監督機能を高めるものの，全体として企業の業績を向上させているかどうかははっきりしないというのが現状である。1つの仮説として，社外取締役が情報を獲得するコストが低い企業では，社外取締役の増加が企業価値を向上させ，そのコストが高い企業では逆効果であるというものがある（Ran Duchin, John G.Matsusaka, & Oguzhan Ozbas, *When are outside directors effective?*, 96 J. FIN. ECON. 195（2010））。より包括的な経済学の研究のレビューとして，Renée B. Adams, Benjamin E. Hermalin, & Michael S. Weisbach, *The Role of Boards of Directors in Corporate Governance: A Conceptual Framework and Survey*, 48 J. ECON. LITERATURE 58（2010）参照。

ナンスを強化し，モニタリング・モデルが魅力的に映るわけであるが，そ
れでは，アメリカのように，CEO以外は全員が独立取締役という取締役
会によるガバナンスが，日本の会社で本当に好ましいのか，内部ガバナン
スの良さを完全に失ってしまわないかという懸念にも，それなりに説得力
がある。

　基本的に，コーポレート・ガバナンスのあり方は，会社によって異なる
ので，ある会社に最適な手法が，他の会社にも当然に最適な手法とはいえ
ない[98]。その意味で，モニタリング・モデルは，多くの会社で適切に機能
すると期待されてはいるが，完璧な考え方でもなければ，全ての会社で最
適な方法というわけでもなく，あくまでも1つのモデルというわけである。

　97　宍戸善一「モニタリング・ボード再考─内部ガバナンスと外部ガバナンスの補完性
　の観点から」黒沼悦郎＝藤田友敬編『企業法の進路　江頭憲治郎先生古稀記念』（有
　斐閣，2017）231頁，235頁。
　98　詳しくは，飯田・前掲注6）94頁参照。

第6章

社外取締役にとっての内部統制

——町田祥弘

I　内部統制の重要性

1　経営判断と内部統制

　取締役は，株主総会において選任され，取締役会のメンバーとして，取締役会に委託された会社の意思決定に関わる決定を行うとともに，経営者たる代表執行取締役の経営執行の状況を監督する役割を担っている。

　社外取締役については，すでにコーポレートガバナンス・コードによって選任することが原則とされ，さらには会社法によっても上場会社において1名の選任が義務づけられるに至った。わが国においても社外取締役が選任されていることが一般的となっているが，未だにその意義が適切に理解されていないケースも散見される。

　社外取締役の選任について否定的な見解としてよく言われるのが，会社の外部から選任される社外取締役は，会社の業務に精通していないことから，経営にかかる意思決定を行うことや経営者が行った判断の当否を監督することには困難が伴うというものである。たしかに会社の業務に対する一定程度の理解は必要であるが，そもそも社外取締役には，経営者や社内の従業員と同様に業務の詳細にまで精通することが求められているわけではない。社外取締役に求められている最も重要な役割は，第1に，平常時においては，取締役会において経営判断原則に基づく意思決定が行われて

いるかどうかを監督することにあり，第2に，非常時においては，業績等に対する経営者の経営責任を問うことにあるからである。

　ここでいう経営判断原則（Business Judgement Rule）とは，本来アメリカの司法社会において訴訟の頻発を避ける意味もあって確立された原則のことであり，会社の取締役が必要な情報を得た上で会社の利益になると考えて行った決定については裁判の対象とはしないというものである。すなわち，訴訟社会のアメリカにおいて訴訟の事前整理のために確立された原則である。これが転じて，多くの国々において取締役会における経営執行のモニタリングに当たって求められる要件として位置づけられるようになっている。わが国の法制度では，経営判断原則に関する法律上の明文規定はないものの，民事訴訟の司法判断を通じて徐々にビジネス社会の共通認識として浸透してきている。

　一般に経営判断原則とは，①判断の前提となった事実の認識に不注意な誤りがなく，②判断の過程・内容が著しく不合理でないことという2つの要件を満たしていれば，経営者の判断の結果がたとえ望ましいものでなかったとしても，その責任は問われないとするものである。こうした原則がなければ，経営者は，結果責任を問われることとなり，それを恐れて経営行動や投資意思決定を行うに際して萎縮してしまうであろうし，ひいては意欲的な経営者のなり手がいなくなってしまうかもしれない。

　取締役会においては，取締役会に付議される議案が十分かつ適切な資料及び説明とともに提供されているならば，議案に関して上記の①と②をモニタリングすることが日常的な役割となる。社外取締役の役割としては，社外取締役は，会社の経営執行とは独立的な立場にあって，往々にして社内の論理に陥りがちな経営上の意思決定について，経営判断原則に基づいて決定が行われているかどうかをモニタリングすることが主たる役割であり，併せて，個別具体的な事項として以下の役割をも担うこととなる。

　●会社の重要財産等の処分の正当性の確認

● 増資等による株主持分の希薄化の正当性の確認

● 企業と経営者・取締役等との利害相反の有無の確認

● 親会社がある場合の企業と親会社との利害相反の有無の確認

　以上のように，社外取締役の役割は，会社の経営者への貢献ではなく，ガバナンス，ひいては株主への貢献なのである。

　かつては，社外取締役に対して，経営者又は元経営者や一定の経営経験がある者を選任したいという意向の会社が多く見受けられた。しかしながら，わが国においても，コーポレートガバナンス・コードにおいて社外取締役複数体制が求められた[1]ように，今後は，諸外国同様に，モニタリングを主な役割とした取締役会の機能が要請されていくものと考えられる。すなわち，マネジメント・ボードではなく，モニタリング・ボードとしての役割の重視である。

　そうしたときに，取締役会での意思決定の基礎となるのが，内部統制である。

　第1に，取締役会に上程される審議事項の前提となる事実や情報の信頼性を担保するのは，内部統制の役割である（後述する内部統制の基本的要素の1つ「情報と伝達」）。第2に，重要な投資等の案件について，適切なリスク評価の下で，十分かつ適切な情報が取締役会に付議されているかどうかを担保するのも内部統制の役割である（内部統制の目的の「リスクの評価と対応」及び「資産の保全」）。また，第3に，取締役会における意思決定のプロセスが適切なものであるか，取締役会におけるモニタリング機能や，監査役会設置会社にあっては監査役による取締役会の監督機能が果

　1　コーポレートガバナンス・コードでは，【原則4-8．独立社外取締役の有効な活用】において，コードの規定を受ける上場会社全体について，「独立社外取締役を少なくとも2名以上選任すべき」，また，国際的な事業展開をする上場企業等を念頭に，「業種・規模・事業特性・機関設計・会社をとりまく環境等を総合的に勘案して，少なくとも3分の1以上の独立社外取締役を選任することが必要と考える上場会社は，上記にかかわらず，十分な人数の独立社外取締役を選任すべき」との原則が示されている。

たされているかといった点もまた，内部統制の重要な一部と考えられている（内部統制の基本的要素の1つ「統制環境」）。第4には，取締役会において決定された事項が決定した通りに実行されなければならないが，その実行を担保するのも内部統制の役割である（内部統制の目的の1つ「業務の有効性と効率性」）。さらに，第5として，特に指名委員会等設置会社における監査委員会や，監査等委員会設置会社における監査等委員会においては，それらの委員会の活動を支えるのは，会社の内部監査部門となることが想定される。内部監査機能は，内部統制の基本的要素の1つ「モニタリング」の主要な担い手である。

このように，取締役会，特にモニタリング・ボードとしての取締役会の機能は，会社の内部統制に依拠して果たされるといえよう。こうした内部統制を構築するのは，経営者の責任であるが，すべてを経営者任せにしておいてよいものではない。後述するように，会社法においては取締役会での決定として内部統制の基本方針を決議することが要請されているからである。

また，内部統制は業務に組み込まれたプロセスであることから，内部統制がいかに構築されているかを理解し，そこからもたらされた情報を把握することで，会社における様々な問題点等の把握を含め，社内の業務に対する理解が深まることも期待できるのである。

2 コンプライアンスと内部統制

内部統制の役割は，日常的な側面に限らない。社内における不正や違法行為に対抗するのも内部統制の役割である。こうした観点から，わが国のビジネス社会において，内部統制の意識を一変させたのが，2000年の大和銀行事件大阪地裁判決であった。

大和銀行事件判決では，以下のように述べられている[2]。

「……重要な業務執行については，取締役会が決定することを要する

から（商法260条2項），会社経営の根幹に係わるリスク管理体制の大綱については，取締役会で決定することを要し，業務執行を担当する代表取締役及び業務担当取締役は，大綱を踏まえ，担当する部門におけるリスク管理体制を具体的に決定するべき職務を負う。この意味において，取締役は，取締役会の構成員として，また，代表取締役又は業務担当取締役として，リスク管理体制を構築すべき責任を負い，さらに，代表取締役及び業務担当取締役がリスク管理体制を構築すべき義務を履行しているか否かを監視する義務を負うのであり，これもまた，取締役としての善管注意義務及び忠実義務の内容をなす……監査役は，商法特例法22条1項の適用を受ける子会社を除き，……取締役がリスク管理体制の整備を行っているか否かを監査すべき職務を負うのであり，これもまた，監査役としての善管注意義務の内容をなす……」

この判決は，当時の法律（商法）に具体的な内部統制構築責任規定はないにもかかわらず，大規模企業の経営者は，自らが従業員の行動を監視できない以上，それに代わる有効な内部統制を構築する責任があるとして，多額の損害賠償責任を認定したものであり，非常に大きなインパクトをもって受けとめられた。業務執行取締役等の責任限定契約も，この判決を契機として議員立法により法定されたものである。なお，ここで「リスク管理体制」という用語が用いられているが，これは，大和銀行が金融機関であったことから，預金等預入金融機関における「金融検査マニュアル」の用語法に従ったに過ぎず，その意味するところは内部統制のことである。

同様の判断は，2002年の神戸製鋼所における総会屋問題にかかる株主代表訴訟において神戸地裁が示した和解所見においても見られる[3]。

「企業トップの地位にありながら，内部統制システムの構築を行わないで放置してきた代表取締役が，社内においてなされた違法行為につい

2　大阪地裁平成12年9月20日判例時報1721号3頁。

3　神戸地裁平成14年4月5日和解所見『旬刊商事法務』1626号52頁（2002）。

て，これを知らなかったという弁明をするだけでその責任を免れることができるとするのは相当ではない。」

「神戸製鋼所のような大企業の場合，職務分担が進み，ほかの取締役や従業員全員の動静を正確に把握することは事実上不可能で，取締役は，利益供与のような違法行為や企業会計規則をないがしろにする裏金操作が行われないよう内部統制システムを構築すべき法律上の責任がある。」

これらの司法判断において示されたことは，第1に，経営者の善管注意義務に内部統制構築責任が含まれることであり，第2に，取締役及び取締役会にあっては，それをモニタリングする責任があり，監査役には，経営者の内部統制構築及び取締役によるモニタリングの状況を，監査役の業務監査の一環としての監査する責任があるということであり，第3に，取締役会においては，内部統制の基本方針（大和銀行事件大阪地裁判決でいうところの内部統制の「大綱」）を決定する責任があるということである[4]。

これを受けて，2002年の商法改正において，新設された「委員会等設置会社」（当時）に対して，さらに2005年制定の会社法において，監査役会設置会社たる大会社に対しても，取締役会による内部統制の基本方針，すなわち，後述する「業務の適正を確保するための体制」の決議が規定されたのである。

業務の適正を確保するための体制において重要な事項として規定されているのが，取締役及び従業員のコンプライアンスである。これは内部統制の目的の1つである「法令等の遵守」に相当する。

今日，コンプライアンス違反は，会社にとって致命的な影響を及ぼすことがある。たとえば，自動車や自動車部品の不具合によるリコール違反，食品や薬品に関するデータ等の偽装表示，あるいは，経営者による会社資

---

[4]　内部統制に係る法的責任に関しては，次の文献を参照されたい。
中村直人『判例に見る会社法の内部統制の水準』（商事法務，2011）。
鳥飼重和監修／町田祥弘編著『内部統制の法的責任に関する研究』（日本公認会計士協会出版局，2013）。

産の私的流用等は大きな社会問題となってきた。そうした事例の中には，繰り返される不正な財務報告の問題も含まれる。こうしたいわゆる企業不祥事は，今日の高度な情報化社会では，事後的な対応では，対応しきれない場合が多い。一旦，事態が発覚して，従前の対応が不十分だったとすれば，その批判はさらに大きなものとなるであろう。

　内部統制は，そうした事態の事前のセーフガードとなるのである。それは，経営執行に当たる経営者だけの問題ではない。大規模企業の個々の業務や個々の従業員の行動を隈なく把握することができないという点では，取締役会のメンバーも同様である。

　特に，社外取締役として，主にモニタリングの機能を果たすことが期待されている場合には，業務を通じて会社内の活動等を把握することは想定されておらず，ひとえに内部統制の整備及び運用の状況をモニタリングすることを通じて，会社の状況を把握することとなる。

　また，先に述べたように，一般に，大規模企業にあっては，権限移譲を行ったうえで，組織的に業務を行っており，経営者が自ら業務を全て見ることができない代わりに，組織内に内部統制を構築して，それによって経営者自らの業務執行に係る責任を果たすことになる。社外取締役は，経営者に対するモニタリングの一環としても，経営者が構築した内部統制の整備及び運用状況を把握することが求められるのである。

3　株主・投資家等とのコミュニケーションと内部統制

　会社にあっては，定期的に，株主及び投資家等とのコミュニケーションが求められる。株式会社であれば，年に一度の株主総会において，1年間の業績や財政状態の報告を行うことによって受託責任が解除されるのであり，上場企業であれば，有価証券報告書や四半期報告書を通じて，定期的に資本市場に対して情報開示を行う責任を有している。

　これらのコミュニケーションの基礎となる外部報告を信頼あるものにす

るのも内部統制の役割である。

　まず，一般に，株式会社の取締役会においては，株主総会に向けて，事業報告の承認決議が行われ，それが株主総会の招集通知に含められて発送される。事業報告は，株式会社にとっての最も基本的かつ重要なコミュニケーション手段である。すなわち，株式会社の最高意思決定機関である株主総会における意思決定の基礎資料であり，機関投資家でない一般の多くの個人株主にとっては，年に一度のコミュニケーションの機会でもあるからである。会社法においても，決算取締役会での決議，監査役会による監査，及び大会社の計算書類については会計監査人の監査を要請する等，幾重にもモニタリングや監査の機会が用意されている。

　こうした重要な事業報告の内容が，本当に信頼できるものであるかどうかについて，取締役会に上程された資料だけで判断することは困難である。取締役会に先立って，社外取締役に対して行われるいわゆる事前説明においても，説明されるのは審議資料の内容が中心であって，情報の信頼性を問う場ではないであろう。とくに，日常的に会社に常勤していない社外取締役が，取締役会に提供される情報について，自らその全ての信頼性を確かめたり，裏付けとなる原始データ等をチェックしたりすることは，そもそも不可能である。

　この点においても，依拠すべきは内部統制ということになる。内部統制の目的の1つには，「財務報告の信頼性」がある。これは，外部に報告する情報のアウトプットの正確性のみを問題にしているのではなく，社内から取締役会に審議資料が上程されるプロセスをも問題としているのである。すなわち，報告の対象が社外向けだけではなく，社内における報告も含まれるし，財務報告と題しているが，財務報告に限らず，事業報告一般の内容も対象とされるべきであろう。

　また，内部統制の基本的要素として，「情報と伝達」という要素があり，そこでは，作成される情報の信頼性の確保と，その情報が適時かつ適切に

　伝達されることが要請される。さらに，同じく基本的要素の1つに「モニタリング」があるが，これは，そうした情報と伝達の要素を含め，内部統制が有効に機能しているかどうかをモニタリングすることを意味しており，社内における情報の作成から，外部報告に至るまでのプロセスを客観的にチェックすることが期待されている。

　こうした内部統制が有効に機能しているかどうかを確認することによって，社外取締役は，取締役会における事業報告の承認決議に臨むことができるのである。

　他方，上場企業においては，情報開示はさらに重要であり，頻度も高くなる。

　資本市場においては，参加する投資家の保護が最優先の課題であり，その手段は，基本的に信頼性のある情報を適時かつ適切に提供することによって，すなわち情報によって保護することが想定されているからである。

　わが国においては，上場企業については，内部統制報告制度が設けられている。本制度については，次節において詳述するが，その基本的な考え方は，資本市場に対して提供される財務報告について，その作成の基礎となる企業内の内部統制の有効性を確保することにある。

　そうした制度が設けられた背景には，上場企業における不正な財務報告が絶えず繰り返される中で，開示される財務諸表を対象とする監査には一定の限界があるという認識と，2004年10月以降の有価証券報告書の不実開示事例が契機となって，監査の対象とならない開示情報についても信頼性を確保する必要があるとの認識が高まったことが挙げられる。

　すなわち，外部監査人が行う財務諸表の監査には一定の限界があることから，企業内の健全な内部統制の下で財務報告が行われるように求めることで，外部監査の補完的役割とするとともに，外部監査の対象外である開示情報の作成にかかる内部統制についても有効性を確認することで，広く財務報告についての信頼性を向上させようと図ったものである。

　内部統制報告は，内部統制の目的の1つ「財務報告の信頼性」を確保するために実施される上場企業に特有の制度である。内部統制報告に関しては，その詳細はかなりテクニカルな部分が多いため，社外取締役においては，誰もがその詳細を把握することが求められるわけではない。しかしながら，内部統制報告の目的が，信頼性のある財務報告を実施するために，社内の財務報告の作成プロセスについて，有効な内部統制によって管理することにある以上，その概要と，そこで指摘された内部統制の不備等については，理解しておく必要があるであろう。

4　内部統制の意義

　以上のように，社外取締役の役割，特に取締役会における役割との関係で，内部統制の重要性を整理することができる。

　ここで改めて内部統制の定義を示せば，次のとおりである[5]。

> 内部統制とは，基本的に，業務の有効性及び効率性，財務報告の信頼性，事業活動に関わる法令等の遵守並びに資産の保全の4つの目的が達成されているとの合理的な保証を得るために，業務に組み込まれ，組織内のすべての者によって遂行されるプロセスをいい，統制環境，リスクの評価と対応，統制活動，情報と伝達，モニタリング（監視活動）及びIT（情報技術）への対応の6つの基本的要素から構成される。

　このように目的と基本的要素で定義される内部統制は，社内の特定の部署や特定の機能において，その一部が存在していればよいというものではなく，それぞれの目的に応じて基本的要素の全てが整備され有効に運用されていなければならない。

　しかしながら，誤解を恐れずに，これをここまでに説明してきた社外取

　5　金融庁・企業会計審議会「財務報告に係る内部統制の評価及び監査の基準並びに財務報告に係る内部統制の評価及び監査に関する実施基準の改訂について（意見書）」(2019)，財務報告に係る内部統制の評価及び監査の基準・Ⅰ．内部統制の基本的枠組み・1．内部統制の定義。

締役の役割が期待される領域との照応関係において，それらのうち特に関連性の高い部分を整理すると，【図表6-1】のようになる。

【図表6-1】社外取締役の役割と内部統制の関係

社外取締役の役割が 期待される領域	内部統制の目的	内部統制の基本的要素
経営判断原則	・業務の有効性と効率性 ・資産の保全	・統制環境 ・リスクの評価と対応 ・情報と伝達 ・モニタリング
コンプライアンス	・法令等の遵守	
株主・投資家等とのコミュニケーション	・財務報告の信頼性	・情報と伝達 ・モニタリング

　なお，若干の用語の整理を示しておくならば，内部統制の整備とは，具体的には，第1に，会社内の権限規程や業務規則等において，リスクを低減させるためのプロセスが規定されていること（design）であり，第2に，それが，業務の現場において，実際の業務に適用されていること（implementation）を意味する。他方，内部統制の運用というのは，そのように業務に組み込まれた内部統制が機能して，実際にリスクを低減させること（operation）をいうのである。

　社外取締役は，経営者に対するモニタリングの一環として，また自らの取締役会の意思決定の基礎として，有効な内部統制が会社内に整備され運用されているかについて，十分な関心を持たなければならない。社内の内部統制の状況について把握するには，個別の業務や部署の活動に対する知識を求めるよりも，取締役会事務局や内部監査部門等を通じて，内部統制に関する情報ないし報告を適宜把握するように心がけることの方が重要であるといえよう。

　いわば，「木を見て森を見ず」の喩えにならぬように，社外取締役の役割を果たすためには何が重要かという観点で，自らの限界を踏まえて，内

部統制に焦点を絞ることが肝要であると考えられるのである。

Ⅱ　内部統制の制度

1　会社法における内部統制（業務の適正を確保するための体制）

　本節では，社外取締役として，把握しておくべき内部統制の制度について概観しておくこととしたい。まずは，会社法である。

　先に述べたように，大和銀行事件の大阪地裁判決以来，内部統制の構築責任は，経営者の善管注意義務に含まれるという考え方が定着してきている。取締役の役割は，経営者の善管注意義務としての内部統制の構築をモニタリングすることであるが，それに先立って，取締役会として，内部統制の基本方針を決議し，経営者の内部統制構築を方向づける役割が課せられている。

　会社法362条第4項には次のように定められている。

■会社法362条第4項
「取締役会は，次に掲げる事項その他の重要な業務執行の決定を取締役に委任することができない。

　一～五　（略）

　六　取締役の職務の執行が法令及び定款に適合することを確保するための体制その他株式会社の業務並びに当該株式会社及びその子会社から成る企業集団の業務の適正を確保するために必要なものとして法務省令で定める体制の整備」

　個別具体的な内部統制の構築は，経営者における経営判断の領域である。経営者の内部統制構築責任は，取締役会の基本方針決定に比べて，より詳細な内容を含む，広範な領域をカバーするものである。取締役会における内部統制の基本方針，すなわち上述の「業務の適正を確保するための体

制」の決定は，内部統制のすべてを詳細に決定することが求められている
わけではない。

　他方，取締役会において決定された基本方針の内容とそれに基づく内部
統制の整備及び運用状況については，事業報告に記載され，監査役の監査
の対象となる。したがって，単に，取締役会において一旦決議すればそれ
で済むというものでもなければ，形式的・画一的な内容で会社の実態と合
わないものであってはならないのである。

　会社法施行規則100条1項では，さらにこの業務の適正を確保するため
の体制について詳述している。

■会社法施行規則100条1項

　「法第362条第4項第6号に規定する法務省令で定める体制は，当該株式会社に
おける次に掲げる体制とする。
　一　当該株式会社の取締役の職務の執行に係る情報の保存及び管理に関する体
　　制
　二　当該株式会社の損失の危険の管理に関する規程その他の体制
　三　当該株式会社の取締役の職務の執行が効率的に行われることを確保するた
　　めの体制
　四　当該株式会社の使用人の職務の執行が法令及び定款に適合することを確保
　　するための体制
　五　次に掲げる体制その他の当該株式会社並びにその親会社及び子会社から成
　　る企業集団における業務の適正を確保するための体制
　　イ　当該株式会社の子会社の取締役，執行役，業務を執行する社員，法第
　　　598条第1項の職務を行うべき者その他これらの者に相当する者（ハ及び
　　　ニにおいて「取締役等」という。）の職務の執行に係る事項の当該株式会
　　　社への報告に関する体制
　　ロ　当該株式会社の子会社の損失の危険の管理に関する規程その他の体制
　　ハ　当該株式会社の子会社の取締役等の職務の執行が効率的に行われること
　　　を確保するための体制
　　ニ　当該株式会社の子会社の取締役等及び使用人の職務の執行が法令及び定
　　　款に適合することを確保するための体制」

　ここに，会社法362条4項と会社法施行規則100条1項4号に定められて

いるのは，取締役及び従業員に関する（内部統制の目的の１つの）コンプライアンスに相当するものであり，同様に，100条１項１号の「情報の保存及び管理」は，内部統制の基本的要素の情報と伝達，同２号の「損失の危険の管理」は，内部統制の基本的要素のリスクの評価と対応，同３号の「取締役の職務の執行が効率的に行われること」は，内部統制の目的の業務の有効性及び効率性に相当する。

　また，同５号の「企業集団における業務の適正を確保するための体制」は，2015年２月の会社法施行規則の改正によって明示されたものである。今後は，親会社のみならず，企業集団に属する子会社，とくに在外子会社等における内部統制にかかる取締役の責任が高まるといえるであろう。

　同５号のうち，ロ，ハ及びニは，１項の他の規定においても示されていたものであるが，イは，やや様相が異なる。イは，これをもって，子会社等の業務執行状況を親会社に報告させようとするものである。すなわち，会社法では，企業集団における業務の適正を確保するための体制として，単に親会社に加えて子会社において体制の整備をするだけではなく，親会社側に対して職務執行状況を報告することが求められることとなったのである。

　これは，今回同じく改正された会社法施行規則118条によって，事業報告においては，取締役会での決議の内容の概要のみならず，決議した業務の適正を確保する体制の運用状況の概要の記載が求められるようになったことが関連している。親会社においては，子会社の取締役等から職務の執行に係る事項の報告によって運用評価を実施することが期待されているのである。

　この点は，上記の引用では記載していないが，会社法施行規則100条３項４号において，「イ　取締役及び会計参与並びに使用人が当該監査役設置会社の監査役に報告をするための体制の整備」及び「ロ　子会社の取締役等及び使用人又はこれらの者から報告を受けた者が当該監査役設置会社

の監査役に報告をするための体制の整備」が求められており，内部統制に関する事項を監査役に対しても報告することを明記して，監査役監査の一環として，業務の適正を確保するための体制にかかる運用状況の記載事項の監査の実効性を確保しているものと解される。

　その他，会社法施行規則100条3項では，合わせて7項目の監査役の監査を支える体制の整備も求められているため，会社法本則で1項目（企業集団については，具体的には会社法施行規則で規定），100条1項で5項目と合わせて，計13項目の業務の適正を確保するための体制について，取締役会決議と整備及び運用が求められているのである。

　このうち，会社法施行規則100条1項と内部統制の関係を図表に示せば

【図表6-2】業務の適正を確保するための体制と内部統制の関係

会社法施行規則100条1項	内部統制の基本的枠組み
1　取締役の職務の執行に係る情報の保存及び管理に関する体制	情報と伝達［基本的要素］
2　損失の危険の管理に関する規程その他の体制	リスクの評価と対応［基本的要素］
3　取締役の職務の執行が効率的に行われることを確保するための体制	業務の有効性・効率性【内部統制の目的】
4　使用人の職務の執行が法令及び定款に適合することを確保するための体制	法令等の遵守【内部統制の目的】
5　当該株式会社並びにその親会社及び子会社から成る企業集団における業務の適正を確保するための体制	
イ　子会社の取締役等の職務の執行に係る事項の当該株式会社への報告に関する体制	統制環境，情報と伝達［基本的要素］
ロ　子会社の損失の危険の管理に関する規程その他の体制	リスクの評価と対応［基本的要素］
ハ　子会社の取締役等の職務の執行が効率的に行われることを確保するための体制	業務の有効性・効率性【内部統制の目的】
ニ　子会社の取締役等及び使用人の職務の執行が法令及び定款に適合することを確保するための体制	法令等の遵守【内部統制の目的】

【図表6-2】のとおりである。

　【図表6-2】からわかることは，会社法は，全ての内部統制の目的や基本的要素を対象として基本方針としての決議を求めていないということである。あくまでも会社法の関心の対象となる部分を中心に，あるいは，会社法の下にある他の法規において規定されていない部分に関して，「業務の適正を確保するための体制」として，13項目にわたる決議を求め，その方針に従って，経営者による内部統制の構築が行われることを予定しているのである。

　会社法における内部統制のうち，平成26年会社法改正及び平成27年会社法施行規則改正によって義務付けられた内容は，平成27年5月1日の施行となるため，たとえば，3月決算会社の場合，新たな規則に基づく決議を行った場合には，平成27年6月株主総会に提出する事業報告に概要を載せなければならない。さらに，その1年後には，新たにその決議に基づく運用状況を評価し，事業報告に記載するとともに，それに対する監査役の監査を受けなければならないのである。

　今般の改正に関しては，以下のような点について，それぞれの会社において検討が必要となる。

- 企業集団の範囲をどこまでとするか（会社法上の企業集団の範囲は親子関係にある支配従属会社までであるが，それに関わらず，会社としてどこまでの範囲を想定するか）。とくに在外子会社や，非連結のグループ企業をどこまで含めるか。
- 運用評価をいかにして行うか。
- 運用評価の結果をいかにして事業報告に記載するか。
- 取締役会，監査役会への報告をどのように行うか。
- 通報者保護を確保した内部通報のラインをどのように構築するか。

　今後の企業実務等の進展によって，これらの事項に関するわが国の企業社会における内部統制実務の水準が規定されていくのである。

2　金商法における内部統制（内部統制報告，開示統制）

続いて，金融商品取引法における内部統制の制度である。

ここで想定されるのは，第1に，内部統制報告制度である。内部統制報告制度は，主に以下の2つの条項によって規定されている。

■金商法24条の4の4

「第24条第1項の規定による有価証券報告書を提出しなければならない会社のうち，第24条第1項に掲げる有価証券の発行者である会社その他政令で定めるものは，事業年度ごとに，当該会社の属する企業集団及び当該会社に係る財務計算に関する書類その他の情報の適正性を確保するために必要なものとして内閣府令で定めるところにより評価した報告書（以下「内部統制報告書」という。）を有価証券報告書と併せて内閣総理大臣に提出しなければならない。」

■金商法193条の2第2項

「金融商品取引所に上場されている有価証券の発行会社その他の者で政令で定めるものが，第24条の4の4の規定に基づき提出する内部統制報告書には，その者と特別の利害関係のない公認会計士又は監査法人の監査証明を受けなければならない。〈以下，略〉」

基本的には，経営者たる代表取締役が，その責任の下で，自社の財務報告に係る内部統制を評価し，内部統制報告書として評価結果を報告すること，及びそれに対しては，監査法人等による監査証明が求められているという枠組みである。しかしながら，実際の内部統制報告の実務は，非常にテクニカルな内容を含んでいることから，ここでは簡単にその概要を整理するに留めたい[6]。

まず，内部統制のうち，評価対象となるのは，財務報告に係る内部統制である。本制度は，財務報告の信頼性を確保することが第一義的な目的であることから，内部統制の目的のうち，財務報告の信頼性に関連する内部

6　財務報告に係る内部統制の評価の詳細については，次の文献を参照されたい。

池田唯一編著『〈総合解説〉内部統制報告制度《法令・基準等の要点とQ&A》』（税務研究会，2007）。

町田祥弘『内部統制の知識（第3版）』（日本経済新聞出版社，2015）。

統制だけが評価対象となる。ただし，財務報告の範囲は，先に述べたように，財務諸表の監査の対象である財務諸表（及び注記）のみならず，「財務諸表の信頼性に重要な影響を及ぼす開示事項等」が広く含まれる。内部統制報告制度の導入の大きな契機が，財務諸表以外の有価証券報告書の不実記載にあったことから，財務報告の範囲は，財務諸表と注記に限らず，有価証券報告書のほぼ全体に及ぶのである。

　また，評価の対象となる範囲も，連結ベースの評価範囲全体である。そこには，在外子会社を含む，連結対象となる子会社等はもちろんのこと，持分法適用となる関連会社についても評価対象とされている。さらに，会社の業務を委託している場合でも，その委託業務に係る内部統制は評価の範囲に含まれる。業務を委託するのは会社の判断であるが，その業務の中に，財務報告の信頼性に影響を与える業務があるとすれば，当然に評価範囲とすることが求められるのである。

　こうした広範囲な内部統制の評価範囲を設定する一方で，わが国の内部統制報告制度では，財務報告の信頼性に焦点を当てて，重要な事項のみに評価対象の絞込みを行うことを規定している。そのプロセスは以下のとおりである。

　第1に，内部統制を「全社的な内部統制」と「業務プロセスに係る内部統制」の2つのレベルに区分して，そのうち，連結範囲全体に関わるような「全社的な内部統制」については，原則として，すべての事業拠点について評価を行う。ただし，評価に当たっては，「評価項目例」が示されており，それに即して，企業集団内の各事業拠点を含む全社的な内部統制を評価していくこととなる。

　第2に，業務プロセスをさらに「決算・財務報告に係る業務プロセス」と「決算・財務報告に係る業務以外のプロセス」に分けて，前者については，全社的な内部統制に準じて，すべての事業拠点について評価対象とするのである。ここで，決算・財務報告に係る業務プロセスとは，決算や財

務報告に関して，親会社の経理・財務部門において担当する業務プロセスであり，連結ベースの財務報告の中心的な業務である。他方，子会社の日常的な経理業務はこれに該当せず，「決算・財務報告に係る業務以外のプロセス」に含められることとなる。

　第3に，決算・財務報告に係る業務プロセス以外の業務プロセスの評価に関しては，わが国の内部統制報告制度では，大幅な評価範囲の絞込みを認めている。すなわち，まず，企業集団に含まれる事業拠点を，売上高等の上位から，概ね3分の2程度を占めるまでの範囲で評価対象とする。さらに，その選定した重要な事業拠点に関して，原則として，売上，売掛金及び棚卸資産という3つの勘定に至る業務プロセスを対象として評価範囲とするのである。この評価範囲に対して，その他，個別にリスクが高い等の事由に応じて，いくつかの業務プロセスを評価対象に追加することにより，財務報告に係る内部統制の評価範囲とするのである。

　このようにわが国の内部統制報告制度では，アメリカにおいて先に実施されていた内部統制報告制度が，過度な業務負担と大きなコストがかかるものであったことを踏まえて，財務報告の信頼性の確保という目的に鑑みて，とくに業務プロセスレベルにおける評価範囲を大幅に絞り込んでいるのである。

　経営者は，毎年，内部統制担当部署又は内部監査部門等を使って，自社の財務報告に係る内部統制の有効性を評価しなくてはならない。その評価の結果，内部統制に問題があった場合は，それを内部統制の「不備」と呼び，さらにその不備が，財務報告に与える影響の大きさや発生可能性といった量的な側面や，さらには質的な側面での評価によって，重要な問題点であると識別されると，「開示すべき重要な不備」として，内部統制報告書において報告しなくてはならない。開示すべき重要な不備は，1つでも存在すれば，財務報告の信頼性が歪められてしまうものであるため，内部統制報告書における評価結果の表明に当たっては，当年度の当社の内部

統制は，「有効ではない」と結論づけなければならないのである。

　さらに，内部統制報告書は，監査法人の監査の対象であることから，虚偽の報告をすることはできない。開示すべき重要な不備があれば，適正に報告することが求められるのである。

　こうしてみると，内部統制報告はとても厳しいもののように見受けられるかもしれない。しかしながら，内部統制報告制度の目的は，有効な内部統制の下で財務報告プロセスが管理されることによって，信頼性のある財務報告が行われることにあるため，期末までの間に発見された不備は，改善または是正された上で，有効な内部統制を確保すればよいのである。この点で，内部統制報告は，年次報告を最終目標として，会社の内部統制を毎年見直して，不備や開示すべき重要な不備を改善又は是正していく，連続的なプロセスであると捉えることができるであろう。

　内部統制の評価・報告のプロセスの概要は【図表6-3】のとおりである[7]。

　社外取締役においては，こうした内部統制報告制度に関してどのように関わるべきであろうか。

　第1には，毎年実施されている内部統制の評価作業を取り纏め，取締役会に報告される資料の内容に注意を払うことであろう。そこで指摘されている，開示すべき重要な不備に至らないまでも，社内で識別されている内部統制の不備は，会社における内部統制の脆弱な部分を示唆するものである場合が多いからである。

　第2には，内部統制評価の作業がどのように進められているのかに注意を払うことである。内部統制評価作業が適切に行われていれば，財務報告に関しては，一定の信頼を置いて，取締役としての判断を行使することができるが，評価作業が適切に行われていないとすれば，その基礎は揺らい

---

[7]　金融庁・企業会計審議会，前掲意見書，参考図2.

【図表6-3】財務報告に係る内部統制の評価・報告の流れ

全社的な内部統制の評価
（原則，すべての事業拠点について全社的な観点で評価）

決算・財務報告に係る業務プロセスの評価
（全社的な観点での評価が適切なものについては，全社的な内部統制に準じて評価）

決算・財務報告プロセス以外の業務プロセスの評価

1．重要な事業拠点の選定

売上高などを用いて金額の高い拠点から合算し，全体の一定割合（例えば，概ね3分の2程度）
に達するまでの拠点を重要な事業拠点として選定
※事業拠点には，本社，子会社，支社，支店の他，事業部等も含まれる。
※企業の置かれた環境や事業の特性によって，異なる指標や追加的な指標を用いることがある。

⇩

2．評価対象とする業務プロセスの識別

① 重要な事業拠点における，企業の事業目的に大きく関わる勘定科目（一般的な事業会社の
場合，原則として，売上，売掛金及び棚卸資産）に至る業務プロセスは，原則として，すべ
て評価対象
※当該重要な事業拠点が行う事業又は業務との関連性が低く，財務報告に対する影響の重要
性が僅少である業務プロセスについては，評価対象としないことができる。
② 重要な事業拠点及びそれ以外の事業拠点において，財務報告への影響を勘案して，重要性
の大きい業務プロセスについては，個別に評価対象に追加
（例）・リスクが大きい取引を行っている事業又は業務に係る業務プロセス
　　　・見積りや経営者による予測を伴う重要な勘定科目に係る業務プロセス
　　　・非定型・不規則な取引など虚偽記載が発生するリスクが高いものとして，特に留意す
　　　　べき業務プロセス
③ 全社的な内部統制の評価結果を踏まえて，業務プロセスに係る評価の範囲，方法等を調整
※全社的な内部統制が有効でない場合，評価範囲の拡大，評価手続の追加などの措置が必要
※全社的な内部統制が有効である場合，サンプリングの範囲を縮小するなど簡易な評価手続
の選択や，重要性等を勘案し，評価範囲の一部について，複数会計期間ごとの評価が可能

⇩

評価範囲について，必要に応じて，監査人と協議

⇩

3．評価対象とした業務プロセスの評価

① 評価対象となる業務プロセスの概要を把握，整理
② 業務プロセスにおける虚偽記載の発生するリスクとこれを低減する統制を識別
③ 関連文書の閲覧，質問，観察等により，内部統制の整備状況の有効性を評価
④ 関連文書の閲覧，質問，観察，内部統制の実施記録の検証，自己点検の状況の検討等により，
内部統制の運用状況の有効性を評価
※全社的な内部統制の評価結果が良好である場合には，サンプリングの範囲を縮小

⇩

4．内部統制の報告

① 内部統制の不備が発見された場合，期末までに是正
② 開示すべき重要な不備が期末日に存在する場合には開示

でしまうおそれがある。代表取締役又は内部統制評価を担当する取締役の業務執行に対するモニタリングの一環として，内部統制の評価作業のモニタリングすることが期待される。

　第3には，内部統制報告制度が対象としていない統制，すなわち，開示統制について関心を有する必要があるという点である。有価証券報告書以外の開示として，上場企業では，一般に，決算短信，適時開示，CSR報告書，英文アニュアルレポート，統合報告書等の開示が行われている。これらの開示の多くは，有価証券報告書の提出の後，又はそれと切り離されて行われているものであり，内部統制報告制度ではカバーされていない。これらについて，社外取締役として，企業の開示問題を扱う，たとえば，財務部門や「ディスクロージャー委員会」といった名称の会議体等は機能しているかどうかをモニタリングすることが期待される。

　社外取締役における内部統制報告制度との関わりは，以上の3点が主なものであるが，監査委員及び監査等委員の場合には，加えて，次の点に留意する必要がある。

　すなわち，外部監査人によって作成・提出される内部統制監査報告書においては，「経営者及び監査役等の責任」として，次のように記載されるのである[8]。

---

③　経営者及び監査役等の責任
　イ．経営者には，財務報告に係る内部統制の整備及び運用並びに内部統制報告書の作成の責任があること
　ロ．監査役等には，財務報告に係る内部統制の整備及び運用状況を監視，検証する責任があること
　ハ．内部統制の固有の限界

　8　金融庁・企業会計審議会，前掲意見書，財務報告に係る内部統制の評価及び監査の基準・Ⅲ．財務報告に係る内部統制の監査・4．監査人の報告・(3)内部統制監査報告書の記載事項・③経営者及び監査役等の責任。

　ここでロ．に記載のように，監査役等（監査役，監査役会，監査等委員会及び監査委員会）には，「財務報告に係る内部統制の整備及び運用を監視，検証する責任がある」旨が明示されていることには留意しなければならない。内部統制報告制度は，経営者が自社の内部統制を評価し，その結果を報告するとともに，外部監査人が内部統制監査を通じてその報告書に対して保証を付与するというのが主たる制度の骨格ではある。しかしながら，監査役等においては，その職責に鑑みて，財務報告に係る内部統制の整備及び運用の監視と検証の責任を課されており，同時に，それが一般に公表される外部監査人の監査報告書に記載されていることから，広く，上場企業の財務諸表利用者は，かかる記載を見て，監査役等に対して，財務報告に係る内部統制についての役割期待を抱くことになるのである。監査役等に該当する，監査委員及び監査等委員においては，当該役割をそれぞれの委員会のメンバーとして担うこととなる。

　最後に，金融商品取引法の下での内部統制の重要性について，触れておくこととしたい。

　平成27年5月に改正された金商法21条の2第2項では，有価証券報告書等において虚偽記載があった場合に，証券市場において流通する有価証券を取得した者（募集又は売出しによらないで有価証券を取得した者）に対する損害賠償責任について，虚偽記載等について故意又は過失がなかったことを証明したときには責任が免除されることが規定されたのである。これは，従来，金商法において，虚偽記載に関して無過失責任を課す規定として，経営者にとって過大な責任を課すものであるとして問題点を指摘されていたものが改正され，過失責任によるものとされた改正である。今後は，経営者が，虚偽記載等が生じないように注意を払っていたことを証明することによって，責任が免除されることとなる。

　ここに，虚偽記載等が生じないように注意を払っていたことの立証責任は，経営者側に課せられており，その際の証拠となるのは，財務報告に係

る内部統制の評価作業以外には考えられないであろう。すなわち，内部統制報告制度への対応は，単に内部統制報告書を作成・提出するためのものではなく，金商法21条の2第2項に基づく，虚偽記載等が生じた場合の過失責任がないことを立証するための基礎としても，今日，重要性が高まっていると言えるのである。

3　その他の内部統制の課題

　会社法及び金商法の他にも内部統制の制度として留意すべきものがある。
　その1つは，アメリカにおける海外不正行為防止法（*Foreign Corrupt Practices Act of 1977*：FCPA）や英国における賄賂防止法（*Bribery Act 2010*：BA）である。日本においても，同様のものとして，不正競争防止法及び「外国公務員贈賄防止指針」があるが，その適用状況は，FCPAやBAの比ではない。

　FCPA及びBAは，いずれも，自国の企業だけではなく他国の企業についても，ジョイント・ベンチャーを構成するなどしていた場合には，幇助・教唆又は共謀等によって，その適用対象としている。たとえば，エージェントやコンサルタント等の第三者による支払，あるいは，外国子会社における支払であっても，当該企業又は親会社の責任が問われることとなる。こうした規制の背景には，国際的なマネーロンダリング規制の高まり，イラン等に対する貿易規制，中国やアジア諸国における贈賄問題の顕在化がある。

　しかしながら，FCPAにしてもBAにしても，企業が有効な内部統制の整備と運用を図っていた場合には，仮に違反行為が起きたとしても，罰金等が大幅に減免されるのである。そのため，たとえばアメリカの企業では，近年FCPA対策として，在外子会社におけるエージェントや取引先企業に対して，有効な内部統制及び倫理規程の整備と遵守を確認する文書を提出するよう求めるケースもあるのである。

　現在，FCPAやBAの規制を念頭に，わが国企業においても，国際的な業務展開を行う際には，在外子会社の内部統制をいかに構築するかが重要な課題となっているといえよう。

　また，同様の文脈として，2013年5月，トレッドウェイ委員会支援組織委員会から，内部統制のフレームワークの改訂版[9]が公表された。1992年の最初の公表以来，21年ぶりの全面改訂である。

　新たなフレームワークの特徴としては，以下の点が挙げられる。

- 従来の内部統制の目的及び基本的要素の多くの部分を踏襲したこと
- 5つの構成要素に関して，17の原則と87の着眼点を設定して，原則主義的アプローチを徹底したこと
- 内部統制目的のうち「報告」について，従来の「財務報告」から，外部報告だけでなく内部報告をも含み，また，その他の定性的な報告を含む包括的なものに拡大したこと
- アメリカの内部統制報告制度との関連性を明確化して体系づけたこと
- 内部監査の重要性を強調し，第3のディフェンスラインとして位置づけたこと
- 本フレームワークは，現時点では必ずしもわが国への影響は想定されていないが，今後，内部統制報告制度を見直す際には，本フレームワークとの照応関係を検討することになるであろう。

　また，アメリカの資本市場で上場するなどしている，いわゆるSEC登録企業においては，2014年12月15日以降に提出する内部統制報告書からは，新たなフレームワークに基づく評価と報告が求められていることから，SEC登録企業又はSEC登録企業の子会社等における取締役にあっては，新たなフレームワークの理解が求められることとなるであろう。

　9　同フレームワークには，次の翻訳書が上梓されている。
　八田進二・箱田順哉監訳／日本内部統制研究学会新COSO研究会訳『COSO　内部統制の統合的フレームワーク』（日本公認会計士協会出版局，2014）。

　以上のように社外取締役にとっての位置づけを中心に，内部統制の意義を検討してきた。内部統制はその重要性もあって，法制度による支えが広く行われている。しかしながら，本来，内部統制は，各企業及び経営者が，自らの判断において整備・運用するものである。各社の内部統制は，各社が置かれた環境や業容によって千差万別のものとなる。したがって，内部統制に関しては，法律への準拠は当然として，企業及び経営者の内部統制に関するビジョンこそが最も重要な点となる。

　社外取締役においては，企業及び経営者がいかなる内部統制に関するビジョンを有し，それに取り組んでいるかをモニタリングすることを通じて，当該企業及び経営者のリスク認識や経営執行のスタンス，ひいては経営者の誠実性までをも把握することができるであろう。

　社外取締役にとって内部統制は，社外取締役としての機能を適切に果たすための基礎であると同時に，企業及び経営者の有り様を写す鏡として，十分に理解すべき対象であると考えられるのである。

Ⅲ　内部監査

1　内部監査の意義

　近年，社外取締役との関係で，内部監査の重要性が認識されてきている。

　内部監査は，内部統制の基本的要素の１つである「モニタリング」の主たる担い手であるが，前節で述べてきたような法制度による裏付けはない。企業の任意の組織である。しかしながら，内部監査は，古くから企業の自律的な社内管理の一環として重要な位置を占めており，一般に，公認会計士又は監査法人による外部監査，監査役等による監査，及び内部監査の３つの監査をもって，「三様監査」と称して，一定規模以上の企業において一般に備えられている監査機能であり，その３つの十分な機能の発揮と連

携が重要であるとされているのである。

　本節では，内部監査と社外取締役との関係についてその概要を述べることとする。

　まず，内部統制の基本的要素の「モニタリング」について見てみよう。モニタリングとは次のように定義されている[10]。

> モニタリングとは，内部統制が有効に機能していることを継続的に評価するプロセスをいう。モニタリングにより，内部統制は常に監視，評価及び是正されることになる。モニタリングには，業務に組み込まれて行われる日常的モニタリング及び業務から独立した視点から実施される独立的評価がある。両者は個別に又は組み合わせて行われる場合がある。

　このうち，日常的モニタリングは，通常の業務に組み込まれた一連の手続を実施することで，内部統制の有効性を継続的に検討・評価することをいう。業務活動を遂行する部門内で実施される内部統制の自己点検ないし自己評価も日常的モニタリングに含まれる。これに対して，独立的評価は，日常的モニタリングとは別個に，通常の業務から独立した視点で，定期的又は随時に行われる内部統制の評価であり，経営者，取締役会，監査役等，内部監査等を通じて実施されるものである。独立的評価は，必ずしも内部監査だけによって実施されるわけではないが，経営者や取締役会，監査役等に比べて，内部監査は，専業の部署として活動することから，独立的評価の主たる担い手となっている。

　内部監査部門による独立的評価では，一般に，経営者に直属する組織として設置された内部監査部署が，業務活動の遂行に対して独立した立場から，内部統制の整備及び運用の状況を調査し，その改善事項を報告することとなる。

　特に，前節で述べた内部統制報告制度における経営者による内部統制の

10　企業会計審議会，前掲意見書，財務報告に係る内部統制の評価及び監査の基準・Ⅰ.内部統制の基本的枠組み・(5)モニタリング。

評価作業を内部監査部門が実施しているケースは非常に多い。内部監査部門は企業内の他部署から独立的な立場にあることから，財務報告に係る内部統制の評価作業に求められる独立性を備えているためである。

このように，内部監査は，内部統制の基本的要素の１つである「モニタリング」の主たる担い手として，内部統制の整備及び運用状況の調査と改善に貢献しているのである。

しかしながら，内部監査は，内部統制のモニタリングだけを機能としているわけではない。次に，内部監査一般の役割について確認しておこう。

日本内部監査協会が公表している「内部監査基準」によれば，内部監査は，次のように定義されている[11]。

> 1.0.1　内部監査とは，組織体の経営目標の効果的な達成に役立つことを目的として，合法性と合理性の観点から公正かつ独立の立場で，ガバナンス・プロセス，リスク・マネジメントおよびコントロールに関連する経営諸活動の遂行状況を，内部監査人としての規律遵守の態度をもって評価し，これに基づいて客観的意見を述べ，助言・勧告を行うアシュアランス業務，および特定の経営諸活動の支援を行うアドバイザリー業務である。

この定義に示されているように，内部監査は，企業内における「ガバナンス・プロセス」，「リスク・マネジメント」及び「コントロール」に関連する経営諸活動の遂行状況を対象として評価を行い，客観的意見を述べるとともに，助言・勧告を行う「アシュアランス業務」と，特定の経営諸活動の支援を行う「アドバイザリー業務」を主な役割としている。

まず，「コントロール」とは，内部統制のことである。先に挙げた財務報告に係る内部統制の整備及び運用状況の独立的評価は，この役割の一部である。内部監査は，それに留まらず，ガバナンス・プロセスや，リスク・マネジメントについても，それらが企業内の規程や法規に準拠して行

11　日本内部監査協会「内部監査基準」(2014)，［１］内部監査の意義・内部監査の本質。

われ，期待される機能を果たしているかを評価するのである。

　また，「アシュアランス業務」というのは，経営者に対して，企業内の諸活動が合法的かつ合理的に実施されていることを「保証」するということを意味している。内部監査部門は，内部統制の一部として経営者によって設置されるものであり，指揮命令権者たる経営者の代わりに企業内の諸活動を評価し，経営者に対して報告するのである。

　一方，「アドバイザリー業務」は，経営者による指示（特命）を受けて，企業内の特定の活動について，当該活動を担う部署から独立した立場で，内部監査部門が業務の有効性や効率性等について助言や支援を行うものである。

　こうした機能を担う内部監査部門は，一般に，企業内において，最高経営責任者（CEO）に直属することが多い。それは，経営者が，内部監査を含む内部統制の構築に当たるという理由からだけではなく，上記の通り，企業内の諸活動に対する内部監査部門による評価を基に，それらの被監査部門の活動等に対する改善策を実施するのは，経営者に他ならないからである。また，内部監査の役割の1つであるアドバイザリー業務に関しては，経営者による特命に基づいて実施されることから，専ら経営支援機能として捉えられるからである。

　後述するように，内部監査は，組織内の諸活動を広く調査し，評価する専業部署であることから，非常に多くの情報を有することとなる。したがって，内部監査部門が，CEOに直属するか否かにかかわらず，社内規程に基づいて，取締役会からの指示を受け，取締役会及び監査役等への報告経路を確保することが求められる。

　内部監査は，前述の定義の通り，ガバナンス・プロセス，リスク・マネジメント及びコントロールを対象として実施されるが，近年では，内部監査を「第3のディフェンスライン」と称することがある。

　例えば，企業内の不正や不適切な行為，あるいは，リスク・マネジメン

トにおける非合理的な活動等に関して，経営者自身又は現場においてそれ
を発見したり是正したりすることが，第1のディフェンスライン，企業の
総務や法務，あるいは財務等の，いわゆるバックオフィスにおける対応が，
第2のディフェンスライン，その後の，最後の最後に位置づけられるディ
フェンスを担うのが内部監査だというのである。

　こうした第3のディフェンスラインから得られた情報は，単に経営者に
報告されるだけでなく，取締役会や監査役等に報告される必要がある。内
部監査部門による報告には，ガバナンス・プロセスに対する評価結果や，
企業内における不正リスクに対する評価結果が含まれることから，ガバナ
ンスを担う取締役会や監査役等にとっては，不可欠の情報となるからであ
る。

　この関係を図示したものが，【図表6-4】である。

【図表6-4】3つのディフェンスライン・モデル[12]

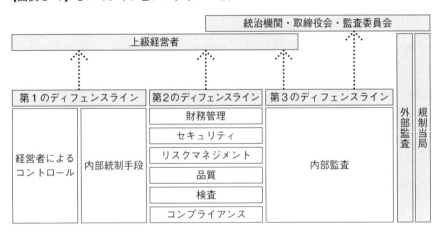

12 Institute of Internal Auditor [IIA], IIA Position Paper: The Three Lines of Defense in Effective Risk Management and Control (January 2013).

2　内部監査と社外取締役の関係

　以上のように，内部監査は，現代の企業において重要な役割を担っている。同時に，内部監査は，社外取締役にとっても，重要な機能を果たすこととなる。

　第1に，取締役会と内部監査部門との関係がある。

　内部監査部門は，CEOに直属するとはいえ，取締役会からの指示を受けて，企業の職務・権限規程に従って活動を行うことになるため，内部監査部門が作成する定期的な報告書は，取締役会に提出されることとなる。また，企業によっては，取締役会において，内部監査部門長等の陪席が認められるケースも多い。

　このとき，社外取締役は，内部監査部門の報告書や内部監査部門長等の発言を通じて，当該企業の内部統制上の問題点を把握することができるとともに，内部監査が企業内の諸活動の有効性や効率性を評価した結果を知ることができる。内部監査部門がもたらす情報には，通常，社内に精通していない社外取締役にとって，必要な事項，又は決して自分自身では簡単に入手できない内容が含まれているため，十分留意する必要がある。

　他方，内部監査部門が，社内の他の部署に対して独立的な調査や評価を実施するためには，内部監査部門の人事と予算が重要なものとなってくる。特に，先に述べたように，内部監査がガバナンス・プロセスを監査対象とし，企業内の不正リスクをも監査範囲に含める以上，内部監査部門の人事に関して，独立性が保たれるように配慮されているかどうか，内部監査部門の活動に十分な予算が確保されているかどうか等を，社外取締役は取締役会の一員としてモニタリングすることが求められるであろう。

　第2に，社外取締役と内部監査部門との連携，又は社外取締役から内部監査部門への指示というケースがある。

　この点について，コーポレートガバナンス・コードでは，以下のような

原則が置かれている。

補充原則

3-2② 取締役会及び監査役会は，少なくとも下記の対応を行うべきである。
〈中略〉
  (iii) 外部会計監査人と監査役（監査役会への出席を含む），内部監査部門や社外取締役との十分な連携の確保

補充原則

4-13③ 上場会社は，内部監査部門と取締役・監査役との連携を確保すべきである。また，上場会社は，例えば，社外取締役・社外監査役の指示を受けて会社の情報を適確に提供できるよう社内との連絡・調整にあたる者の選任など，社外取締役や社外監査役に必要な情報を適確に提供するための工夫を行うべきである。

　上記の3-2②の考え方によれば，社外取締役は，内部監査部門と十分な連携を図ることが期待されており，企業の取締役会及び監査役会は，そのチャネルを確保しなければならないのである。また，4-13③によれば，社外取締役は，自らが必要とする情報を，内部監査部門に指示して，適確に入手することが期待されているのである。

　こうした考え方は，一般的に社外取締役は，社内の執行を兼ねる取締役に比べて，企業内の事情に精通しておらず，必要な情報を入手する手段が限られているということがある。社外取締役が企業の情報を入手する方法は，たとえそれが取締役会の議事に関するものであったとしても，かなり限定される。例えば，取締役会の事前説明や，取締役会内での説明と議論，あるいは，監査委員又は監査等委員であれば，常勤の委員からの説明等であろう。

　そうした環境にあって，社外取締役が，社内の情報を入手したり，社外取締役が関心又は疑義を持った事項についての調査や情報入手を行ったりするには，実質的に，内部監査部門に依拠する他ないのである。このことは，海外においては独立取締役のみからなる監査委員会が，自らは監査を

行うことなく，内部監査部門の調査や評価に依拠して，監査委員会として
の活動を行っていることと同様の考え方であるといえよう。

　この点について，近年，監査役等との関係で，内部監査部門を監査役等
の補助使用人と位置づけることを求める主張がある。

　すなわち，従前より，監査役等と内部監査部門の連携の重要性は認識さ
れており，日本監査役協会による「監査役監査基準」では，以下のように
定められている。

34条2項　監査役は，内部監査部門等からその監査計画と監査結果について定期
　　　　　的に報告を受け，必要に応じて調査を求めるものとする。監査役は，内
　　　　　部監査部門等の監査結果を内部統制システムに係る監査役監査に実効的
　　　　　に活用する。
35条2項　監査役は，その職務の執行にあたり，親会社及び子会社等の監査役，
　　　　　内部監査部門等及び会計監査人等と積極的に意思疎通及び情報の交換を
　　　　　図るよう努めなければならない。

　ところが，近年，日本監査役協会は，「監査役等と内部監査部門との連
携について」と題する報告書[13]において，以下のように提言しているので
ある。

　　「監査役等の補助使用人に対する指揮監督権の行使として，内部監査
　部門の職員の補助使用人としての活動について指示・承認をすることが
　できるようにするため，内部監査部門の職員を監査役等の補助使用人と
　する（他部署との兼務とすることを含む）ことを内部統制基本方針等で
　定めることを検討すべきである。その際，内部監査部門長も補助使用人
　を兼務させれば，監査役等は内部監査部門長を通じる等して，内部監査
　部門に対して適切に指示・承認を行うことができる。
　　また，内部監査部門の職員を補助使用人としない（補助使用人を兼務

13　日本監査役協会「監査役等と内部監査部門との連携について」（2017）。

させない）場合であっても，会社法第381条第2項の報告徴求権や業務財産調査権の行使の一環として，または，それを超えて，監査役等が内部監査部門の職員に一定の指示・承認を行うことができることを明確にするため，これらの指示・承認権限を内部統制基本方針等に明記して，業務執行機関の決定により制度的な担保を設けることを検討すべきである。」（15頁）

こうした提案については，賛否が分かれている。「取締役会の社外取締役の構成比率が諸外国と比べて低い我が国の現状に鑑みれば，単に取締役会と監査役に対する内部監査のダブル・レポートラインを整備するだけでは足りず，取締役会ないし監査役と内部監査部門との関係を強化することで，経営者に対する牽制機能を働かせることが期待される」という考え方[14]がある一方，三様監査のそれぞれの成立ち及び機能に鑑みて，内部監査を監査役監査の一部とすることには否定的な見解もある[15]。

内部監査部門と監査役等との法的な位置づけが今後どうなるかは定かではないものの，少なくとも，わが国においても，監査役等の監査を十全に実施するためには，内部監査を活用する必要があるとの認識が強く持たれているということは確かであろう。

以上のような内部監査部門は，あくまでも制度には定められていない組織である。三様監査のうち，外部監査と監査役等による監査が法定監査として，社内において確固たる地位を確保し，十分な権限を与えられているのに比べて，ときとして内部監査は脆弱なケースもある。

しかしながら，本節で述べてきたように，現代の企業においては，内部監査の機能なしには，ガバナンス・プロセス，リスク・マネジメント，及

---

14 柿崎環「内部監査の独立性と上場会社のコーポレート・ガバナンス」現代監査27号（2017）。

15 武田和夫「監査役監査と内部監査の連携について」月刊監査研究44巻4号（2018）。

び内部統制のモニタリングは機能しないとも解される。同時に，社外取締
役にとっては，取締役会において内部監査部門による報告を受けたり，又
は直接的に内部監査部門とのチャネルを通じて，情報を入手したり調査等
の指示をしたりすることが，取締役としての職責を果たすために非常に有
用な方法と考えられていることに留意する必要がある。

　法定の機関ではない内部監査のあり方は，企業によって様々である。社
外取締役は，それぞれの企業の内部監査の位置づけや機能，あるいは能力
等を見定めて，適切に利用したり，ときに内部監査機能の拡充に努めたり
することが求められるのである。

第7章

財務諸表の見方入門

—服部　勝

I　財務諸表の構成要素

1　財務諸表の作成目的と役割

　決算書あるいは「財務諸表」という言葉で，一番身近に思い浮かぶのは，株主総会招集通知の貸借対照表（B/S）と損益計算書（P/L）であろうか。招集通知の財務諸表は，会社法に基づいて，企業の事業の経過とその成果を表すもので，企業の財政状態と損益の状況を，株主に報告することが目的である。

　これに対して，上場会社等では金融商品取引法に基づく，四半期ごとの決算の状況が開示，報告されており，株主でなくとも企業の業績や財政状態などの情報を知ることができる。

　企業の情報開示により私達の目にふれる財務諸表は，第一に経営者自身が企業の価値創造という経営の成果を，数値として把握するために作成される。

　それはまた，企業の「持ち主」である株主にとどまらず，債権者や取引先，従業員，消費者，国や自治体など，企業を取り巻く様々な利害関係者（ステークホルダー）への情報提供としても開示がなされる。このような面から，財務諸表は数字で表現される企業の姿ということができよう。

2　財務諸表の開示制度

　「会社法」や「金融商品取引法」により，企業は利害関係者のために財務諸表の情報開示を求められている。

　会社法は債権者保護の立場から，企業の債務弁済の能力や剰余金の配当についての視点による開示を定めている。これに対し，金融商品取引法では現在の株主にとどまらず，潜在的な株主としての投資家等への情報開示の視点から，開示の内容が定められている。

　会社法の定めにより，通例の1年決算の場合，決算期末（3月末が多い）の後に，定時株主総会の招集通知として，総会の議案とともに財務諸表が株主に送付される。

　一方，金融商品取引法では，期末の本決算における「有価証券報告書」のほか，3か月ごとに四半期決算による「四半期報告書」の提出が義務づけられており，上場企業等は年4回の情報開示をすることになっている。また，有価証券報告書や四半期報告書の提出に先立ち，決算短信が公表される。

　会社法と金融商品取引法における，報告の対象と目的等の比較を一覧にすると，【図表7-1】のようになる。

　呼称は，会社法では「計算書類」であり，金融商品取引法では「財務諸表」である。

　また，財務諸表の様式・表示方法は，会社法では「会社計算規則」に，金融商品取引法では個別決算については「財務諸表等規則」，連結決算については「連結財務諸表規則」に定められている。

　主たる作成の目的は，会社法は株主総会への報告あるいは承認であり，金融商品取引法は投資家等への情報公開である。

　開示範囲は，会社法では当期のみの単年度，金融商品取引法は前年度と当年度の2期対比とされているが，最近の株主総会招集通知では，前年度

【図表7-1】　会社法と金融商品取引法

報告の対象と目的等の比較

	会 社 法 （株主総会招集通知）	金融商品取引法 （有価証券報告書等）
呼　　　　称	計 算 書 類	財 務 諸 表
様式・表示方法	会 社 計 算 規 則	財務諸表等規則 連結財務諸表規則
目　　　　的	株主総会への報告あるいは承認	投資家等への情報公開
対　　　　象	株　　　　主	投 資 家 等
開　　　　示	単　年　度	前年度・当年度の２期対比
開 示 の 時 期	期　　　　末	四半期末と期末（年４回）

を「ご参考」として，２年分を記載している企業が多く見られる。

3　財務諸表等の種類

　開示される財務諸表等の種類を示すと，【図表7-2】のようになる。

　会社法の計算書類には，貸借対照表，損益計算書のほか，株主資本の変動を表す株主資本等変動計算書と，財務諸表の一部を補完している注記表の４種類がある（このほか，附属明細書と事業報告とを合わせて「計算書

【図表7-2】財務諸表等の種類

会 社 法 （株主総会招集通知）	金融商品取引法 （有価証券報告書等）
貸借対照表（連結，個別）	貸借対照表（連結，個別）
損益計算書（連結，個別）	損益計算書（連結，個別）
	連結包括利益計算書 [※2]
株主資本等変動計算書（連結，個別）	株主資本等変動計算書（連結，個別）
	連結キャッシュフロー計算書 [※3]
注記表（連結，個別）	注記事項（連結，個別）
附属明細書 [※1]	附属明細表（連結，個別）

※1　附属明細書は株主には送付されない
※2　連結損益計算書と合わせて「連結損益及び包括利益計算書」を作成することも可
※3　連結で開示すれば個別は不要

類等」と呼ぶ)。

　一方，金融商品取引法の財務諸表には，貸借対照表，損益計算書，連結包括利益計算書，株主資本等変動計算書，キャッシュフロー計算書および附属明細表がある。

　(以下の各項目では，原則として連結財務諸表について記述することとし，個別財務諸表については必要な場合に，適宜，説明を加える。)

Ⅱ　貸借対照表

　貸借対照表はバランスシート（B/S）と呼ばれているが，一定の期末日（四半期末や事業年度末）における各勘定科目の残高（バランス）を一覧にしたものである。

　貸借対照表は一般にＴ字型の表形式で表される。【図表7-3】のように，左側（借方）に資産が，右側（貸方）には負債と純資産が並んで表示されている。

　貸借対照表の左側は，事業に使用されている資産がどのようなものか，資産の運用の状況を示している。一方，右側は，資産を保有するための資金の調達の状況（資金の源泉）が，借入金などの負債によるのか，資本金等の株主の出資持分（＝純資産）によるのかを示している。このように貸借対照表は期末時点の財政状態を示す，いわば定点観測の記録写真のような財務諸表といえよう。

1　貸借対照表の左側（資産の部）

　貸借対照表の左側に表示される資産の部は，流動資産，固定資産，繰延資産の3区分に大別して列記されている。

【図表7-3】連結貸借対照表の様式（例示）

資　産　の　部		負　債　の　部	
流動資産	XXX	流動負債	XXX
現金預金	xxx	支払手形及び買掛金	xxx
受取手形及び売掛金	xxx	短期借入金	xxx
棚卸資産	xxx	1年以内返済予定の長期借入金	xxx
前払費用	xxx	1年以内償還予定の社債	xxx
未収入金	xxx	未払費用	xxx
その他	xxx	未払法人税等	xxx
貸倒引当金	△xxx	リース債務	xxx
固定資産 ^(※1)	XXX	その他	xxx
有形固定資産	XXX	固定負債	XXX
建物及び構築物	xxx	社債	xxx
機械装置	xxx	長期借入金	xxx
車両	xxx	リース債務	xxx
器具・備品	xxx	引当金	xxx
土地	xxx	退職給付に係る負債	xxx
リース資産	xxx	繰延税金負債	xxx
建設仮勘定	xxx	その他	xxx
その他	xxx	負　債　合　計	XXX
無形固定資産	XXX	純　資　産　の　部	
借地権	xxx	株主資本	XXX
ソフトウェア	xxx	資本金	xxx
のれん	xxx	資本剰余金	xxx
その他	xxx	利益剰余金	xxx
投資その他の資産	XXX	自己株式	△xxx
投資有価証券	xxx	その他の包括利益累計額	XXX
長期貸付金	xxx	その他有価証券評価差額金	xxx
敷金・保証金	xxx	為替換算調整勘定	xxx
繰延税金資産	xxx	繰延ヘッジ損益	xxx
その他	xxx	退職給付に係る調整累計額	xxx
貸倒引当金	△xxx	新株予約権	XXX
繰延資産	XXX	非支配株主持分	XXX
		純　資　産　合　計	XXX
資　産　合　計	XXX	負　債・純　資　産　合　計	XXX

※1　減価償却累計額は直接控除注記法による例示（p.228参照）

(1) 流動・固定の区分

　流動資産と固定資産の区分は，「営業循環基準」と「1年基準」とによる。右側の流動負債と固定負債の区分も，同様の基準によっている。

　営業循環基準とは，通常の営業取引のサイクルの中にあって発生する売掛金や受取手形，あるいは買掛金や支払手形などの勘定科目は，流動資産・流動負債に区分するというものである。

　これに対し，営業取引以外によって発生する資産や負債については，回収あるいは決済が期末日から1年以内にされるかどうかという「1年基準」（ワンイヤールール）が適用される。

(2) 流動資産

　流動資産は当座資産と棚卸資産などから構成されている。

　当座資産には，現金預金，売上債権（受取手形と売掛金），有価証券（売買目的の有価証券と満期が1年以内に到来する債券）などが含まれる。資産は取引された時点においては取得価額で計上されるが，期末日には時価等への見直しが行われ，見直し後の金額で貸借対照表に計上される。

　たとえば，外貨建ての預金は当初，預入日の為替相場で記帳されるが，貸借対照表には期末日の為替相場により換算した金額によって計上される。換算の差額は為替差損益として損益計算書に計上される。

　また，売買目的の有価証券は時価で評価され，取得価額との差額の評価損益は損益計算書に計上される。

　このほか売上債権については，回収不能に備えて貸倒引当金が設定される。貸倒引当金の繰入額は損益計算書に計上され，その期末残高は流動資産の部において「△表示」により控除される。

　棚卸資産には，販売業における商品や，製造業における製品，原材料，仕掛品などがある。仕入れた商品や生産した製品は，販売されると売上原価として損益計算書に計上される。期末の在庫は棚卸資産として貸借対照

表に計上され，翌期以降の売上原価となる。

　売上原価を当期と翌期以降に配分する方法には，個別法，平均法（移動平均法，総平均法），先入先出法，売価還元法などがある。棚卸資産のどの部分が販売され，どの部分が期末在庫となっているかについては，配分の方法により売上原価への振り当てが異なることになる。

　なお，棚卸資産は取得した価額（取得原価）で計上されるが，期末において時価が簿価を下回っている場合には，「収益性の低下に基づく簿価切下げの方法」により，回収可能な金額まで評価損を計上して，時価を貸借対照表の金額とする。

(3)　固定資産

　固定資産は，有形固定資産，無形固定資産，投資その他の資産に3区分される。

　固定資産については，収益性の低下により投資した金額の回収が見込まれなくなった場合に，回収可能額まで帳簿価額を切り下げる「減損会計」が適用される。減損した金額は費用（減損損失）として，損益計算書に計上される。

①　有形固定資産

　建物，構築物，機械装置，船舶，航空機，車両，工具，器具・備品，土地，リース資産，建設仮勘定などがある。

　長期間にわたって使用される固定資産は，一般に使用と時間の経過により劣化する。したがって，その取得に要した支出額を使用期間にわたって費用（減価償却費）として配分する必要がある。減価償却費の計上は，固定資産の使用により生み出される収益に対応する費用として，使用期間にわたり合理的に配分する手続きである。減価償却の方法には定率法，定額法，級数法，生産高比例法などがある。

　減価償却資産は，購入金額から減価償却累計額が控除されて，貸借対照表に表示される。表示の方法には，①各科目の減価償却累計額をそれぞれの資産の金額から直接控除して貸借対照表に表示し，減価償却累計額を注記する方法（直接控除注記法），②科目ごとに減価償却累計額を△表示する方法（科目別間接控除法），③減価償却資産全体の減価償却累計額の合計額を一括して△表示する方法（一括間接控除法）がある。

②　無形固定資産

　鉱業権，特許権，実用新案権，借地権などの法律上の権利のほか，ソフトウェア，のれんなどがある。

③　投資その他の資産

　投資有価証券，関係会社株式，出資金，長期貸付金，繰延税金資産，敷金，保証金などがある。

　投資有価証券のうち，満期保有目的の債券は取得価額を基に計上されるが，その他有価証券のうち時価のあるものについては期末日の時価で評価されて貸借対照表に計上される。この時の評価差額（評価損益）は損益計算書ではなく，税金相当額を控除した後の金額（税効果考慮後の金額）で純資産の部にその他有価証券評価差額金として計上される。評価益の場合の税金相当額（税効果の金額）は，将来の税金負担が生じることから繰延税金負債として計上される。反対に評価損の場合には，将来の税金負担が軽減されるので繰延税金資産が計上されることになる（全部純資産直入法の場合）。この評価差額については毎期見直しがされる。

　なお，満期保有目的の債券，子会社・関連会社に対する投資，その他有価証券について，上記のその他有価証券の毎期の洗い替えによる時価評価とは別に，時価等が著しい下落（おおむね50％以上の下落）をしており，回復可能性がないと見込まれる場合には，減損金額は損益計算書に計上さ

れ，減損処理による評価損計上後の金額が貸借対照表価額になる。

⑷　繰延資産

　社債発行費等，株式交付費，創立費，開業費と開発費の5科目がある。これらの科目は，一般的には支出時の費用として処理されることが多いが，繰延資産として計上することも認められている。繰延資産の計上は，費用と収益を対応させる観点から，発生時に全額を費用として計上するのではなく，支出の効果が及ぶ期間にわたって費用化するものである。

　たとえば，社債発行費は社債の償還までの期間にわたり，社債発行費等のうちの新株予約権の発行費は発行の日から3年以内の効果の及ぶ期間にわたり，費用化（償却）される。また株式交付費は3年以内，創立費，開業費，開発費については，5年以内の期間にわたり費用化される。

2　貸借対照表の右側（負債の部と純資産の部）

⑴　負債の部

　負債の部は，他人からの資金の調達等の状況を示している。資産の部と同様の基準によって，流動負債と固定負債とに区分される。

　流動負債には，仕入債務（買掛金と支払手形）や短期借入金，返済期限が1年以内の長期借入金や社債，コマーシャルペーパー，リース債務，未払費用，未払金などがある。

　固定負債には，返済期限が1年を超える長期借入金や社債，リース債務，繰延税金負債，各種の引当金などがある。

　引当金は，①将来の特定の費用または損失であり，②発生の原因がすでに生じており，③発生の可能性が高く，④その金額を合理的に見積もることができる場合，その特定の費用等に対して計上される。引当金の計上は，期間損益計算を適正にするという観点から行われるものである。

　なお，資産の部に計上される貸倒引当金や投資損失引当金は，「評価性

引当金」と呼ばれる。一方，負債の部に計上される引当金は，「負債性引当金」と呼ばれ，法的債務性のあるものと，債務性のないものとに区分される。

債務性のある引当金には，賞与引当金，退職給付引当金，製品保証引当金，返品調整引当金，ポイントサービス引当金などがある。他方，債務性のない引当金には，修繕引当金，債務保証損失引当金などがある。

(2) 純資産の部

純資産の部は，「資産と負債の差額」であり，資産や負債に属さない科目によって構成されている。大別して，株主資本とそれ以外に区分されることから，従前は「資本の部」と呼ばれていたが，2006年の会社法施行後は呼び方が変わり「純資産の部」となった。

【図表7-4】のように連結貸借対照表では，純資産の部は株主資本，その他の包括利益累計額，新株予約権，非支配株主持分の4区分となる（個別の貸借対照表では，株主資本と評価・換算差額等および新株予約権の3区分）。

① 株主資本

株主資本は，資本金，資本剰余金（資本準備金とその他資本剰余金），利益剰余金（利益準備金，任意積立金，繰越利益剰余金），自己株式に区分される。

資本金は，会社設立時における株主からの出資，あるいはその後の増資による払込金額である。払込額の2分の1を超えない部分を資本準備金とすることができるので，多くの場合，2分の1までは資本準備金とされ，残額は資本金に組入れられている。

利益剰余金は当期純利益によって生じた留保利益から構成されている。

自己株式は株主に対しての会社財産の払戻しになるため，資産の部に計

【図表7-4】純資産の部の表示（連結と個別）

連結貸借対照表の純資産の部（例示）

株主資本	XXX
資本金	xxx
資本剰余金	xxx
資本準備金	xxx
その他資本剰余金	xxx
利益剰余金	xxx
利益準備金	xxx
その他利益剰余金	xxx
自己株式	△xxx
その他の包括利益累計額	XXX
その他有価証券評価差額金	xxx
為替換算調整勘定	xxx
繰延ヘッジ損益	xxx
退職給付に係る調整累計額	xxx
新株予約権	XXX
非支配株主持分	XXX
純資産合計	XXX

個別貸借対照表の純資産の部（例示）

株主資本	XXX
資本金	xxx
資本剰余金	xxx
資本準備金	xxx
その他資本剰余金	xxx
利益剰余金	xxx
利益準備金	xxx
その他利益剰余金	xxx
自己株式	△xxx
評価・換算差額等	XXX
その他有価証券評価差額金	xxx
繰延ヘッジ損益	xxx
新株予約権	XXX
純資産合計	XXX

上するのではなく，株主資本から控除して「△表示」がされる。

②　その他の包括利益累計額（評価・換算差額等）

　その他の包括利益累計額には，その他有価証券評価差額金，為替換算調整勘定，繰延ヘッジ損益，退職給付に係る調整累計額などがある（個別貸借対照表では，その他有価証券評価差額金，繰延ヘッジ損益などがあり「評価・換算差額等」として表示される）。

　その他有価証券評価差額金は，前出の説明（p.228）のとおりである。

　為替換算調整勘定は，連結決算において子会社の財務諸表の換算をする時に発生する。海外子会社の資産，負債は決算日の為替相場（決算日レート）により換算されるが，純資産の部の，親会社の出資額とその後の利益

剰余金については，それぞれの発生時の為替相場により換算される。この
ため，決算日レートによって算定される資産と負債の差引金額と，発生時
のレートによる純資産の換算額には差異が生じる。したがって，その差額
は為替換算調整勘定として計上されることになる。なお為替換算調整勘定
のマイナスは，円高による出資額や利益剰余金の目減り分を意味している。

　繰延ヘッジ損益は，ヘッジ会計の適用により生じる科目名である。たと
えば保有する国債の値下がりに備え，金融派生商品（デリバティブ）によ
るヘッジをした場合，ヘッジ手段のデリバティブにより生じる利益を，国
債の値下がり損失が計上される時期まで繰り延べる場合などに生じる。

　退職給付に係る調整累計額は，連結決算のみに対象とされる会計処理で
やや複雑であるが，外部に積み立てた年金資産と退職給付債務の差額につ
いての，数理計算上により生じた未認識の差異や未認識の過去勤務債務に
係る調整額をいう。

③　新株予約権

　新株予約権は，その行使により株式の交付を受けることができる権利を
いい，新株予約権付社債として発行される場合や，ストックオプションな
どに利用されている。ストックオプションは，対象者の労務サービスに対
する見返り（報酬）として付与されることから，現金支出はないが，権利
付与の対象期間にわたって，人件費（株式報酬費用）として損益計算書に
計上される。

　貸借対照表上，新株予約権は返済義務がないことから負債には属さず，
また現在の株主からの出資でもなく潜在的な株主の出資にあたるため，株
主資本にも含まれず，純資産の部に独立の項目として表示される。

④　非支配株主持分

非支配株主持分は，連結対象子会社に対する保有の割合が100%でない

場合に発生する。たとえば，子会社株式の保有割合が80％の場合，合弁相手の株主（非支配株主）に帰属する20％の持分を指す。具体的には，非支配株主が出資した資本と，その後の事業年度に稼得された純利益（利益剰余金）のうちの非支配株主に帰属する部分との合計から構成される（後述のⅢ-4参照）。

　非支配株主持分は連結の株主資本には該当せず，また返済義務もないことから負債にも該当せず，純資産の部に独立して計上される。

　（なおROEは後述のように自己資本利益率であるが，算出するときの連結ベースでの分母は，株主資本とその他の包括利益累計額の合計金額になる。）

3　株主資本等変動計算書

　「株主資本等変動計算書」は，【図表7-4】に示した貸借対照表の純資産の部の各科目について，期首残高と当期中の変動額の状況および期末残高を一覧に示した財務諸表である。

　純資産の部の増減要因は，その他の包括利益累計額（評価・換算差額等）の項目が増えたことにより，従前より多岐にわたることになったが，株主資本等変動計算書によってその内容が一覧できるようになった。

　たとえば，期中に増資・減資があれば資本金と資本剰余金の項目に増減が記載され，利益剰余金の当期中の変動額には，当期純利益（純損失），配当金支払額などが記載される。

Ⅲ　損益計算書

1　損益の段階的な3区分

　損益計算書（P/L）は，事業活動の結果，当会計期間中にいくらの利益

が計上できたかという，経営の成果を示す財務諸表である。【図表7-5】のように，損益計算書には大別して，営業損益，経常損益および純損益の3段階の区分による損益が表示されている。

　営業損益の区分は営業収益（売上高）から営業費用（売上原価と販売費及び一般管理費）を差引いた部分で，「本業」からの利益あるいは損失という営業活動の成果を示している。

　売上高から売上原価を控除した損益は，売上総利益（赤字の場合は売上総損失）として表示され，さらに販売費及び一般管理費を控除すると，営業活動の成果を示す営業損益が算定される。

　営業活動に，営業活動以外の損益を加味した段階は，経常的な事業活動の成果を示すことから，経常損益の区分と呼ばれる。

　さらに，この経常損益に特別損益を加減した結果は，純損益の区分となる。特別損益には経常的に発生するもの以外で，臨時的あるいは多額な損益の項目が計上される。

　特別損益の次には税金の項目が表示され，税金の控除後の金額が当期純利益になるが，【図表7-5】の注に示すように，連結損益計算書と個別の損益計算書とでは，表示項目が異なっている。

2　営業損益

(1)　営業利益

　営業利益は，営業収益（売上高）から営業費用（売上原価と販売費及び一般管理費）を差引いたものである。営業利益は，企業の一会計期間における営業活動の成果を端的に示した，文字どおり営業（事業）によって得られた利益を意味している。

　赤字の場合（営業損失）は，売上が不足しているか，コストがかかり過ぎて採算に合っていないということになる。したがって単純なことであるが，営業利益を増やすには，売上を伸ばすかあるいはコストを減らすしか，

【図表7-5】連結損益計算書の様式（例示）

売上高		XXX
売上原価		xxx
売上総利益（売上総損失）		XXX
販売費及び一般管理費		xxx
営業利益（営業損失）		XXX
営業外収益		
受取利息	xxx	
：	：	xxx
営業外費用		
支払利息	xxx	
：	：	xxx
経常利益（経常損失）		XXX
特別利益		
固定資産売却益	xxx	
：	：	xxx
特別損失		
固定資産処分損	xxx	
減損損失	xxx	
：	：	xxx
税金等調整前当期純利益（純損失）		XXX
法人税，住民税及び事業税	xxx	
法人税等調整額	xxx	xxx
当期純利益（純損失）		XXX
非支配株主に帰属する当期純利益（純損失）		xxx
親会社株主に帰属する当期純利益（純損失）		XXX

※1　（　）内は赤字の場合の科目名
※2　個別の損益計算書では，特別損失より後は次のように表示される。
　　　税引前当期純利益（税引前当期純損失）
　　　法人税，住民税及び事業税
　　　法人税等調整額
　　　当期純利益（当期純損失）

手はない。

　売上が減れば（減収），一般的には利益も減ることとなるが，合理化などでコストを減らせば減収でも増益になる可能性もある。

　営業損益が赤字の場合，会計上の用語は営業損失というが，新聞記事等ではわかりやすさの点から営業赤字と表現されている。

(2)　営業費用

　営業利益を算出する時に売上高から控除する営業費用は，売上原価と販売費及び一般管理費から構成されている。

　売上原価には，製品や商品の仕入原価あるいはメーカーなら製造の原価などが含まれる。製造原価には，材料費と労務費と経費という項目がある。

　販売費及び一般管理費は，販売活動や本社などの管理業務により発生した費用で，広告宣伝費，交通費，運送費，通信費，賃借料，減価償却費などのほか，販売部門と管理部門の従業員給与・手当などがある。

3　経常損益

　経常利益は，企業の当期の業績を示す最も代表的な指標のひとつとして，営業利益，当期純利益と並んで重視されている。

　前述のように，企業の本来の営業活動から生まれた利益が営業利益であり，これに本業以外の損益や財務活動からの損益などの，営業外の損益を加えた「通常の事業活動から生じた損益」を経常利益（あるいは経常損失）という。営業外の損益の代表的なものは金融収益や金融費用で，具体的には【図表7-6】のような科目がある。

　「経常」というのは日常的，恒常的に繰返し発生することを意味している。したがって，特別損益に計上されるような「臨時的あるいは多額な損益」以外の継続的な損益が，経常利益となる。このことから経常利益は，企業全体としての総合的な収益力を示すものと考えられている。

　会計の用語では，黒字の場合は経常利益，赤字の場合には経常損失であるが，新聞記事などでは，わかりやすく経常黒字，経常赤字と表記されている。

【図表7-6】営業外損益の科目（例示）

営業外収益	営業外費用
受取利息	支払利息
受取配当金	割引料
為替差益	為替差損
受取地代，家賃[※1]	貸倒引当金繰入額
持分法による投資利益[※2]	持分法による投資損失[※2]

※1　賃貸業を本業としていない場合。
※2　連結決算で発生する勘定科目。連結対象の会社の持株保有割合が，たとえば20%の場合には，対象会社の損益の20%を持分法による投資損益として計上する。

4　当期純利益

　経常利益に特別損益を加減すると，税引前の利益（あるいは損失）になる。特別損益には，経常的に発生するもの以外の損益で，臨時的，多額な損益が計上される。食品業界に属する企業のある事業年度の特別損益の事例は，【図表7-7】に示すようなものであった。

　【図表7-5】のように連結損益計算書の税引前の利益の科目名は，税金等調整前当期純利益と表記される。税金等調整前当期純利益の次に税金の項目が控除され，当期純利益が表示される。そして，この当期純利益から非支配株主に帰属する部分を除外すると，親会社株主に帰属する純利益になる。この純利益は，貸借対照表には利益剰余金の増加として反映される。

　税金は法人税，住民税及び事業税と法人税等調整額の2行に分かれて表示される。法人税，住民税及び事業税は，当期の課税所得に対して負担する税金を意味している。他方，法人税等調整額は，税効果会計の適用により発生する科目である。税効果会計は，会計上の税引前の利益（税金等調

【図表7-7】特別損益の科目（例示）

特別利益	特別損失
固定資産売却益	固定資産除却損
投資有価証券売却益	固定資産売却損
関係会社株式売却益	減損損失
保険金収入	投資有価証券評価損
	投資有価証券売却損
	事業構造改善費用
	工場再編損失引当金繰入額

整前当期純利益）に対応する税額と，当期の課税所得に対して負担する税額との調整をする会計処理を指す。この調整額は貸借対照表では，繰延税金資産あるいは繰延税金負債として計上されることになる。

　非支配株主に帰属する当期純損益の項目は，連結子会社の持分比率が100%でない場合に発生するが，税金を控除した当期純利益の次に表示される。たとえば，80%所有の子会社の利益については，20%部分の利益は合弁相手の株主（非支配株主）の持分である。しかし，連結損益計算書の売上高から当期純利益までには当該子会社の損益の各項目が100%合算されているので，そのうちの非支配株主に属する持分20%を当期純利益から一括して控除するための科目である。この控除によって残額の80%が最終的に，親会社株主に帰属する損益として計上されることになる。20%部分については貸借対照表の非支配株主持分の増減として反映される。

　なお，当期の純損益は，営業損益，経常損益と同様に新聞記事などでは，最終損益あるいは最終赤字と表記されることもある。

5　セグメント情報

　損益計算書の科目の表示は，営業外損益や特別損益に比べると，売上から営業損益までの区分では，売上高，売上原価，売上総利益，販売費及び

一般管理費という大きな項目によって計上されている。したがって，企業のどの事業部門において利益（あるいは損失）が生じているのか，これだけの情報では，経営の成果が十分把握できないところがある。

　金融商品取引法においては，財務諸表の注記事項としてセグメント別の情報が開示されており，部門ごとの損益状況などを理解する一助になる。

　企業の経営成果等の把握には，事業，商品，顧客，チャネルなどの様々な切り口がある。経営者層によって管理されている切り口に基づいて集計された「部門（セグメント）ごとの損益等の情報」をセグメント情報という。企業の最高意思決定機関が，資源配分の意思決定や業績評価をするために，経営成績を定期的にチェック，分析しているという事業単位に集約したセグメント情報が開示されているが，この事業単位決定の方法はマネジメント・アプローチと呼ばれている。

　セグメント情報は，セグメントごとの売上高，営業費用，営業利益のほか，総資産，減価償却費，のれん，資本的支出などの項目が開示されているので，企業の事業別の業容がわかるデータとなる。

　重要なセグメントが的確に報告されるよう，量的基準等によって報告セグメントが決定される。たとえば，売上高や利益あるいは資産について10%以上の部門は，独立したセグメントとして開示がされている。

Ⅳ　連結包括利益計算書

1　包括利益の概念

　2011年3月期から連結決算については，包括利益計算書の開示がされている。

　当期純利益よりも広範な利益を意味する「包括利益」は聞き慣れない用語であるが，国際会計基準の Comprehensive Income の訳語である。

【図表7-8】のように，貸借対照表の純資産の部の増減要因（前期と当期の差額）は「資本取引」と「資本取引以外の取引」に大別されるが，そのうちの資本取引以外のものが，「包括利益」となる。

資本取引には，増資や減資による資本金や資本剰余金の増減，配当による利益剰余金の流出等がある。他方，包括利益は「当期純利益」と，有価証券の評価や為替換算調整勘定などの増減要因による「その他の包括利益」とによって構成されている。

連結包括利益計算書に計上されたその他の包括利益は，連結貸借対照表においては株主資本の次に記載されている，その他の包括利益累計額という科目に反映されることになる。

貸借対照表の純資産の期首と期末の差額から，資本取引を除いた部分が「利益」であるというこのような概念は「資産・負債アプローチ」と呼ばれている。これは従来の，売上高から売上原価や費用などを差し引いて損益を計算するという，損益計算書を通じて利益を把握するアプローチ（収益・費用アプローチ）とは異なる考え方で，「資産・負債アプローチ」の立場をとる国際会計基準との調和の流れを反映している。

【図表7-8】連結純資産の部の増減要因

区分	増減の内容例
資本取引	増資，減資，配当
包括利益	
当期純利益	当期の純利益（純損失）
その他の包括利益	有価証券の評価や為替換算調整勘定など

2　包括利益を表示する計算書

包括利益を表示する計算書の様式には，1計算書方式と2計算書方式とがある。2計算書方式は，従来の損益計算書とは別の財務諸表としての

【図表7-9】　2計算書方式の連結包括利益計算書の様式（例示）

当期純利益	×××
その他の包括利益	
その他有価証券評価差額金	xxx
為替換算調整勘定	xxx
繰延ヘッジ損益	xxx
退職給付に係る調整額	xxx
持分法適用会社に対する持分相当額	xxx
その他の包括利益合計	×××
包括利益合計	×××

（内訳）
　親会社株主に係る包括利益　　　xxx
　非支配株主に係る包括利益　　　xxx

「包括利益計算書」を作成して，2種類の計算書によって表示する形式をいう。

　これに対し，1計算書方式は，当期純利益と包括利益の表示をひとつの「損益及び包括利益計算書」という財務諸表により表示する方式をいう。ほとんどの企業において，2計算書方式による開示がなされている。

　【図表7-9】に，2計算書方式の包括利益計算書を例示した。この例示のように包括利益計算書は，損益計算書の非支配株主に帰属する利益（損失）を含んだ当期純利益（純損失）をスタートに，その他の包括利益の増減内訳が記載される。包括利益は，このように非支配株主に帰属する部分も含めて計上されているので，内訳として親会社株主に係る部分と，非支配株主に係る部分の包括利益額がそれぞれ表示される。

3　その他の包括利益の科目内訳

　その他の包括利益には，【図表7-9】に示したように，その他有価証券評価差額金，為替換算調整勘定，繰延ヘッジ損益，退職給付に係る調整額などの項目がある。包括利益計算書において算定されたこれらの各項目の

累計額は，貸借対照表の純資産の部の「その他の包括利益累計額」の項目
に，それぞれ計上されている。

　持分法適用会社に対するこれらの項目の持分相当額は，【図表7-9】の
ように一括して，持分法適用会社に対する持分相当額という科目で，連結
会社の持分比率に対応した額により，その他の包括利益に計上される。た
だし貸借対照表のその他の包括利益累計額においては，上記のそれぞれの
勘定科目に振り分けて計上される。

V　キャッシュフロー計算書

1　キャッシュフロー計算書から得られる情報

　わが国では，【図表7-10】の様式のような連結キャッシュフロー計算書
の作成が，2000年3月期から義務づけられている。

　キャッシュフロー計算書により一般的には，営業活動から資金を生み出
す能力，債務や配当などの支払能力，資金調達能力，当期純利益とキャッ
シュフロー（CF）との差異，投資や資金調達の意思決定に与える影響な
どの情報が得られるとされている。

　文字どおり，キャッシュフローは企業の現金収支の状況，すなわち「お
金（資金）の流れ」を意味している。しかし，このお金の流れによる「資
金収支」と企業の「損益計算」とは通常，一致しない。

　このことに対し，企業の流動性，収益性，リスクなどの諸要因の評価に
役立つという点から，1980年代に，CFに基づいて企業価値を極大化する
ための管理手法として，フリーキャッシュフロー（FCF，純現金収支）
の考え方が登場してきた。

　営業活動により生み出されるCFと，事業に必要な投資活動のCFとの差
引合計は，FCFと呼ばれる。FCFは，企業が自由に使える資金をどれだ

け生み出す能力があるかを示している。

2　キャッシュフロー計算書の表示区分

【図表7-10】の様式のように，キャッシュフロー計算書は営業活動，投資活動，財務活動に3区分されて表示されている。

　なお，キャッシュフロー計算書において「キャッシュ」とは通常，現金（手許現金，要求払い預金）と現金同等物を指す。現金同等物とは，容易に換金可能で，かつ価値の変動に対して僅かなリスクしかない短期投資を意味し，一般的には取得日から3ヶ月以内に満期または償還期日が到来する定期預金などを指す。

(1)　営業活動によるCF

　企業の営業活動によって生み出されたCFで，営業活動の維持拡大，債務や配当の支払などに十分な資金（キャッシュ）が生み出されたかを表す重要な概念である。

　商品の売上や役務の提供等の事業活動による収入と，それに伴って発生する支出などの，営業損益計算の対象となった取引の資金がこれに含まれる。

(2)　投資活動によるCF

　その推移は，投資によって新たに得られる営業CFを予測するための基礎情報ともなる。固定資産の取得による支出や売却等による収入，あるいは投資有価証券の取得・売却等の収支が含まれる。

(3)　財務活動によるCF

　企業の投資資金，運転資金を調達する能力を示している。

　増資や自己株式の取得あるいは社債の発行・償還，借入金の調達・返済

244

【図表7-10】キャッシュフロー計算書の様式（例示）

営業活動によるキャッシュフロー	
税金等調整前当期純利益	xxx
減価償却費	xxx
貸倒引当金の増減額	xxx
：	：
受取利息・配当金	xxx
支払利息	xxx
：	：
資産・負債の増減額	
売上債権の増減額	xxx
棚卸資産の増減額	xxx
仕入債務の増減額	xxx
：	：
小　　計	XXX
利息・配当の受取額	xxx
利息の支払額	xxx
法人税等の支払額	xxx
営業活動によるキャッシュフロー合計額	XXX
投資活動によるキャッシュフロー	
有形固定資産の取得による支出	xxx
投資有価証券の売却による収入	xxx
：	：
投資活動によるキャッシュフロー合計額	XXX
財務活動によるキャッシュフロー	
短期借入金の純増減額	xxx
長期借入による収入	xxx
長期借入金の返済による支出	xxx
：	：
財務活動によるキャッシュフロー合計額	XXX
現金及び現金同等物に係る換算差額	XXX
現金及び現金同等物の増減額	XXX
現金及び現金同等物の期首残高	XXX
現金及び現金同等物の期末残高	XXX

など，資金の調達と返済によるCFが記載される。

3　FCFの意味

　営業活動によるCFはお金が入ってくる方であり，企業の収益力を示している。一方，投資活動によるCFは将来の事業展開のための設備投資や他社への出資，M&A投資などへの資金の投下等を反映している。不要資産や保有株式の売却などはこの逆で，資金の回収になる。

　営業活動によるCFと投資活動によるCFの差引合計のFCFが赤字ということは，たとえば収益力が十分ではなく投資活動を賄いきれないこと，あるいは反対に，収益力が十分であるがそれ以上に投資活動が旺盛であることを意味している。したがって，FCFがプラスということは資金の余裕を示し，反対にマイナスであれば支出超過であるから，借入金等の調達（財務活動によるCF）が必要になる。

4　キャッシュフロー計算書の作成方法

　ところで，キャッシュフロー計算書は，個々の営業収入や費用などの資金の出入りを把握する「直接法」ではなく，ほとんどの企業では「間接法」によって作成されている。直接法による作成は手間がかかるためである。

　間接法では，【図表7-10】のように，損益計算書の税引前の利益（税金等調整前当期純利益）からスタートして，3段階の調整を加えて営業CFを把握する。

　第1段階では，損益計算書に計上されている科目のうち，たとえば，減価償却費やのれんの償却費などのキャッシュを伴わないものを除外する。

　次に，営業活動に関する資産・負債，たとえば売上債権や棚卸資産，仕入債務などの貸借対照表の科目については，期首と期末の残高の増減によってキャッシュの流れを把握する。

　さらに，営業外損益や特別損益の項目については，売却による収入金額などを把握するための調整を行う。固定資産や有価証券の売却損益は，損益計算書の上ではネットの損益のみが計上されるが，キャッシュフロー計算書ではキャッシュの流れを把握するために，売却によって得られた収入金額に置き換える必要がある。また受取利息や支払利息は損益計算書においては発生主義で計上されているが，キャッシュフロー計算書では，受取りと支払いの時点での現金ベースの数字に置き換えがなされる。

Ⅵ　注記等の情報

　連結財務諸表の注記では，【図表7-11】に示したような内容が開示されている。たとえば，連結のための基本となる重要事項の注記として，連結の範囲，持分法の適用などが記述されるほかに，会計方針を例にとると，重要な資産の評価基準と評価方法，減価償却の方法，引当金の計上方法，収益費用の計上基準，ヘッジ会計の方法，のれん，会計方針や表示方法の変更など多彩な記述がされている。

【図表7-11】連結財務諸表の注記情報（例示）

```
○　連結のための基本となる重要事項の注記
      連結の範囲，持分法の適用など
      会計方針
          重要な資産の評価基準と評価方法，減価償却の方法，
          引当金の計上方法，収益費用の計上基準，ヘッジ会計の
          方法，のれん，会計方針や表示方法の変更　など
○　貸借対照表，損益計算書などの各財務諸表に関する注記
○　金融商品に関する注記
○　セグメント情報
○　1株当たり情報
○　重要な後発事象　　など
```

Ⅶ　附属明細書と附属明細表

　会社法の「附属明細書」と，金融商品取引法の「附属明細表」の内容は，【図表7-12】に示したとおりである。なお附属明細書は株主には送付されない。

【図表7-12】　附属明細書と附属明細表

附　属　明　細　書 会社計算規則第117条	附　属　明　細　表^(※2) 財務諸表等規則第121条
1．有形固定資産及び無形固定資産の明細	1．有価証券明細表
2．引当金の明細	2．有形固定資産等明細表
3．販売費及び一般管理費の明細	3．社債明細表
4．その他^(※1)	4．借入金等明細表
	5．引当金明細表
	6．資産除去債務明細表

※1　第112条（関連当事者との取引の注記）のうち，同条但書により省略した事項
※2　連結附属明細表は社債明細表，借入金等明細表，資産除去債務明細表（連結財務諸表規則第92条）

Ⅷ　財務諸表の見方

　勘定科目と数字が羅列されている財務諸表を眺めてみるだけでは，その内容をすぐには理解しがたいところがある。

　総資産を100とした貸借対照表の構成比，あるいは売上高を100とした損益計算書の構成比，財務諸表の各項目の過年度との増減金額や増減率，さらには財務諸表の関連項目における財務比率などによる比較を通じて，様々な角度から財務諸表のデータを見ることにより，企業の業績と財政状態の理解を深めることが可能になるであろう。

1 　構 成 比

　貸借対照表を構成している資産，負債，純資産の見出しの各項目や，個々の勘定科目について，総資産を100としてそれぞれの割合を算出すると「％表示」の貸借対照表ができる。

　この％で表示された貸借対照表によれば，金額表示の実数による貸借対照表とは異なった視点での企業の姿が浮かんでくる。たとえば流動資産と固定資産のバランスがどの程度になっているか，固定資産の各科目への投下金額の割合はどうか，さらには流動資産のうちの売上債権や棚卸資産の構成の状況などの特徴がクローズアップされてくる。

　負債側では，短期借入金や1年以内返済予定の長期借入金などの流動負債と，長期借入金や社債などの固定負債に対する依存度が，それぞれどの程度かという特徴も明確になる。

　また，純資産については資本金や資本剰余金などの出資の割合と，その後に累積された利益剰余金などの状況が把握でき，負債のウェートとあわせて調達面の依存度の状況が明らかになる。

　このように百分比の貸借対照表によれば，規模の異なる企業どうしの比較などにおいても，数字を単純に比べる場合より理解が容易になるという面が見られる。

　なお，損益計算書についての売上高を100とする各項目の構成比は，後述の利益率や原価率そのものであり，収益力の状況が比率として示され，他企業や業界水準との比較が容易になる。

2 　増減比較

　当期の財務諸表と比較する時の過年度の財務諸表は，貸借対照表については通常，前事業年度末のもの，損益計算書については前年の同期間のものとなる。前期末の貸借対照表との比較は，総資産全体としての増減ある

いは各項目ごとの増減との見比べなどにより，前期末と比べた増減額や増減比率によって，当期中の営業活動の成果と経済情勢などがどのように反映しているかを知る手がかりになる。

　各勘定科目の増減額に異常なものはないか，たとえば売掛金の急激な増加は，販売活動の大幅な進展の結果なのか，滞留して回収困難になってはいないか，貸倒引当金は十分かどうかというような視点が生まれてくる。

　また棚卸資産の増加に関しては，計画的な必要在庫に見合っているか，販売不振によるものか，在庫日数が長期化してはいないか，あるいは不良在庫が増加していないかなど，様々な要因を分析する糸口にもなる。

　増減額の比較と同様に，前期末を100として各科目の増減率を算定することにより，当期中の資産や負債について，変化の大きかった項目が浮かび上がってくる。

　損益計算書においても売上高の増加や減少（増収，減収）により，あるいは売上原価や販売費及び一般管理費などのコスト，さらには営業外損益や特別損益によって，各段階の利益がどのような影響を受けて増減したのかが，増減額や増減率に着目することによって明確になる。

3　比率分析

　貸借対照表と損益計算書について，関連する項目の金額を比率に加工して見ることにより，様々なレベルでの収益性，効率性，健全性などの分析が可能となる。

　以下の記述のように，財務比率には，自己資本比率や流動比率などの貸借対照表の項目に関するもの，売上高利益率などの損益計算書に関するもの，資産回転率やROEなどの貸借対照表と損益計算書の双方に関連するものがある。

4　貸借対照表の比率

(1)　自己資本比率

　前出のように，貸借対照表の左側は資産（資金）の運用状況，右側はその事業活動の元手となる資金の調達状況（自己資金か他人の資金か）を示している。自己資本比率は，貸借対照表全体に対する自己資本の調達割合であり，企業の財務基盤を示す指標となる。

　自己資本比率の算定時に用いる分子の「自己資本」の金額は，連結ベースでは，純資産の部のうちの株主資本とその他の包括利益累計額との合計となる。別の言い方をすれば，純資産合計から新株予約権と非支配株主持分を除いた部分となる。

$$
自己資本比率（\%）= \frac{自己資本}{総資産} \times 100
$$

　企業の事業活動による利益の蓄積の結果，自己資本が充実すれば，当然のことながら自己資本比率は上昇する。また，自己資本は返済不要資金なので，比率が高ければ，資金繰りが楽である等の財務基盤の観点から，経営安定性が高いという評価がされる指標である。

　これに対し，他人資本の調達による事業展開は，限られた自己資本の補足をすることにつながり，借入限度額や支払利息負担の課題があるが，事業拡大のテンポを速めることが可能となる。しかし，借入金等の負債に依存すれば，いずれ返済する必要があり，調達環境の変化や貸し渋りなどの影響を受けることにもなりかねないので，適正水準の借入金等とのバランスが必要とされている。

(2)　デット・エクイティ・レシオ

　財務基盤の強さを示す指標の「負債比率」は，負債と自己資本との比率で，分子の負債を分母の自己資本で除して算定される。

　この負債比率の分子を金利負担の発生する「有利子負債」に置き換えると，デット・エクイティ・レシオ（Debt Equity Ratio）になる。

　デット・エクイティ・レシオは算式のように，自己資本に対する有利子負債の倍率を示す指標で「何倍」という呼び方がされている。負債比率と同様，数値が低いほど財務安定度は高いという評価がされている。業種，業態によりその水準は異なるものの，一般に，分母・分子が等しい1倍という水準は，財務の健全性を保つ均衡点という見方がされている。

　デット・エクイティ・レシオの良化には，分子の有利子負債の減少，または分母の増加（内部留保あるいは増資による自己資本の増加など）が必要になる。

$$\text{デット・エクイティ・レシオ} = \frac{\text{有利子負債}}{\text{自己資本}} \quad (倍)$$

　財務安定度をより厳密にみるために，分子を有利子負債から現預金や手元の余剰資金の運用額を控除した，実質的な負債額（純有利子負債）のみに限って算定した「ネット・デット・エクイティ・レシオ」により評価されることもある。

(3)　流動比率

　流動比率は，流動資産を流動負債で除した比率で，財務の安全性や債務弁済能力を見る一般的な指標とされている。

$$\text{流動比率}（\%） = \frac{\text{流動資産}}{\text{流動負債}} \times 100$$

　流動比率は，短期的に返済あるいは決済する負債を，短期的に回収する資産で賄えるかどうかを判断する指標である。

　流動資産の水準については，「一般に200%以上あるのが望ましいとされている」といわれているが，財務省の法人企業統計年報によれば，製造業と非製造業とを合わせた全産業ベースの数値は，140%程度となっている。

　流動資産には，現預金や売掛金など確実に現金化される当座資産のほか
に，換金性が十分ではない，あるいは回収不確実性のおそれのある棚卸資
産などがある。200％の根拠として，棚卸資産等の換金性が十分ではない
資産の価値が半分になったとしても，流動負債の倍の流動資産があれば支
払いが十分可能であろう，という考え方によるとされている。

⑷　固定比率

　固定比率は，自己資本のうち固定資産に投下されているウエートがどれ
ほどかを示す指標である。固定資産への投下資金は，長期にわたり固定化
されるので，原則として返済の必要のない自己資本の範囲内で，安定的な
調達がされているかどうかという評価をする尺度である。

　固定比率に関連して補足的に用いられる，分母を自己資本と固定負債の
合計額によって求まる比率は，固定長期適合率と呼ばれている。

$$固定比率（\%）= \frac{固定資産}{自己資本} \times 100$$

5　損益計算書の比率

　売上高を100％とする損益計算書の構成比は，分子とする勘定科目によ
りそれぞれ売上高利益率，売上原価率，売上高販売費及び一般管理費比率
あるいは売上高人件費比率などの収益性を評価する比率になる。

⑴　売上高利益率

　企業の収益性を示す「売上高利益率」は，損益計算書のそれぞれの段階
利益を分子に，売上高を分母に算定する。各段階の利益率の算式は以下の
ようになる。

$$売上高総利益率（％）（売上高粗利益率）= \frac{売上総利益}{売上高} \times 100$$

$$売上高営業利益率（％）= \frac{営業利益}{売上高} \times 100$$

$$売上高経常利益率（％）= \frac{経常利益}{売上高} \times 100$$

$$売上高純利益率（％）= \frac{当期純利益}{売上高} \times 100$$

(2)　売上総利益率と売上原価率

売上原価率は，文字どおり売上高と売上原価の比率で，直接の原価率を示している。売上高から売上原価を差し引いたものが売上総利益であることから，以下の算式のように売上総利益率と売上原価率とは裏腹の関係になる。

$$\underset{（売上総利益率）}{\frac{売上総利益}{売上高}} + \underset{（売上原価率）}{\frac{売上原価}{売上高}} = 1$$

6　貸借対照表と損益計算書の比率

(1)　回転率

回転率は，資産が一定の期間（通常は1年）において何回，回転するかということを示す用語である。

たとえば売上高を総資産で除すと，総資産回転率が求まる。総資産回転率の単位は「回」で，数値が「3回」であれば，分子の売上高を確保するために，1年間に総資産が3回転したことを表している。資産回転率が高

いことは，少ない資産で多くの売上高を達成できたということから，効率性が高いことを意味する。

　また，棚卸資産回転率は，売上高を分子に棚卸資産を分母に算定される。製品の製造販売であれば，原材料が加工されて仕掛品から製品となり，その製品在庫が販売されるという一連のステップがあり，1年の間にこのステップが何回繰り返されたかを示している。

　このような棚卸資産の在庫回転率は，期首から期末までにおいて，在庫の回転が「何回」になるかという指標であることから，数値が高ければ売上高に対する在庫の量が少なく，販売効率が良いことを示している。逆に数値が低いのは，売上高の不足あるいは在庫量が多いことを意味する。在庫の回転率は，同業各社との比較のみならず，自社の商品別の比較による効率性を判定する場合の指標にもなる。

　ちなみに回転率の逆数（たとえば棚卸資産を分子に，売上高を分母とする）は回転期間になる。回転期間は，在庫を売るのに平均何か月を要したかという指標である。年12回の回転率であれば，1年間に平均して12回売れることを意味している。したがって，回転期間は1か月になり，平均して1か月の在庫があることになる。

$$総資産回転率　=\frac{売\,上\,高}{総\,資\,産}　（回）$$

$$棚卸資産回転率　=\frac{売\,上\,高}{棚卸資産}　（回）$$

(2)　ROA（Return on Assets；総資産利益率）

　ROA（Return on Assets）は総資産利益率（あるいは総資本利益率）と呼ばれ，利益獲得のために総資産がどれだけ有効に活用されたかという，収益性と効率性を示す財務指標である。

　ROAは利益を総資産で除した算式で求まる。分子の利益は，一般的には税引後の当期の純利益が用いられ，分母は総資産の期中平均値（期首と期末の平均値）を用いる。ROAは総資産利益率とも総資本利益率とも呼ばれているが，意味は同じである。

$$\text{ROA（％）} = \frac{\text{当期純利益（※）}}{\underset{\text{（期首と期末の平均値）}}{\text{総　　資　　産}}} \times 100$$

（※）連結ベースにおける2015年4月1日以後に開始する事業年度からの勘定科目名は「親会社株主に帰属する当期純利益」である。

　この算式は，次のように売上高純利益率と総資産回転率とに分解できる。

$$\underset{\text{（ROA）}}{\frac{\text{当期純利益}}{\text{総　資　産}}} = \underset{\text{（売上高純利益率）}}{\frac{\text{当期純利益}}{\text{売　上　高}}} \times \underset{\text{（総資産回転率）}}{\frac{\text{売　上　高}}{\text{総　資　産}}}$$

　分解した算式のように，売上高純利益率は収益性を示し，総資産回転率は効率性を示す指標であるから，ROAは収益性と効率性を同時に表す指標といえる。したがって，ROAの向上には売上高純利益率と総資産回転率のいずれか，あるいは両方を高めることが必要となる。

(3)　ROE（Return on Equity；自己資本利益率）

　会社は株主のためのものという視点から，株主に向けた経営の成果を示すROE（Return on Equity）が，近年よく話題になる。ROEは収益性と効率性の指標のひとつで，株主の立場から見た，自己資本に対する一定の会計期間の利益の割合を示す「自己資本利益率」のことである。

　ROEは従前，株主資本利益率とも呼ばれていたが，2006年の会社法の施行により，貸借対照表の項目として従来「資本の部」とされていたのが新たに「純資産の部」になり，これにより「株主資本」と「自己資本」が異なる部分として定義されたので，現在は自己資本利益率と呼ばれている。

最近では自己資本利益率というよりは，そのままアール・オー・イーと呼ばれることが多くなっている。

　近年においては，ROE経営を間接的に促す流れもある。たとえば「JPX日経インデックス400」はROEや企業統治を重視して銘柄を選択しており，GPIF（年金積立金管理運用独立行政法人）はこれを運用の尺度として採用した。また，議決権助言会社の大手は「過去5期のROE平均値が5％を下回るような資本効率性の低い企業について，経営トップの取締役選任議案に反対を推奨する」としている。5％は「日本の株式市場のリスクプレミアム等を考慮し，投資家が許容できる最低限の水準であり，日本企業が目指すべきゴールとの位置づけではない」としている。

　ROAが貸借対照表の全体を使ってどれほどの利益を上げたかということを示すのに対し，ROEは貸借対照表の一部である自己資本をいかに効率よく利用したかという，株主利益に着目した利益率を示している。つまり，企業の事業活動の成果として，「株主の持分」に対してどれだけの利益を効率的に得られたかという，自己資本の運用効率を表す重要な指標と考えられている。

　比率は，当期純利益を分子に，自己資本を分母として算定される。ROEは当期の収益性を示すものであるから，一般的には分子は税引後の当期純利益が用いられている。また，分母の自己資本は期中の平均値（期首と期末の平均値）を用いる。連結ベースの分母は，前出の自己資本比率の分子と同様に，純資産合計のうちの株主資本とその他の包括利益累計額との合計額であり，分子の科目名は親会社株主に帰属する当期純利益である。

$$\text{ROE}（\%）= \frac{\text{当期純利益（※）}}{\underset{\text{（期首と期末の平均値）}}{\text{自 己 資 本}}} \times 100$$

（※）連結ベースにおける2015年4月1日以後に開始する事業年度からの勘定科目名は「親会社株主に帰属する当期純利益」である。

この算式を展開すると次のようになる。

$$\text{ROE} = \underset{\text{(ROA)}}{\frac{\text{当期純利益}}{\text{総 資 産}}} \times \underset{\text{(財務レバレッジ)}}{\frac{\text{総 資 産}}{\text{自 己 資 本}}}$$

$$\underset{\text{(ROE)}}{\frac{\text{当期純利益}}{\text{自 己 資 本}}} = \underset{\text{(売上高純利益率)}}{\frac{\text{当期純利益}}{\text{売 上 高}}} \times \underset{\text{(総資産回転率)}}{\frac{\text{売 上 高}}{\text{総 資 産}}} \times \underset{\text{(財務レバレッジ)}}{\frac{\text{総 資 産}}{\text{自 己 資 本}}}$$

　企業の事業活動の成果は，利益の蓄積（＝剰余金増加）となり，自己資本が増加する。自己資本の増加は，ROEの分母の増加であるから，ROEの低下にもなる。過大自己資本によるROEの低下に対しては，株主から不活用資本の還元（増配や自己株式の取得）が要求されることになろう。

　なお，上記の2番目の算式のように，ROEはROAに財務レバレッジを乗じた算式としても表せる。財務レバレッジとは「自己資本比率の逆数」であり，「自己資本比率が高い＝財務レバレッジが低い」という関係になる。レバレッジというのは，「梃子」の意味で，手元資金（自己資本）のみよりも借入を含んだ多額の資金を使うことにより，利益率の方が借入の利子率を上回っている場合には，借入の利用による投資部分も利益のかさ上げに役立っていることを意味する。

　日本企業のROEは，欧米各国に比べて低いといわれている。2桁が一般的な欧米企業に対し，日本の多くの企業は10％未満で，日本企業の利益水準の低さが指摘されている。この差異は主として，純利益率が低いことに起因している。また，分子が純利益であるから，法人税率の差も影響している。

　したがって，ROEの良化には，たとえば利益率の高い製品へのシフト，売上増加，資産のスリム化，負債割合をあげてレバレッジを高めるなどの対応が必要とされている。

⑷　ROI（Return on Investment；投下資本利益率）

ROI（Return on Investment）は，分母を投下資金，分子を利益として算出する収益率で，投資利益率あるいは投資回収率とも呼ばれている。投下した資本がどれだけの利益を生み出しているかという指標で，投下資本の対象となる事業等の運用効率を示すものである。

飲食店や物販店の新規出店を例にとると，出店計画時には通常，新規店舗にかかる投下資本額（設備費や開業費用等の合計額）が何年で回収できるかにより，出店の可否が検討される。

たとえば単純な例として，1億円の投資により開業して，年間の営業利益見込みが4,000万円とすれば，年間回収率は40％になり，2年半で回収可能となる。年間回収率の水準がどの程度なら適切かどうかという回収期間の長短の判断は，業種・業態あるいは各企業によって異なり，それぞれの判定基準に基づき出店の決裁がされることになる。

なお，ROIの分子には営業利益のほか，それぞれの企業の視点や判断基準により，経常利益や当期純利益が用いられることもある。分母は，投下資本額（固定資産の取得費や経費の総額）であり，それがどのような資金調達によっているか（自己資金かあるいは借入金か）については関係なく算定される。

$$\text{ROI}（\%）= \frac{利　　益}{投資金額} \times 100$$

Ⅸ　経営指標

1　経営指標の設定

企業は，成長戦略を実現可能とするために，意思決定や業績評価を目的として経営指標を設定している。企業の経営成果を示す経営指標には，

様々なものがあるが，収益性，成長性，効率性，安定性などの観点から，各企業において各種の指標が採用されている。

収益性，成長性の観点からは，売上高（売上収益），事業利益や営業利益，経常利益，当期利益などの利益額，利益増加額，利益率，利益増加率あるいはROE，ROA，ROICなどの資本利益率さらには配当性向などが指標とされている。

効率性の見地からは，売上原価や販売費及び一般管理費について，それぞれの金額あるいは原価率（利益率），コスト削減度合などがあり，各種の資産回転率も指標とされている。

また安定性の指標としては自己資本比率，固定比率，流動比率などがある。

これらの指標の内容については，前述のとおりである。

2　経営指標の事例

株主総会招集通知や有価証券報告書などの開示によれば，独自の経営指標として【図表7-13】に示したような事例がみられる。

【図表7-13】経営指標の事例

社　名	独自の指標
キリンホールディングス	事業利益，平準化EPSの成長率，ROIC
三菱ケミカルホールディングス	コア営業利益，コア営業利益率，当期利益，ROE，ネット・デット・エクイティ・レシオ
武田薬品工業	売上収益，コア事業利益，コアEPS
日立製作所	売上収益成長率，調整後営業利益率，営業キャッシュフロー，ROIC，海外売上比率
すかいらーくホールディングス	EBITDA，調整後EBITDA，調整後当期利益

各社の経営指標の内容は以下のようなものである。

(1) キリンホールディングス株式会社

① 事業利益

同社は事業の経常的な業績を図る指標として，事業利益を採用している。事業利益は，売上収益から売上原価と販売費及び一般管理費を控除した，事業の経常的な業績測定の利益指標として算定されている。

② 平準化EPSの年成長率

また同社は，中期経営計画の財務指標として，平準化EPS（Earnings per Share，一株当たり利益）の成長による株主価値向上を目指している。

平準化EPSは，平準化当期利益を期中平均株式数で除して算定される。この場合の平準化当期利益は，親会社の所有者に帰属する当期利益に，税金等調整後のその他の営業収益・費用等の数値を加味したものとしている。

③ ROIC

同社のROIC（Return on Invested Capital；投下資本利益率）は，「利払前税引後利益」を分子とし「有利子負債（期首期末の平均値）と資本合計（期首期末の平均値）の合計額」を分母として算定される。成長投資を優先的に実施することから，経営指標として採用されているものである。

(2) 株式会社三菱ケミカルホールディングス

同社は営業利益に近似した「コア営業利益」の概念を指標としている。

① コア営業利益

コア営業利益は，営業利益から非経常的に発生した損益を除いて算定。

② コア営業利益率

コア営業利益を売上収益で除した利益率の指標である。

③　当期利益

親会社の所有者に帰属する当期利益を指す。

④　ROE

自己資本（親会社の所有者に帰属する持分）に対する当期利益（親会社の所有者に帰属する当期利益）の比率。

⑤　ネット・デット・エクイティ・レシオ

負債と資本の割合で，ネット有利子負債を自己資本で除した倍率である。分子のネット有利子負債は，有利子負債から現金及び現金同等物と手元資金運用額（余剰資金の運用目的で保有する有価証券等）の合計を控除した実質的な負債金額を指す。

(3)　武田薬品工業株式会社

同社は事業計画の策定と業績評価において，前年度との比較のため，買収の影響を除いて，「実質的な成長」の概念を採用している。比較対象の業績は，為替レートを一定として，事業等の売却の影響や本業に起因しない事業（ノンコア）の影響を除いて算定される。そして実質的な売上収益，コア事業利益およびコアEPSについて，それぞれの成長（対前年度比）を重要な財務指標としている。

①　売上収益

実質的な売上収益は，財務ベースの売上収益に非定常的な事象の影響および事業等の売却の影響を調整して算定。

②　コア事業利益

買収の影響や税金費用，持分法損益，金融損益，無形資産の償却費およ

び減損損失等，本業に起因しない事象による影響を純利益に調整して，実質的なコア事業利益が算定される。

③　コアEPS

コア事業利益を発行済株式数（自己株式控除後）で除したもの。

(4)　株式会社日立製作所

2019年5月に公表された新たな中期経営計画において，経営の目標とされている指標は以下のようなものである。

①　売上収益の年成長率

成長性の指標として，売上収益の年成長率。

②　調整後営業利益率

収益性の指標として，調整後営業利益を売上収益で除して算定される調整後営業利益率を採用。調整後営業利益は売上収益から売上原価と販売費及び一般管理費を控除して算定される。

③　営業キャッシュフロー

キャッシュ創出力として，営業キャッシュフローの3年間の累計額。

④　ROIC（投下資本利益率）

資本コストをより重視した経営を行うための指標。

⑤　海外売上比率

グローバル化の観点からの指標。

⑸　株式会社すかいらーくホールディングス

同社はEBITDA，調整後EBITDA，調整後当期利益を指標として採用している。EBITDA（Earnings before Interest, Tax, Depreciation and Amortization；利払前，税引前，減価償却及びその他償却前利益）は税引前利益に支払利息を加算し，キャッシュの流出を伴わない費用である減価償却費の影響を除外した概念で，EBITDAの算定において同社は，以下のような費用や臨時的項目を調整している。

①　EBITDA

税引前利益に支払利息を加え受取利息を控除し，その他の金融関連損益を加減し，減価償却費とその他の償却費および長期前払費用償却費などを調整して算定。

②　調整後EBITDA

EBITDAに追加して固定資産除却損や非金融資産の減損損失，上場と売出し関連の費用などの要因を調整した金額。

③　調整後当期利益

当期利益に，上場と売出しに伴う臨時的な費用や借入金償還損，適格上場に伴う会計上の見積り変更等の特殊要因を排除して算定。

〈著者紹介〉（執筆順）

落合　誠一（おちあい　せいいち）

東京大学　名誉教授

1968年東京大学法学部卒業。成蹊大学法学部教授を経て，1990年から東京大学大学院法学政治学研究科・法学部教授，2007年から2015年3月末まで中央大学法科大学院教授。現在は東京大学名誉教授。専門は，商法，消費者法。会社法関係の主な著書に，『会社法要説〔第2版〕』（有斐閣，2016年），『経営判断ケースブック』（商事法務，監修，2008年），『わが国M＆Aの課題と展望』（商事法務，編著，2006年），『商法Ⅱ—会社〔第8版〕』（有斐閣，共著，2010年）があり，他に著書・論文多数。日本私法学会理事長，日本保険学会理事長，法と経済学会理事長などを歴任し，また自動車損害賠償責任保険審議会会長，国民生活審議会会長，西村高等法務研究所所長等も務めていた。

澤口　実（さわぐち　みのる）

森・濱田松本法律事務所　パートナー弁護士

1991年東京大学法学部卒業，1993年弁護士登録。日本取締役協会幹事。東京大学客員教授，経済産業省のコーポレート・ガバナンスシステム研究会委員，新時代の株主総会の在り方研究会委員などを務める。主な著書として，『取締役会運営の実務』（商事法務，2010年），『変わるコーポレートガバナンス』（日本経済新聞出版社，2015年），『新しい役員責任の実務』（商事法務，2017年）など多数。

太田　洋（おおた　よう）

西村あさひ法律事務所　パートナー弁護士

1991年東京大学法学部卒業，1993年弁護士登録，2000年ハーバード・ロースクール修了（LL.M.），2001年米国NY州弁護士登録。2001年～2002年法務省民事局付，2013年～2016年東京大学大学院法学政治学研究所教授。

現在，西村あさひ法律事務所パートナー，日本取締役協会幹事，同協会コーポレートガバナンス委員会副委員長，株式会社リコー社外監査役，日本化薬株式会社社外取締役，電気興業株式会社社外取締役。

主な編著書に『個人情報保護法制大全』（商事法務，2020年），『M&A・企業組織再編のスキームと税務〔第4版〕』（大蔵財務協会，2019年），『M&A法大全〔全訂版〕（上）（下）』（商事法務，2019年），『社債ハンドブック』（商事法務，2018年），『新株予約権ハンドブック〔第4版〕』（商事法務，2018年），『種類株式ハンドブック』（商事法務，2017年），『会社法実務相談』（商事法務，2016年），『平成26年会社法改正と実務対応〔改訂版〕』（商事法務，2015年），『企業取引と税務否認の実務』（大蔵財務協会，2015年），ほか多数。

青戸　理成（あおと　まさなり）

鳥飼総合法律事務所　パートナー弁護士

1997年早稲田大学法学部卒業，2003年弁護士登録，2010年～2019年島根大学大学院法務研究科准教授・特任准教授，2011年～2013年司法試験予備試験考査委員（商法）。

現在，鳥飼総合法律事務所パートナー，エバラ食品工業株式会社社外監査役，最高裁判所司法研修所民事弁護教官。

主な著書に『監査委員会ガイドブック』（商事法務，2006年）『内部統制時代の役員責任』（商事法務，2008年），『内部統制の責任と現状』（税務経理協会，2008年），『新・株主総会徹底対策―平成24年総会の重要トピック』（商事法務，2012年），『経営に活かす株主総会の実務―投資家目線の活用を考える―』（新日本法規，2019年）等がある。

飯田秀総（いいだ　ひでふさ）

東京大学大学院法学政治学研究科　准教授

　2002年東京大学法学部卒業，2003年司法修習修了，2006年東京大学大学院法学政治学研究科総合法政専攻修士課程修了，2008年Harvard Law School LL.M修了。東京大学大学院法学政治学研究科助手，同助教，神戸大学大学院法学研究科准教授を経て，現職。

　主な著書に『株式買取請求権の構造と買取価格算定の考慮要素』（商事法務，2013），『公開買付規制の基礎理論』（商事法務，2015），『会社法判例の読み方―判例分析の第一歩』（共著，有斐閣，2017）などがある。

町田　祥弘（まちだ　よしひろ）

青山学院大学大学院会計プロフェッション研究科　教授

　早稲田大学大学院商学研究科博士後期課程単位取得後退学，東京経済大学経営学部専任講師・助教授を経て，2005年より現職。博士（商学）（早稲田大学）。

　国際会計研究学会監事，日本内部統制研究学会理事，日本経済会計学会常務理事，企業会計審議会臨時委員（監査部会）。

　主な著書に，『会計プロフェッションと内部統制』（税務経理協会，2004年），『内部統制の知識』（日本経済新聞出版社，2007年），『会計士監査制度の再構築』（共編著，中央経済社，2012年），『内部統制の法的責任に関する研究』（編著，日本公認会計士協会，2013年），『監査の品質』（中央経済社，2018年），『監査の品質に関する研究』（編著，同文舘出版，2019年）等がある。

服部　勝（はっとり　まさる）

　株式会社良品計画　社外監査役

　1945年生。1967年名古屋大学経済学部卒業。

　1974年 7 月オリエント・リース株式会社（現オリックス株式会社）入社，経理部長を経て1998年 6 月執行役員。2008年 1 月専務執行役退任。

　1976年税理士試験合格，1989年日本証券アナリスト協会検定会員。

　社外役員歴：2002年～2006年　富士火災海上保険株式会社（現AIG損害保険株式会社）社外取締役・社外監査役。2008年～2014年　スミダコーポレーション株式会社　社外取締役（2010年 3 月，監査委員会議長）。2008年 5 月より株式会社良品計画　社外監査役，現在に至る。

主な著書：『詳説リース会計基準』（税務研究会，2008年）

〈編者紹介〉

一般社団法人　日本取締役協会

　コーポレートガバナンスを充実させることにより経営の効率化を図り，日本経済の持続的発展と豊かな社会の創造に寄与することを目的に，経営者，専門家，社外取締役，機関投資家など，経営に携わる人々が集まる，日本で唯一の団体として，2001年11月に設立。企業価値の向上に寄与するために，取締役会運営のベストプラクティスや，トップマネジメントの行動に対する情報提供や指針策定，社外取締役のデータベース整備，トレーニングなども提供。規準主体への働きかけや，機関投資家との意見交換，メディアへの情報発信を行うほか，2015年より企業表彰コーポレートガバナンス・オブ・ザ・イヤー® を実施。2019年より雑誌「Corporate Governance」も発行。

　ホームページ　https://www.jacd.jp

社外取締役の教科書

2020年12月10日　第1版第1刷発行
2022年9月15日　第1版第3刷発行

編　者　一般社団法人 日本取締役協会
発行者　山　本　　　継
発行所　㈱中央経済社
発売元　㈱中央経済グループ パブリッシング

〒101-0051　東京都千代田区神田神保町1-31-2
電話　03 (3293) 3371 (編集代表)
　　　03 (3293) 3381 (営業代表)
https://www.chuokeizai.co.jp
印刷／昭和情報プロセス㈱
製本／㈲井上製本所

© 2020
Printed in Japan

令和元年改正会社法が一目でわかる!

「会社法」法令集 〈第十二版〉

中央経済社 編　ISBN：978-4-502-35891-3
A5判・728頁　定価 3,300 円（税込）

◆重要条文ミニ解説
◆会社法─省令対応表　｜ 付き
◆改正箇所表示

平成 29 年法律第 45 号による会社法改正（改正民法対応），令和元法律第 70 号による 5 年ぶりの大きな会社法改正，令和 2 年 5 月の会社法改正を収録。令和元年改正会社法については，現行条文に続けて改正条文を編注の形で掲載しております。各法務省令は本書第十一版以後の各種改正を織り込んでおり，会社法施行規則および会社計算規則については，新型コロナウイルス感染症を考慮したウェブ開示拡大等の措置も収録しております（令和 2 年法務省令第 37 号）。

本書の特徴

◆ **会社法関連法規を完全収録**
平成 17 年 7 月に公布された「会社法」から同 18 年 2 月に公布された 3 本の法務省令等，会社法に関連するすべての重要な法令を完全収録したものです。

◆ **好評の「ミニ解説」さらに充実！**
重要条文のポイントを簡潔にまとめたミニ解説。令和元年改正会社法等を踏まえ加筆を行い，ますます充実したものとなっています。

◆ **改正箇所が一目瞭然！**
令和元年改正会社法については，現行条文に続けて改正条文を編注の形で掲載しており，どの条文がどう変わるのか，一目でわかります！

◆ **引用条文の見出しを表示**
会社法条文中，引用されている条文番号の下に，その条文の見出し（ない場合は適宜工夫）を色刷りで明記しました。条文の相互関係がすぐわかり，理解を助けます。

◆ **政省令探しは簡単！　条文中に番号を明記**
法律条文の該当箇所に，政省令（略称＝目次参照）の条文番号を色刷りで表示しました。意外に手間取る政省令探しもこれでラクラク。

中央経済社